JN409735

이에 인천지역자활센터협회에서는 지난 2014년부터 '특수아동 가정방문 학습지도사' 제도를 시행하여 특수아동의 방과후 학습 활동 지원과 일상생활 훈련을 지원하고 있습니다. 특히 2016년을 맞아 특수아동 가정방문 학습지도사의 전문성 신장을 위해 '특수아동 가정방문 학습지도사' 자격증 제도를 만들고, 교육과 복지 현장의 여러 전문가로부터 양질의 교육을 받을 수 있도록 자격 취득과, 특수아동 지도에 필요한 전문적 지식과 프로그램이 담긴 교재를 발간하게 되었습니다.

그 동안 교재 개발에 열과 성을 다한 집필진 여러분께 감사드리며, 이 교재가 특수아동 가정방문 학습지도에 도움이 되기를 바랍니다.

저자 일동

차례

1 장애인에 대한 바른 이해

Ⅰ. 정신지체인에 대한 바른 이해

Ⅱ. 지체장애인에 대한 바른 이해

Ⅲ. 시각장애인에 대한 바른 이해

Ⅳ. 청각장애인에 대한 바른 이해

Ⅴ. 자폐성장애인에 대한 바른 이해

Ⅵ. 학습장애인에 대한 바른 이해

학습목표

- 정신지체인에 대하여 바르게 이해한다.
- 지체장애인에 대하여 바르게 이해한다.
- 시각장애인에 대하여 바르게 이해한다.
- 청각장애인에 대하여 바르게 이해한다.
- 자폐성장애인에 대하여 바르게 이해한다.
- 학습장애인에 대하여 바르게 이해한다.

I. 정신지체인에 대한 바른 이해

정신지체는 평균보다 유의하게 낮은 지적능력과 적응행동상의 결함이 동시에 나타나고, 18세 이전에 나타난 경우를 말한다. 단순히 지능뿐만 아니라 연령에 맞는 적응행동의 발달 여부도 정신지체를 정의하는데 있어 중요하게 여겨지는 부분이다. 적응행동이란 개인이 생활환경에 적응하는데 필요한 기술로 의사소통, 자기관리, 사회성 기술 등을 말한다. 학교에서는 학업을 잘 따라가지 못하고 교사의 지시를 수행하지 못하는데 집이나 지역사회에서의 생활에는 크게 문제가 없는 아동들이 있다. 미국에서는 이러한 아동들의 부모들이 학교에 있는 6시간 동안은 정신지체를 지닌 것으로 분류되지만 그 이외의 시간에 집이나 지역사회에서의 생활에는 아무 문제가 없는 아동을 정신지체로 분류하는 것에 반대하는 소송을 제기하였다. 이러한 사건을 계기로 적응행동에 대한 관심이 높아졌고, 지능이 다소 낮더라도 적응행동에 문제가 없으면 정신지체로 판별하지 않으며, 동시에 적응행동에 문제가 있더라도 지능이 높으면 정신지체로 분류하지 않는다.

우리나라 「장애인복지법」에서는 정신지체라는 용어 대신에 지적장애라는 용어를 사용하고 있으며, 이는 세계적인 추세이다. 미국의 정신지체협회(American Association on Mental Retardation : AAMR)도 2007년 미국 지적장애 및 발달장애협회(American Association on Intellectual and Developmental Disabilities : AAIDD)로 명칭을 변경하였고, 2010년 정신지체 11차 정의에서 장애명도 정신지체(mental retardation)에서 지적장애(intellectual disability)로 변경하였다.

일반적으로 정신지체는 받아들인 정보를 서로 의미 있게 연결 짓고 구성하는 조직화 능력이 부족하다. 또한 언어를 이해하고 표현하는 능력이 부족하여 글을 읽을 수 있다 하더라도 내용을 잘 이해하지 못하는 경우가 많고, 자신의 입장을 언어로 잘 전달하지 못해 오해를 받거나 어려움을 겪는 경우가 많다.

신체능력과 운동능력이 조금 뒤떨어지는 경우도 있으며 감정변화에 대한 이해가 부족하고 지나치게 민감하거나 의존적일 수 있다. 이는 몸을 조절하는 감각계가 잘 통합되지 못해서 그런 경우도 있고, 좋은 관계를 맺고 유지하는 기술을 배우지 못해서 그런 경우도 있다.

정신지체 아동의 특성을 이해하는데 있어 무엇보다 중요한 것은 모든 정신지체 아동이 동일한 특성을 보이는 것이 아니라는 사실이다. 정신지체 아동 간에도 개인차가 있으며, 특히 장애의 정도에 따라 경도의 정신지체 아동이 보이는 특성은 중도의 정신지체 아동이 보이는 여러 특성과 큰 차이가 있을 수 있다. 또한 장애 정도가 유사한 정신지체 아동 간에도 개인차가 존재한다. 말 수나 움직임이 많고, 음식에 대한 집착이 심한 아동들이 있는 반면에 말 수나 움직임이 적고, 먹는 것에 별 관심이 없는 아동들도 있다. 따라서 교육 현장에서 각 아동의 특성을 잘 파악하는 것이 매우 중요하다.

정신지체는 발달의 속도가 느릴 뿐이지 멈춰 있는 것을 의미하는 것은 아니다. 정신지체 아동이라 할지라도 그들에게 적합한 개별화된 도움을 제공하면 그들의 기능은 향상된다. 기능의 향상이 잘 나타나지 않는다면, 제공된 지원방법을 재평가를 근거로 새로운 지원방법으로 전환해야 한다. 정신지체인의 기능은 결코 향상될 수 없다는 오래된 고정관념은 잘못된 것이다. 극히 예외적인 경우를 제외하고는, 정신지체인에게 적절한 지원을 할 경우 그들에게서 기능성의 향상을 기대할 수 있다.

일반적으로 정신지체에 대해 바르게 알지 못함으로 인해서 생기는 오해는 다양하다. 정신지체에 대해 오해하기 쉬운 점들을 살펴보면 다음과 같다.

오해 1: 아이큐(IQ)를 보면 그 사람의 미래를 예견할 수 있다.

정신지체에 관한 모든 정의들이 심각하게 평균 이하인 지적 기능을 진단 준거 가운데 하나로서 제시하고 있다. 하지만 아무리 신뢰도가 높은 지능 검사라 할지라도 개인의 IQ는 검사에 따라 달라질 수 있고, 높은 지능지수가 반드시 사회적 성공과 행복한 삶을 보장하지는 않으며, 반대로 낮은 지능지수가 불행한 삶을 예견하는 것도 아니다. IQ는 아동의 과거나 미래와는 아무 상관이 없다. 뿐만 아니라 지능지수는 신체적 능력이나 정서·감정·창의력 등과는 거의 상관이 없다. 그러므로 IQ가 높다고 해서 운동도 잘 하고, 노래도 잘 하며, 배려심도 높을 것이라고 생각하는 것은 잘못된 것이다.

오해 2: 정신지체는 정신이상과 비슷하다.

정신지체에 대한 오해 중 가장 위험한 것으로 이는 정신이상 혹은 정신질환에 대해 잘 모르는 데에서 비롯된 것이다. 정신이상(psychotic disorder)의 사전적 의미는 신경 계통이 잘못되어 정신이 바르지 아니하고 비정상적으로 괴이한 행동을 하는 병을 말한다. 이처럼 정신이상은 질병의 일종으로 의학적 치료의 대상이다. 하지만 정신지체는 질병이 아니며, 의학적 치료의 대상이 아니라 특수교육이나 관련 서비스에 의해 발달이 가능한 교육적 대상이다.

오해 3: 정신지체인은 성적 욕구가 없다.

일반적으로 정신지체인을 무성의 존재 혹은 성적으로 발달하지 않은 순진무구한 존재로 인식하기 쉽다. 그래서 사람들은 정신지체인이 이성과 사랑을 할 수 있다는 생각을 하지 않고 그저 보호와 돌봄만이 필요한 존재로 생각해 왔다. 하지만 정신지체인의 성적 발달은 지극히 정상적이며 일반인과 조금도 다를 바가 없다. 다만 도덕적 판단 능력이 다소 떨어져 성적 일탈 행동이 나타나는 경우가 있다. 이는 정신지체인의 성에 대해서 부모들조차 잘못된 인식을 가지고 있거나 제대로 된 성교육을 시키지 않았기 때문이다. 다운증후군 당사자가 직접 출연한 영화 '사랑해 말순씨'에 등장하는 발달장애인 남성은 성에 대한 호기심을 갖고 있지만, 표현하는 방법을 잘 알지 못한다. 때문에 골목에서 바지를 내리거나 지나가는 여자를 만지는 식으로 성적 욕구를 표출하곤 한다. 그러다가 결국 성범죄자로 몰려 정신병원에까지 끌려가기에 이른다. 이처럼 정신지체인의 성적 행동은 성 그 자체로 받아들여지기 보다는 정신이상으로 치부되곤 한다. 정신지체인은 언제까지나 어린아이라는 인식 때문에 부모는 애초에 성에 대해 알려주지도 않고 사회로부터는 성적 욕구가 있다는 사실을 외면당하기 일쑤이다. 하지만 정신지체인의 무절제한 성적 행동은 성교육을 통해 충분히 통제할 수 있다. 따라서 정신지체인을 무성의 존재, 성적 결정권이 없는 존재로 인식해서는 안 되며 장애인에게도 성적 욕구가 있으며 성을 누릴 권리가 있다는 사실을 받아들이는 사회적 공감대가 형성될 필요가 있다.

오해 4: 정신지체는 모두 유전에 의해 발생한다.

정신지체의 원인은 다양하다. 그러나 정신지체 아동 중에는 정확한 원인을 알 수 없는 경우가 많으며, 아직까지 원인을 정확히 알 수 없는 원인불명인 경우가 50%를 넘고 있다. 명백히 유전에 의한 것으로 밝혀진 것은 대체로 20% 정도에 불과하고, 대부분은 여러 가지 장애발생 요인들이 상호작용하여 나타나는 것으로 추정하고 있다. 장애는 발생 시기에 따라 선천적인 경우와 후천적인 경우로 나누어 볼 수 있는데, 선천적인 경우가 모두 유전에 의해 발생하는 것은 아니다. 대부분 유전적인 것보다는 태내감염, 질병, 출생 시 외상, 난산, 성장기의 질병, 사고 등으로 인한 경우가 많다. 그러므로 정신지체는 곧 유전된다는 식의 생각은 매우 위험한 생각이며, 오해에서 비롯된 것이다.

오해 5: 정신지체인 학생은 교육에 의해 기능이 향상될 수 없다.

정신지체인이라 할지라도 그들에게 적합한 개별화된 도움을 지속적으로 제공한다면 그들의 생활 기능은 전반적으로 향상된다. 이것은 개별화된 적절한 자원의 지원이 장기간 주어진다면 정신지체인의 생활 기능성은 일반적으로 향상될 것이라는 의미이다. 무엇보다 중요한 점은 정신지체인들의 기능은 결코 향상될 수 없다는 고정관념은 잘못된 오해라는 것이다. 특히 발달 초기에는 뇌기능이 미분화되어 있기 때문에 나이가 어릴수록 발달 가능성도 그만큼 크다. 지능은 고정 불변의 것이 아님은 주지의 사실이다.

오해 6: 정신지체 아동은 특수학교에서 별도로 교육하는 것이 바람직하다.

정신지체 아동에 대한 최종적인 교육목표는 사회적 자립이다. 즉, 지역사회의 한 구성원으로서 당당하게 살아갈 수 있도록 하는 것이다. 이를 위해서는 일반 아동과 통합된 환경에서 교육하는 것이 바람직하다. 어릴 때부터 일반 아동과 함께 교육받고 생활하면서 인지적 능력과 더불어 자신의 나이에 맞는 적응행동을 익힐 수 있고, 나아가 주변 환경을 적절히 이용할 줄 아는 성인으로 성장시키는 것이 통합교육의 목적 중 하나임을 생각할 때, 학습한 내용의 일반화가 잘 안 되는 지적장애 아동일수록 분리된 환경에서의 교육보다는 장차 생활할 일반 사회와 유사한 일반학급에서, 일반 아동과 함께 배우는 교육이 여러 가지로 도움이 되기 때문이다(이소현, 박은혜, 2014).

성공적인 통합교육을 위해서는 무엇보다 교사의 배려가 필요하다. 특히 특수교사의 역할이 매우 중요하다. 정신지체 아동이 입급되기 전에 통합학급의 일반 아동들에게 앞으로 교실에서 함께 교육받게 될 정신지체 아동에 대한 정보를 제공해 주는 것은 일반 아동들로 하여금 정신지체 아동을 받아들이고 수용할 수 있는 기회를 제공해 준다. 정신지체 아동이 행동 문제를 보이는 경우도 있으므로, 이에 대한 교사의 적절한 대처도 필요하다.

Ⅱ. 지체장애인에 대한 바른 이해

지체장애 영역은 신체에 이상이 있다는 공통점만으로 다양한 특성의 아동이 함께 묶여 있다(Best, Heller, & Bigge, 2005). 흔히 지체장애인이라 하면 다리가 불편한 소아마비나 팔다리를 쓰지 못하는 절단장애를 연상하기 쉬우나 지체장애는 일반인들이 알고 있는 것보다 훨씬 더 광범위하고 복잡한 집단이다. 지체장애는 크게 신경계의 이상으로 인한 경우, 근골격계의 이상으로 인한 경우, 선천성 기형으로 분류된다. 신경계의 이상이 있는 경우에는 뇌성마비가 대표적이며 뇌전증(간질)도 여기에 해당된다. 근골격계의 이상으로 인한 경우에는 진행성 근이영양증, 왜소증, 소아류머티즘관절염 등이 포함된다. 선천적 기형의 예로는 골반탈구, 이분척추 등이 있다(Bowe, 2000).

지체장애는 일련의 운동 손상에서 기인하는데, 지체장애인 중에는 가벼운 보행 곤란을 겪을 수도 있고, 말하기, 먹기, 걷기와 같은 운동 기능과 관련된 모든 영역에서 곤란을 겪는 중증장애를 가질 수도 있다(Hunt & Marshall, 1994). 이처럼 지체장애의 유형과 정도는 매우 다양하여 인지능력이나 학업성취 정도를 일반적으로 설명하기는 곤란하다. 중복장애로 인해 낮은 성취와 인지능력을 보이기도 하지만 신체적 기능에만 장애가 있는 사람은 평균이나 그 이상의 지능을 갖고 있다. 단지 몸의 기능장애로 인해 표현하는데 어려움을 가지므로 겉으로 보기에는 인지능력 등이 낮게 인식될 수 있는 것이다. 이처럼 일반인들로부터 낙인의 표적이 됨에 따라 자신에 대해 부정적 개념을 갖게 됨으로써 낮은 자아존중감을 지니게 되는 경우가 많다(이인옥, 2007).

지체장애인의 대부분은 질환이나 사고 등의 후천적인 원인에 의해 발생하며, 선천적 또는 출생 시 원인이나 원인불명의 지체장애는 극히 적게 나타나고 있다. 지체장애는 등록장애인의 절반 이상을 차지하고 있고, 뇌성마비가 지체장애의 상당수를 차지하고 있다. 최근에는 공학이나 과학의 발달로 인해 필요한 보조기기가 많이 개발되고 보급됨에 따라 사회적으로 성공한 사례를 자주 볼 수 있다.

하지만 아직까지도 지체장애인에 대해 바르게 알지 못함으로 인해서 생기는 오해들이 있다. 지체장애에 대한 대표적인 오해는 다음과 같다.

오해 1: 뇌성마비는 유전에 의해 발생한다.

뇌성마비는 발달기 때 뇌에 장애를 입은 결과 운동, 근긴장, 자세이상을 초래한 상태를 말한다. 뇌성마비는 선천성 원인이 85%이며, 중추신경성 감염, 뇌출혈, 뇌수종, 외상, 뇌종양 등의 후천성 원인이 15%를 차지한다(전세일, 1998). 하지만 선천성 원인이 곧 유전적 원인을 의미하지는 않는다. 뇌성마비의 선천성 원인은 주로 조산, 산모의 산전 상태, 산모의 감염, 신생아 질식, 분만 기간 중 감염, 빌리루빈 과다 생성, 신생아 황달, 중추신경의 기형 등으로 유전되는 것은 아니며 계속 상태가 악화되어 가는 진행성도 아니다. 뇌성마비의 정의에서 말하는 중요한 진단 준거 중의 하나는 비진행성이라는 것이다. 예를 들어, 뇌종양은 결과적으로 뇌성마비와 유사한 운동 특성을 보이기는 하지만 뇌성마비로 분류되지 않는다.

오해 2: 뇌전증 환자가 발작을 하면 주물러 주거나 입을 벌리게 해야 한다.

주로 간질(epilepsy)이라는 용어로 사용되는 뇌전증은 두뇌의 전기에너지가 비정상적으로 방출될 때 일어난다. 경련장애는 일반적으로 대발작, 소발작, 심리운동적 발작으로 분류되며, 발작을 억제하는 약을 복용함으로써 대부분 통제할 수 있다. 그러나 심한 경우는 약을 복용하여도 발작이 일어나기도 하며, 장기간의 약물복용에 따른 부작용도 발생하여 이것이 문제행동으로 오인되기 쉬우므로 교사의 주의를 요한다(이소현, 박은혜, 2014). 발작 중에는 아동을 바닥에 편히 눕게 하고 주변의 다칠 만한 물건을 치운다. 또 부드러운 것을 머리 밑에 받쳐주고, 발작을 멈추게 할 수는 없으므로 발작이 멈출 때까지 기다린다. 하지만 발작 중에 주물러 준다거나 정신을 차리도록 뺨을 때리는 등의 행위, 혹은 기도가 막히는 것을 우려해 입을 억지로 벌리게 하거나 입 속에 무엇인가 넣는 행위는 오히려 발작 시간을 길게 하고 그 강도도 높이는 역효과를 초래할 수 있다. 오히려 발작 중에는 그대로 놔두는 것이 최선의 방법일 수 있다.

오해 3: 뇌성마비인은 모두 지능지수(IQ)가 낮다.

뇌성마비인은 겉으로 드러나는 뒤틀린 근육과 얼굴 모습을 보고 지능이 낮을 것이라고 오해하기 쉽다. 특히 뇌성마비인 중에는 조음에 관련된 근육의 마비상태에 따라서 어눌한 발음을 내거나 아주 말을 못하는 경우가 있다. 그러나 이러한 구어 사용 능력의 결함이 곧 지적능력의 결함을 의미하지는 않는다. 뇌성마비인 중에는 뇌손상으로 인하여 운동기능에만 장애가 있는 경우도 있고, 많은 문제와 장애를 동반하는 경우도 있다. 실제로 뇌성마비인은 지적 능력이 평균이거나 그 이상일 수도 있으며 일부는 지적장애를 함께 보일 수도 있다. 뇌성마비인의 약 75%는 어느 정도의 지적장애를 함께 가지고 있는 것으로 보고되고 있으며(Batshaw, Pellegrino, & Roizen, 2007), 지적장애 외에도 시각장애, 청각장애, 간질발작, 언어장애 등을 수반장애로 함께 보이는 경우가 많다. 이렇듯 뇌성마비인은 매우 이질적인 집단이므로 뇌성마비라는 장애명만으로 그들의 교육적 요구를 파악하기는 어렵다. 따라서 뇌성마비 아동의 교육을 위해서는 각자의 지적능력이나 기타 수반장애에 대하여 알아보고 그에 따른 교육을 실시하는 것이 바람직하다.

오해 4: 지체장애인은 성적 표현에 대한 욕구가 없다.

지체장애인, 특히 뇌성마비나 척수장애인의 경우에는 성적 욕구를 느끼지 못할 것이라고 생각하기 쉽다. 하지만 지체장애인도 일반인들이 갖는 성적 욕구가 있으며, 척수장애인의 일부를 제외하고 나머지 대부분의 경우 성기능상에 아무런 문제가 없다. 척수장애인의 경우에도 발기와 사정에 문제가 있지만, 척수장애인 모두가 성적 욕구가 없거나 더 이상 성관계를 갖지 못하는 것은 아니다. 사고에 의해 지체장애를 입은 경우에도 초기에는 우울증과 더불어 자기 자신에 대한 자존감도 손상되기 때문에 성적 욕구가 감소할 수도 있지만, 손상 후 7~8개월이 지난 다음부터는 대부분 성적 욕구를 느끼기 시작한다. 성적 욕구는 누구에게나 존재한다. 다만, 장애유형에 따라 성관계 방식이 다를 뿐이다. 재활치료, 보조기구, 약품 등을 통해 이뤄지기도 하며, 직접적인 성교가 어려울 경우에는 제2의 성감대를 통한 성적 활동도 가능하다.

Ⅲ. 시각장애인에 대한 바른 이해

우리나라의 경우 「장애인복지법」과 「장애인 등에 대한 특수교육법」을 통하여 시각장애의 정의를 제시하고 있다. 「장애인복지법」에서는 시력과 시야에 있어 잔존 시력의 정도에 따라 장애를 정의하고 있는데, 나쁜 눈의 시력이 0.02 이하인 사람이나 좋은 눈의 시력이 0.2 이하인 사람, 혹은 두 눈의 시야가 각각 주시점에서 10° 이하로 남은 사람이나 두 눈의 시야의 1/2 이상을 잃은 사람을 시각장애로 정의하고 있다. 대부분의 경우 시야에는 문제가 없지만 시력이 낮아서 시각장애를 일으키는 경우가 많으나 터널시야와 같이 시야가 극도로 부분적이기 때문에 시각장애를 초래하는 경우도 많다. 「장애인 등에 대한 특수교육법」에서는 시각계의 손상이 심하여 시각 기능을 전혀 이용하지 못하거나 보조공학기기의 지원을 받아야 시각적 과제를 수행할 수 있는 사람을 시각장애로 정의하고 있다. 이처럼 「장애인 등에 대한 특수교육법」은 교육적인 관점에서 시각장애를 기술하고 있지만 시각장애 여부를 결정하는 구체적인 기준을 제시하고 있지는 않다.

시각장애는 실명 시기에 따라 선천성 시각장애(congenitally visually impaired)와 후천성 시각장애(adventitiously visually impaired)로 나누어 볼 수 있고, 시각장애 진행 정도에 따라 장애의 진행이 급격하게 이루어져 나타나는 급성(acute)과 진행이 서서히 이루어지면서 실명하게 되는 만성(chronic)으로 나누어 볼 수 있으며, 시각 외 장애 중복 여부에 따라 단순시각장애와 시각중복장애로 나누어 볼 수 있다. 하지만 특수교육과 재활 현장에서는 맹(blind)과 저시각(low vision)으로 분류하는 것이 일반적이다. 점자를 사용해야 하는 학생은 맹 상태에 있다고 보며, 교정렌즈, 확대경, 망원경, 전자보조기구 등을 사용하여 인쇄물을 읽을 수 있는 학생을 저시각 상태에 있다고 본다. 이를 좀 더 세분화하여 완전실명(totally blind), 광각(light perception), 수동(hand movement), 지수(finger counting), 저시각(low vision)으로 분류하기도 하는데, 이는 시각장애 아동이 보유하고 있는 시각으로 빛 정도만 볼지라도 실제 생활과 교육에서 활용할 수 있기 때문이다.

시각장애 아동은 시각 손상의 유형과 정도에 따라 운동발달이나 학습능력이 다르다. 운동발달에 있어서 시각적 자극의 제한, 모방학습의 결여 등으로 기기, 서기, 걷기와 같은 공간 속에서 자기 신체를 조정하는 역동적 기능 등이 지체될 수 있고, 인지적 발달 측면에서는 수리적 능력에서는 별다른 차이가 없고 사실에 대한 지식을 가지고 있으나 통합능력이 부족한 경향이 있고, 어휘 이해의 정도가 다소 지체되는 경향이 있다. 하지만 시각장애 아동은 장애유형이나 정도에 따라 다양한 특성을 나타내므로 이들을 획일적인 집단으로 이해하는 것은 옳지 않다.

일반적으로 시각장애 아동들의 인지능력은 다른 장애를 중복으로 가지고 있는 경우를 제외하고는 일반 아동과 비교해서 크게 떨어지지 않으므로 시각장애를 보완할 수 있는 보조기기를 사용하거나 일반교사들의 교육적 배려가 있으면 통합교육이 비교적 용이하다고 말할 수 있다. 시각자극을 대신할 수 있는 다양한 자극을 통해 운동발달과 인지발달을 촉진하고, 시각장애의 특성과 잔존시력을 고려한 좌석배치, 색채, 음향, 실내조명 등과 같은 학습 환경을 조정해 주며, 학습 내용이나 교수방법의 수정, 점자 및 묵자교육, 다양한 보조공학기기 등을 지원해 주려는 노력이 필요하다.

하지만 아직까지도 시각장애에 대한 잘못된 이해로 부정적인 인식을 가지고 있는 경우가 많다. 예를 들어 시각장애인에게 이야기할 때 큰 소리로 천천히 말하려 한다거나, 시각장애가 있는 아동을 대할 때 당연히 지능에 문제가 있을 것으로 생각하여 연령에 적합한 대우를 하지 않는 경우를 볼 수 있다. 이러한 잘못된 이해와 편견은 시각장애 아동에 대한 기대와 교육에 큰 영향을 미칠 수 있으므로 교사는 먼저 장애에 대한 정확한 이해를 기반으로 적절한 교육을 제공할 수 있어야 한다. 시각장애인에 대해 바르게 알지 못함으로 인해서 생기는 오해들은 다음과 같다.

오해 1: 법적 맹인일 경우에는 시력이 전혀 없다.

시각장애란 시각을 전혀 사용할 수 없는 실명 상태라고 생각하는 사람들이 많이 있다. 그래서 흔히 맹인은 전혀 아무것도 볼 수 없다고 생각하기 쉽다. 그러나 법적 맹인의 대부분은 정도의 차이가 있으나 기능적으로 사용할 수 있는 시력이 있으며, 단지 그중 소수만이 전혀 앞을 볼 수 없는 전맹에 해당된다. 시각장애인의 상당수는 명암을 구분할 수 있는 광각의 시력을 가지고 있거나, 희미하게나마 색깔을 구분할 수 있으며, 어느 정도 남아 있는 시각 기능을 일상생활에 활용하고 있다. 실제로 최근의 장애인 실태조사(김성희 외, 2014)에 따르면, 전맹이라 할 수 있는 1급 시각장애인은 전체의 15.6%에 지나지 않는다. 다만 주의할 것은 저시각 아동이 보여주는 시력의 정도가 광각부터 교정시력 0.3까지로 다양하게 나타나며, 시야 범위의 제한 또한 아동별로 다를 수 있다는 것이다. 백내장이 있는 경우에는 전체적으로 흐릿하고 뿌옇게 보이고, 녹내장이 있는 경우에는 주변 부분의 시야를 상실하게 되어 터널시야가 나타나며, 황반변성이 있는 경우에는 시야 중심에 암점이 형성되어 시야의 주변으로만 볼 수 있다. 또한 당뇨망막병증이 있는 경우에는 암점이 분산되어 나타나며 뿌옇게 보이거나 시야의 한쪽이 손실되기도 한다.

오해 2: 맹인은 영화나 텔레비전 프로그램 시청을 좋아하지 않는다.

맹인은 볼 수 없기 때문에 영화나 텔레비전 프로그램에 관심이 없거나 전혀 감상할 수 없는 것으로 생각하기 쉬우나 전혀 그렇지 않다. 오히려 시각장애인의 경우 동적인 여가활동보다는 정적인 여가활동을 더 선호하는 경향이 있어 라디오나 텔레비전 시청을 많이 하는 것으로 보고되고 있다. 최근에는 화면의 내용을 음성으로 설명해주는 화면해설방송 서비스가 점차 확대되어 시각장애인들이 방송매체에 좀 더 가까이 접근할 수 있도록 도와주고 있다. 화면해설방송은 영상물 내용 중에 소리 없이 화면으로만 진행되는 부분, 즉 배경, 행동, 표정, 자막, 그래픽 등을 시각적으로 설명해주어 시각장애인들도 마치 보는 것처럼 생생하게 드라마나 영화를 즐길 수 있도록 안내해주는 방송을 말한다.

오해 3: 시각장애인은 신통한 능력을 가진 사람이다.

흔히 시각장애인이 특별한 감각을 가지고 있다거나 시각 이외의 감각이 자동적으로 더 발달하게 되어 있다거나 혹은 음악적 재능이 매우 뛰어나다는 등의 오해를 하기 쉽다. 하지만, 시각장애인들이라고 해서 특별한 감각을 더 가지고 있는 것은 아니다. 다만 주의집중을 통해 미묘한 차이를 좀 더 감지할 수 있지만 이것은 자동적으로 발생한 능력이라기보다는 이러한 감각을 많이 사용하고 학습하여 생긴 결과라 할 수 있다. 또한 음악적 재능이 일반인에 비해 특별히 뛰어나지도 않다. 시각장애인의 경우 절대음감을 가진 사람이 많다고 오해하기 쉬우나 일반인들에 비해 절대음감을 가진 사람의 비율이 더 높다는 증거는 없다. 시각장애인들이 신통한 능력이 있을 것이라는 오해는 아마도 고려시대 이후 점복업에 종사하는 시각장애인이 많았기 때문인 것으로 생각된다.

오해 4: 저시각인 사람이 눈을 많이 사용하면 시력이 떨어지기 쉽다.

소수의 경우에 눈을 과다하게 사용하여 시력이 떨어지는 경우도 있으나, 대부분 눈을 많이 사용하는 것이 해가 되지 않는다. 오히려 시각적 식별 능력은 훈련을 통하여 실제로 증진될 수 있다. 과거에는 저시각 아동에게 잔존 시력을 가능한한 오래 보존하기 위해 손상된 시력을 사용하지 않도록 했으나, Barraga(1964)가 잘 계획된 훈련 방법에 의해 잔존 시력을 사용하는 것이 시효율성을 증진시킨다는 것을 증명하면서 저시각 아동을 교육하는 방법에 있어서 새로운 국면을 맞이하게 되었다. 저시각 아동이 잔존 시력을 실질적으로 사용할 수 있는 능력은 아동에 따라 매우 다양하다. 이와 같이 어떻게 잔존 시력을 사용할 수 있는가를 '시효율성'이라 한다. 일반적으로 시효율성은 생리학적인 측면에서 눈의 어느 부위에 어느 정도의 손실을 입었는가가 중요한 요인으로 작용하나, 환경적인 측면에서 부모나 교사가 눈을 사용할 수 있도록 격려하고 기회를 자주 주었는가에 따라서도 크게 좌우된다.

오해 5: 안내견은 안내견 사용자가 가고자 하는 곳을 어디든지 안내하여 데려간다.

안내견이 안내견 사용자를 데리고 가는 것이 아니라 사용자가 이미 가고자 하는 곳의 위치를 파악하고 있어야 안내견의 안내를 받을 수 있다. 안내견은 단지 위험한 곳이나 장애물을 피하도록 도움을 줄 뿐이다. 따라서 안내견 사용자는 반드시 독립보행이 가능한 사람이어야 한다. 주변에서 맹인을 안내하는 안내견을 보게 되면 사진 촬영을 하거나 먹을 것을 주는 것, 또는 부르거나 쓰다듬는 행동은 안내하는데 방해가 되므로 삼가는 것이 좋다.

오해 6: 시각장애인은 컴퓨터를 다룰 수 없다.

최근 급속히 발전하고 있는 컴퓨터 공학은 시각장애인의 교육과 재활에도 많은 도움이 되고 있다. 실제로 시각장애 아동이 다양한 정보를 좀 더 신속히 접할 수 있고 일반 또래와 함께 학습할 수 있도록 하기 위해서는 컴퓨터 교육이 필수적이다. 실제로 시각장애 특수학교에서는 일찍부터 컴퓨터 교육을 실시하고 있으며, 시각장애 성인들 중에는 컴퓨터 관련 업계에 종사하는 사람도 많다. 저시력인들은 주로 화면확대프로그램(예: Zoom-Text)을 이용하여 컴퓨터를 다루고 전맹인들은 주로 화면낭독프로그램(예: Sense-Reader)을 이용하여 윈도우 체제의 컴퓨터를 얼마든지 다룰 수 있다.

Ⅳ. 청각장애인에 대한 바른 이해

청각장애란 귀를 비롯한 청각기관이 손상되어 소리를 듣는데 어려움이 있는 것을 말한다. 작은 소리는 듣지 못해도 일상생활에 큰 어려움을 겪지 않는 정도에서부터 소리를 전혀 듣지 못하는 경우까지 다양한 정도를 나타낸다. 청력 손실이 심하여 보청기를 착용하고도 청각을 통해 언어적 정보를 주고받지 못하는 사람을 농(deaf)이라 하고, 보청기를 착용한 상태에서 청각을 통하여 언어 정보를 성공적으로 처리할 수 있는 사람을 난청(hard of hearing)이라 한다. 최근에는 심한 청각장애를 갖고 있으면서도 보청기나 인공와우 시술을 통해 조기에 청력을 회복하고 일찍부터 통합교육을 받고 있는 학생들이 늘어나고 있다. 청각장애는 청력 손실이 발생한 시기에 따라 선천적 농과 후천적 농으로 구분하기도 하고, 언어 습득 시기를 기준으로 언어 습득 전 농과 언어 습득 후 농으로 분류하기도 하지만 정확한 분기점에 대해서는 18개월, 12개월 등 견해가 다양하다. 청각장애는 청력 손실이 언제 발생하였는가에 따라 언어 발달에 미치는 영향이 절대적으로 달라진다. 선천적이거나 언어 형성 이전인 1~2세 때 청각장애가 발생한 경우에는 교육적으로도 심각한 영향을 받게 된다. 또한 보청기나 인공와우 등을 통해 청력을 회복한 시기도 매우 중요하다. 언어 습득이 왕성한 시기인 2~5세 사이에 청력을 회복한 경우에는 비교적 지속적인 발전을 기대할 수 있다.

청각장애 아동은 사회에서 일반적으로 사용하는 언어를 획득하는 데 상당한 어려움을 겪게 되며, 언어에 의한 의사소통이 곤란해져서 결국 언어 발달에 문제가 생기게 된다. 그리고 의사소통이 잘 안되어 상황에 대해 잘못 이해할 때도 있어 문제행동으로 오해받는 경우도 있다. 일반적으로 청각장애 아동의 지적 능력은 건청 아동과 크게 차이가 없다. 하지만 구어나 문자를 주로 사용하고 있는 일반적인 수업에 참여하기 어렵고 청각을 통해 자연스럽게 얻는 경험이 적기 때문에 학업 성취도가 또래에 비해 낮은 경우가 많다. 따라서 수업 장면에서 시각적인 도움과 상황에 대한 충분한 설명, 그리고 다양한 경험을 제공해 주는 것이 필수적이다.

일반적으로 청각장애인에 대해 일반인들이 가지고 있는 상식은 잘못된 부분이나 불충분한 점이 많다. 청각장애인에 대해 바르게 알지 못함으로 생기는 오해의 대표적인 예들을 살펴보면 다음과 같다.

오해 1: 청각장애인은 듣지 못하기 때문에 말을 하지 못한다.

청각장애인은 청력 손실로 말미암아 언어 발달에 심각한 문제가 있는 것이 사실이지만, 그렇다고 해서 자동적으로 말을 못하게 되는 것은 아니다. 대부분의 청각장애인은 구화교육을 통해 말로써 일반인과 의사소통을 할 수 있다. 구화법(aural-oral method)은 청능훈련을 통한 듣기 기술의 개발을 전제로 하며, 독화와 듣기로 수용하고, 발화로 표현하는 방법이다(박원희 외, 2011). 구화법은 적절한 보청기를 사용함으로써 소리를 확대하는 것이 중요하며, 부족한 부분은 청능훈련을 집중적으로 실시함으로써 보완한다. 청능훈련이란 장애아동의 잔존청력을 활용하도록 가르치는 절차로 먼저 소리의 존재에 대하여 인식하게 하고, 다음 단계에서는 여러 가지 환경음을 변별하도록 훈련하며, 마지막으로 말소리 변별을 목표로 한다(이소현, 박은혜, 2014). 또한 구화교육에서는 독화(speech reading) 능력의 발달이 매우 중요하다. 독화란 화자의 입술 움직임을 보고 무슨 말을 하는지 파악하는 것이다.

오해 2: 보청기를 사용하면 일반인과 마찬가지로 듣고 이해할 수 있다.

일반적으로 보청기는 소리를 더 크게 만들지만 더 선명하게 만들지는 못한다. 그래서 어떤 사람의 청력이 불명확하면 보청기는 단지 그런 불명확한 소리를 증폭시킬 뿐이다(장혜성 외, 2014). 다시 말해서 보청기는 소리를 증폭해 줄 뿐, 어떤 것도 청력 손실을 완전하게 보완해 줄 수는 없다. 소음이 많은 교실에서는 소음도 같이 크게 들리기 때문에 청각장애 아동이 수업을 따라가기가 어렵다.

오해 3: 청각장애인은 일반인에 비해 지적 능력이 떨어진다.

과거에는 청각장애 아동이 건청 아동에 비해 지적 능력이 다소 낮다고 보았다. 이것은 20세기 전반까지 이루어진 연구 결과에 의한 것으로, 건청 아동에 비해 청각장애 아동의 지능지수가 10 정도 낮게 나타난다고 하였다. 그러나 이러한 결과는 청각장애 아동에게는 불리한 조건이 되는 검사 환경에서 기인한 것으로 보아야 한다(김일명 외, 2013). 최근에는 청각장애 아동도 일반 아동과 마찬가지의 지적 능력을 가지고 태어나는 것으로 간주된다. 다만 언어적 자극, 학습 경험 등의 부족으로 학업성취도가 낮은 것으로 보아야 할 것이다.

오해 4: 청각장애인은 시각장애인에 비해 예후가 좋다.

시각장애 자녀의 부모들로부터 가끔 시각장애인보다 청각장애인의 예후가 더 좋지 않으냐는 질문을 받곤 한다. 하지만 이는 잘못된 생각이다. 오히려 청각장애인이 시각장애인보다 적응하는 데에 어려움이 더 많다. 이것은 구어를 이해하고 말하는 능력에 대해서 청력 손실이 미치는 영향력이 광범위하기 때문이다. 최근 청각장애 학생의 대학 진학 사례가 다수 보고되고 있기는 하지만 다른 장애영역에 비하면 매우 적은 수에 불과하다.

오해 5: 청각장애인들은 다른 사람과 대화하는 것을 좋아하지 않는다.

청각장애인들 중에는 일반인과 대화하는 것을 좋아하는 사람도 많다. 일반인들 중에 수화를 몰라 청각장애인과 대화를 나누는 것을 두려워하는 경우가 많은데, 종이와 필기구를 이용하거나 스마트폰의 문자 기능을 활용하여 필담을 시도해 보는 것도 좋은 방법이다. 청각장애인이라고 모두 수화를 할 수 있는 것은 아니다. 일반학교에서 통합교육을 받고 있는 청각장애 학생의 대부분은 수화를 배울 기회가 거의 없어서 수화를 모르는 경우가 꽤 많으며 오히려 알맞은 보조기구를 이용해 일상적인 대화에는 불편함이 없는 경우도 많다. 하지만 더욱 원활한 대화를 위해서는 얼굴을 마주보고 정확한 입 모양과 발음, 그리고 자연스러운 속도로 이야기해 주는 것이 필요하다.

Ⅴ. 자폐성장애인에 대한 바른 이해

자폐성장애는 사회적 상호작용 및 의사소통의 질적 결함과 반복적이고도 상동적인 양상의 행동을 특성으로 한다. 자폐는 질병이나 질환이 아니며 자폐 아동들이 보이는 행동의 패턴에 근거하여 정의가 내려진 행동 증후군이다(박원희 외, 2011). 미국자폐협회의 정의에 따르면, 자폐는 사회적 상호작용과 의사소통 기술 영역을 관장하는 두뇌의 정상적인 발달에 영향을 미침으로써 자폐를 지닌 아동이나 성인은 구어 또는 비구어 의사소통과 사회적 상호작용, 여가활동이나 놀이 활동에 있어서 전형적인 어려움을 보인다. 이러한 장애는 이들이 다른 사람과 의사소통하거나 외부 세상과 관계를 형성하기 어렵게 만들 뿐만 아니라, 때로는 공격적이거나 자해적인 행동, 반복적인 신체 움직임, 사람에 대한 비전형적인 반응이나 사물에 대한 애착, 일과 변화에 대한 저항 등의 행동적 특성으로 나타나기도 한다(이소현, 박은혜, 2014).

모든 자폐성장애인을 일반화하여 설명하기는 매우 어렵다. 즉, 자폐성장애라는 같은 진단명을 가진 사람들 내에서도 서로 일치하지 않는 매우 이질적인 집단이다. 특히 자폐성장애를 가진 사람은 일반인들에 비해 최소한 한 가지 이상의 매우 특별한 능력이 있는 것으로 인식되어져 왔으나, 모든 자폐성장애인이 그런 것은 아니다. 또래와 어울리기보다는 고립된 행동을 보이며 혼자 놀기도 하고, 상대방의 질문을 그대로 따라하는 반향어의 형태를 보이는 경우도 있으며, 상동적인 형태의 제한된 행동을 보이는 특성을 지닌다.

따라서 자폐성장애의 교육은 사회성 발달을 촉진시킬 수 있는 일상생활 언어 교육에 초점을 두어야 하며, 사회성 발달의 결함을 극복하기 위해 통합교육이 더욱 필요하다. 이것은 사회성이나 의사소통의 발달이 또래와의 자연스러운 경험을 통하여 습득될 수 있으며, 습득된 특정 기술도 또래와의 자연적인 상호작용 맥락에서 사용되어야 하기 때문이다.

자폐성장애는 그들이 보이는 반복적이고 상동적인 행동이나 사회적 상호작용의 결함 때문에 많은 오해를 불러일으킨다. 다음은 자폐성장애인에 대해 일반인들이 오해하기 쉬운 내용의 대표적인 예이다.

오해 1: 자폐성장애는 정신질환의 일종이다.

언뜻 보기에는 자폐성장애와 정신분열증과 유사하게 보일 수도 있으나 이들은 확연한 차이가 있다. 예를 들면, 자폐성장애는 생애 초기에 발생하지만, 정신분열증은 정상적인 발달 중에 나타나는 질환이다. 또한 정신분열증 환자는 공통적으로 망상이나 환청을 경험하지만, 자폐성장애는 그렇지 않다. 간혹 자폐성장애 아동이 변화를 싫어하고 동일성을 고집하는 성향이 있다고 해서 강박장애와 유사하다고 생각하기 쉬우나 이들이 보이는 특성 역시 확연히 차이가 난다. 강박장애 환자의 경우 자신에게 나타나는 강박적 사고나 강박적 행동이 지나치거나 비합리적임을 인식하고 심한 심리적 압박감을 느끼지만, 자폐성장애의 경우는 그렇지 않다.

오해 2: 모든 자폐성장애인은 특정 영역에서 비상한 능력을 지니고 있다.

자폐성장애 아동 중에는 특정 영역에서 뛰어난 능력이나 기술을 보이는 경우가 있다. 과거의 특정한 날을 정확히 기억해 내거나 미래의 어떤 날자를 말하면 그 날이 무슨 요일인지 말하는 아동도 있고, 그림이나 음악 연주 등에서 놀랄만한 능력을 발휘하는 경우가 있다. 이러한 뛰어난 능력이나 기술은 '자폐 천재(autistic savant)' 또는 '천재 증후군(savant syndrome)'으로 불린다. 이들의 특정 능력은 매우 특별하고 놀랍기 때문에 언론에서 가끔 다루어진다. '레인 맨'이나 '샤인', '모차르트와 고래'와 같은 영화나 출판물은 일반 대중들에게 자폐인들이 모두 비범한 능력을 가졌을 것이라는 잘못된 인식을 심어 주곤 한다. 하지만 서번트 증후군을 보이는 경우는 전체 자폐성장애 아동 중 약 10% 정도이며, 이러한 특정 영역에서의 뛰어난 능력은 자신의 전반적인 지적 능력이나 일반적인 기능과는 무관하게 나타나며, 기타 영역에서는 매우 낮은 수행을 보인다.

오해 3: 차갑고 냉담한 엄마가 자폐를 유발한다.

의학의 급속한 발달에도 불구하고 자폐성장애의 정확한 원인은 아직까지 밝혀지지 않고 있다. 과거에는 자폐성장애가 어머니의 양육태도와 같은 후천적인 정서적 또는 행동주의적 요인에 의하여 발생한다는 주장도 있었으나 이러한 주장은 더 이상 수용되지 않고 있으며, 두뇌 기능에 영향을 미치는 생물학적 이상에 의하여 발생한다는 주장이 보편적으로 수용되고 있다. 자폐성장애는 환경의 영향에 의해 얻어지는 장애가 아니며 생후 3세 이전에 나타나서 평생 지속되거나 발달 과정을 통해서 어떤 증후는 계속 유지되기도 하고 어떤 증후는 없어지거나 더 심해지기도 하는 발달장애이다(APA, 2000). 아동과 성인 간의 상호작용은 쌍방향이라는 것을 기억해야 한다. 상대적으로 반응적이지 않은 영아의 부모들은 시간이 지남에 따라 자녀에게 점점 더 차갑고 거리감 있는 행동을 하게 된다. 더욱이 자폐 아동의 부모와 가족은 갑작스럽고 예상치 못한 자녀의 장애에 직면했기 때문에 상당한 스트레스를 경험하게 된다. 따라서 자폐성장애 아동의 부모는 스트레스와 걱정으로 다른 부모와 다소 다른 반응을 할 것이라는 점을 우리는 이해해야 한다(장혜성 외, 2014).

오해 4: 자폐성장애는 유전되며, 유행병일 가능성이 높다.

다른 장애와 마찬가지로 자폐성장애가 유전이라는 증거는 찾아볼 수 없다. 자폐성장애는 생후 30개월 이내에 나타나 흔히 선천적 장애로 여겨진다. 그런데 여기에서 주의할 점은 선천적 장애라는 말이 곧 유전적 장애를 뜻하지는 않는다는 것이다. 또한 최근 자폐성장애로 진단되는 사람들이 증가하고 있어 유행병이라는 오해도 하기 쉽다. 하지만 최근 자폐성장애 출현율이 급격하게 증가하고 있는 이유는 자폐성장애가 자폐범주성장애로 인식되면서 아스퍼거 증후군과 같은 경도의 장애가 포함될 만큼 넓어졌고, 자폐에 대한 의학적, 심리학적 그리고 교육적 전문가들뿐만 아니라 일반 대중까지 확산되었으며, 과거에는 정신지체 등 다른 장애로 진단되던 아동이 자폐로 진단받게 되는 경우가 있기 때문이다. 결과적으로 자폐의 출현율 증가는 진단 절차상의 변화 및 범주성 장애라는 폭넓은 개념 도입에 따른 결과로 해석해야 하며, 유행병이라는 것은 오해에서 비롯된 것이다.

Ⅵ. 학습장애인에 대한 바른 이해

학습장애는 발달기에 유발되어 성인이 되어서도 지속되는 만성적 장애로서 주의집중, 기억, 사고, 읽기, 쓰기, 수학적 추리력, 사회생활기술 등의 습득과 활용에 곤란을 겪는 여러 유형의 장애를 말한다. 흔히 학습장애를 학습부진 혹은 학습지진과 혼돈하는 경우가 있는데, 학습부진은 지적 능력이나 학습 잠재력과 같은 학습 가능성에서 기대되는 만큼 학업성취도가 미치지 못하는 학생을 말하는 것으로 학습장애를 포함하는 개념으로 이해해야 하며, 학습지진은 지적 능력의 저하로 학업성취가 낮은 경우로 학습장애와 구분된다. 학습장애 아동은 평균적인 지적 기능을 지니고 있고 학생 자신의 연령 수준과 능력 수준에 알맞은 학습 경험이 주어졌음에도 불구하고 말하기, 듣기, 읽기, 쓰기, 이해, 수학능력, 사회성 중 하나 또는 그 이상에서 성취수준과 학생의 능력 간에 심하게 차이를 보인다. 이때 다른 장애나 환경적, 문화적, 경제적으로 불리한 조건으로 인한 학습 상의 문제는 학습장애로 보지 않는다.

학습장애를 일으키는 단일 주요 원인을 정확하게 알기는 매우 힘들다. 다만 지금까지 거론되고 있는 주요 원인은 신경학적 요인과 유전적 요인, 환경적 요인을 들 수 있으며, 때로는 교사의 부적절한 교수 방법도 학습장애를 유발한다는 주장도 제기되고 있다. 또한 학습장애 아동은 매우 다양한 특성을 지닌다. 학습에 있어서는 잠재력에 비해 낮은 학업 성취와 학습 능력의 불균형, 수동적인 학습 스타일, 빈약한 기초 언어 기술 등을 보이고, 사회성 측면에서는 사회적 또는 비구어적 단서를 잘못 해석하거나 사회적 결과를 예측하지 못하며, 행동적인 측면에서는 주의집중이 어렵고, 산만하며, 동기가 결여되어 있다. 그러나 개별 학습장애 아동 모두가 이러한 특성을 다 보이는 것은 아니다. 어떤 아동은 여러 가지 특성을 동시에 보이는 반면에 어떤 아동은 한두 가지의 특성만을 보이기도 한다. 따라서 교사는 학습장애의 다양한 특성을 이해하고 효과적인 교수전략을 세울 필요가 있다(이소현, 박은혜, 2014).

학습장애라는 말은 비교적 잘 알려지지 않아 잘못된 생각을 가지고 있는 경우가 많다. 아래의 내용은 학습장애에 대한 대표적인 오해들이다.

오해 1: 공부를 못하면 모두 학습장애로 봐야 한다.

공부를 못한다고 해서 모두 학습장애인 것은 아니다. 공부를 못하는 아동들 중에는 지능이 낮은 아동, 시각이나 청각에 문제가 있는 아동, 혹은 사회·경제적 환경이 문제가 되는 아동들도 있을 수 있다. 하지만 학습장애는 다른 장애상태나 환경적인 영향과 동시에 나타날 수는 있으나, 그러한 상태나 영향의 직접적인 결과로 나타나는 것은 아니다.

오해 2: 학습장애 아동은 지능지수가 낮다.

학습장애는 전통적으로 아동이 지닌 학습 잠재력과 학업성취 수준 간에 나타나는 불일치를 통하여 판별해 왔다. 여기서 말하는 불일치란 표준화된 지능검사와 학업성취도 검사 점수 간의 차이를 말하는 것으로 IQ-성취 불일치(IQ-achievement discrepancy)라는 용어로 표현된다. 즉 학습장애는 평균 혹은 그 이상의 지적 능력을 가지고 있음에도 불구하고 특정 영역에서 학업성취도가 심각하게 떨어지는 것을 말한다. 따라서 학습장애 아동의 지능지수가 낮을 것이라는 것은 오해에서 비롯된 것이다.

오해 3: 학습장애는 유전에 의한 것이다.

학습장애가 유전된다는 주장은 읽기장애나 쓰기장애가 동일한 가계 내에서 발생할 가능성이 더 높다는 연구 결과에서 비롯되었다. 하지만 부모가 학습장애를 지닌 경우 자녀 양육 과정에서 나타나는 장애의 영향을 배제할 수 없기 때문에 반드시 유전적인 원인에 의한 것이라고 단정할 수는 없다. 학습장애의 원인을 찾고자 하는 노력은 다각도로 이루어지고 있으나 아직까지 명확히 규명되지 못하고 있다. 다만 신경학적 요인과 환경적 요인과 더불어 유전적 요인도 함께 거론되고 있을 뿐 그 원인을 정확하게 설명하는 단일 요인은 아직까지 밝혀진 바 없다. 다시 한 번 강조하지만, 선천적인 것을 유전으로 오해해서는 안 된다. 임신 전 자궁 환경에서의 이상으로 말미암은 장애는 선천적이라 할 수는 있으나 유전이라고 말하기는 어렵기 때문이다.

연구과제

1. 정신지체인에 대한 오해에서 비롯된 것에는 어떤 것들이 있는지 알아봅시다.
2. 지체장애인에 대한 오해에서 비롯된 것에는 어떤 것들이 있는지 알아봅시다.
3. 시각장애인에 대한 오해에서 비롯된 것에는 어떤 것들이 있는지 알아봅시다.
4. 청각장애인에 대한 오해에서 비롯된 것에는 어떤 것들이 있는지 알아봅시다.
5. 자폐성장애인에 대한 오해에서 비롯된 것에는 어떤 것들이 있는지 알아봅시다.
6. 학습장애인에 대한 오해에서 비롯된 것에는 어떤 것들이 있는지 알아봅시다.

참고문헌

김삼섭(1996). 함께 사는 세상. 국립특수교육원.

김성희, 이연희, 황주희, 오미애, 이민경, 이난희, 강동욱, 권선진, 오혜경, 윤상용, 이선우(2014). 2014 장애인 실태조사. 보건복지부, 한국보건사회연구원.

김일명, 김원경, 조홍중, 허승준, 추연구, 윤치연, 박중휘, 이필상, 문장원, 서은정, 유은정, 김자경, 이근민, 김미숙, 김종인, 이신동(2013). 최신특수교육학. 학지사.

김정선, 유장순, 이미진, 이원우, 조정순, 최준옥, 한재숙, 황현주(2003). 장애이해교육 프로그램. 서울특별시교육청 초등교육과.

박원희, 김기창, 김영일, 김영욱, 이은주, 신현기, 한경근, 이숙정, 김애화, 윤미선, 김은경, 송병호, 이병인, 김송석, 양경희(2011). 함께하는 사회를 지향하는 특수교육학. 교육과학사.

이인옥(2007). 지체장애인의 지각된 낙인과 자아존중감. 근관절건강학회지, 14(1), 17-42.

이소현, 박은혜(214). 특수아동교육. 학지사.

장혜성, 김수진, 김호연, 최승숙, 최윤희(2014). 특별한 학습자를 위한 특수교육. 학지사.

전세일(1998). 재활치료학. 계축문화사.

American Psychiatric Association.(2000). *Diagnostic and statistical manual of mental disorder* (4th ed., Text-Revised). Washington, DC: Author.

Barraga, N. C.(1964). *Increased visual behavior in low vision chldren*. New York. : American Foundation for the Blind.

Batshaw, M. I., Pellegrino, I., & Roizen, N. J.(2007). *Children with disabilities* (6th ed.). Baltimore: Paul Brookes.

Best, S. J., Heller, K. W., & Bigge, J.(2005). *Teaching Individuals with Physical, or Multiple disabilities* (5th ed.). Upper Saddle River, NJ: Merrill.

Bowe, F.(2000). *Physical, sensory, and health disabilities*. Columbus, OH: Merrilll.

Hunt, H., & Marshall, K.(1994). *Exceptional children and youth: An introduction to special education*. Boston. MA: Houghton Mifflin.

2 장애 및 특수아동에 대한 이해

학습목표

- 장애에 대한 개념이 어떻게 변화되어 왔는지 이해한다.
- 세계보건기구(WHO)의 ICIDH 모델과 ICF 모델을 설명한다.
- 특수아동의 정의 및 분류체계를 이해한다.
- 발달정신병리학에서 제시한 장애발생 원인의 5가지 범주를 제시하고 각각의 내용을 이해한다.

Ⅰ. 장애에 대한 이해

장애인이란 어떤 사람들일까? 장애인이란 말 그대로 장애를 가진 사람을 말한다. 그렇다면 그 장애란 과연 무엇일까? 우리는 지금까지 장애란 신체적·정신적 기능에 결함이 있거나 제 기능을 하지 못하는 상태로서 사람 자체의 문제라고 믿어 왔다. 하지만 최근에는 장애를 결함이 있는 신체나 정신이 제 기능을 하지 못하도록 하는 환경이나 사회 제도의 문제라는 관점에서 정의하고 있다.

이처럼 장애라고 하는 것은 한 사회가 어떠한 사람을 장애인이라고 정의하느냐에 따라 달라질 수 있는 상대적인 개념이다. 즉, 장애의 개념은 사회의 문화적 기대에 따라 다르며, 환경에 의해서도 변화할 수 있다. 예를 들어, 시력이 매우 좋지 않은 사람들이 렌즈나 안경이 없던 시절에 살았더라면 장애를 느낄 수 있었을 것이다. 신체적 장애를 가진 사람도 적합한 휠체어만 있다면 바닷가를 산책할 수도 있고, 특별 제작된 자동차만 있다면 어디로든 떠날 수 있다. 즉, 장애의 개념은 개별 사회의 문화적 기대에 따라 다르며, 환경에 의해서도 변화할 수 있다. 이는 신체적·정신적 손상이 있다고 할지라도 주어진 환경에 잘 적응하여 사회생활에 아무 지장이 없다면 장애인과 일반인은 아무 차이가 없기 때문이다.

장애에 대한 담론 차원에서 보면, 장애를 설명하는 언어들은 개별 및 의료모델에서 사회적 및 환경중심 모델로 전환되어 가고 있다고 할 수 있다. 이러한 장애개념의 변화는 세계보건기구(WHO)가 1980년 이후 발표한 장애분류체계의 변천 과정에 잘 내포되어 있다.

1. 세계보건기구(WHO)의 장애 개념

1980년 WHO는 장애의 계층적 개념을 주장하면서 국제장애분류(International Classification of Impairment, Disabilities and Handicatps: ICIDH)를 제시하였다. 여기에서는 장애에 대한 일반적인 개념을 신체 손상(impairment), 기능장애(disability), 사회적 장애(social handicap)라는 용어를 중심으로 설명하였다(오혜경, 1998).

첫째, 신체 손상은 심리적, 신체적 또는 해부학적 구조나 기능의 손실을 가져온 일시적·

영구적 병리 상태를 의미하며, 뇌 기능 상실, 시·청각 기능 상실, 심장·정신질환, 정신지체 등 모두를 아우른다.

둘째, 기능장애는 생산적인 일상생활을 위한 기능적 능력의 감소를 의미한다. 여기에는 각종 기능 상실에 의한 일상생활 및 직업생활 등에서의 제한이 뒤따른다. 이러한 기능 상실이 반드시 기능장애를 수반하지는 않는다. 기능 상실은 영구적 성질을 가지나 기능장애는 적절한 치유에 따라 경감·완화될 수 있다.

셋째, 사회적 장애는 선천적이거나 노령, 질병, 사고 등에 의해 심신의 상태가 일시적 또는 영구적으로 손상된 결과로 인해 독립성, 학습 능력, 취업 등이 저해되는 것을 말한다. 기능 상실이나 장애가 반드시 사회적 장애를 수반하지는 않는다. 예를 들어, 무엇인가를 할 수 없다는 것은 장애(기능장애)인 것은 분명하지만 이러한 기능장애가 반드시 사회적 장애로서 장애를 초래하지는 않는다. 즉, 사회 구성원의 인식이나 환경적인 지원을 통하여 특정 손상이나 사회적 장애의 상태도 개인의 삶에 불이익을 가져다주지 않을 수도 있다는 것이다.

최근 WHO는 이 같은 국제장애분류를 폐기하고, 1997년 ICIDH-2에 이어 국제기능·장애·건강분류(International Classification of Functioning, Disability and Health: ICF)를 발표하면서 장애에 관한 개념적 틀을 정립하고, 이 분류법에 의해 장애를 분류할 것을 권장하였다(변용찬 외, 2005).

ICF에 의한 장애의 설명은 1980년에 제안된 ICIDH 모델과 근본적으로 차이가 나며, 장애 개념의 획기적인 패러다임의 전환을 의미한다. ICIDH에서는 신체 손상, 기능장애, 사회적 장애의 일방향적인 관계를 전제로 손상의 전제 위에 기능장애가 논의되고, 기능장애의 전제 위에 사회적 장애의 여부를 판단하는 체계였다고 할 수 있다. 그러나 ICF에서는 '활동과 참여'를 '신체 손상, 기능장애, 사회적 장애' 대신에 제시하였다. 즉, 활동 또는 참여의 장애가 이제는 개인 내부가 아닌 주변 환경의 요인 때문이라는 것을 선언한 것이다(김일명 외, 2013).

ICF에서는 장애를 신체적·정신적 기능의 손상과 환경적 요인에 의해 활동과 사회참여에 장기간 제약을 받는 상태로 정의한다. 이러한 상태는 개인적 상황과 환경적 요소의 양측면에서 영향을 받는데, 개인적 상황은 신체적·정신적 손상과 활동 및 참여의 제약을 말하고, 환경적 요소는 물리적·사회적·정책적 환경 및 사회인식 등을 말한다. 즉, 장애는 개인의 기능손상이라는 정태적 상황만을 의미하는 것이 아니라 기능회복과 활동 및 사회참여를 보장하기 위한 물리적·사회적 환경의 준비 정도에 의해 결정되는 동태적 상황임을 강조한 것이다.

2. 우리나라의 장애 개념

유럽이나 미국 등 서구 선진국의 경우에는 일반적으로 장애인의 범위가 매우 포괄적인 것이 특징이다. 예를 들어, 한국이나 일본의 경우 장애인의 범위를 의학적 모델(medical model)에 입각하여 주로 신체구조 및 기능상의 장애로 판정하는 것에 비하여 유럽 등 서구 선진국에서는 신체, 정신의 기능적인 장애에 추가하여 특정한 일을 어느 정도 수행할 수 있는지의 여부에 의한 과업수행(노동)능력, 개인적 요인뿐만 아니라 환경적 요인에 의해 불이익을 받는 조건까지 포함하는 사회적인 의미의 장애 등 포괄적인 장애범위를 채택하고 있다. 즉, 개인이 가진 신체적·정신적 기능손상이 사회적인 불이익을 초래한다고 판단될 경우에 장애로 인정하는 것이다.

오스트리아, 벨기에, 덴마크, 프랑스, 독일, 이탈리아, 네덜란드, 포르투갈, 스페인, 스웨덴, 영국 등이 사용하고 있는 장애인 정의는 건강문제가 지속되고, 일상생활에 지장을 주는 정도이면 장애인으로 정의하고 있으며, 호주와 캐나다의 경우에는 자기 관리, 이동성, 의사소통 등에 있어서 근본적이고 심각한 주요 행동 제약이 있을 경우 중증 장애인으로, 그리고 주요 행동에 있어서 경증의 또는 경미한 주요 행동 제약이 있을 경우 경증 장애인으로 구분하고 있다(변용찬 외, 2005).

이에 비해 우리나라의 장애 개념은 아직까지 신체적·정신적 기능손상에 기초하고 있다. 우리나라 「장애인복지법」 제2조에서는 장애인을 신체적·정신적 장애로 인하여 장기간에 걸쳐 일상생활 또는 사회생활에 상당한 제약을 받는 자라고 규정하고, 의학적 패러다임에 의거한 장애 범주를 정하고 이에 해당하는 경우에만 장애로 인정하고 있다. OECD 국가 중 한국과 일본만이 이러한 요건주의를 채택하고 있다.

우리나라의 장애 범주는 그동안 대단히 협소하였으나 최근 내부기관장애 및 사회적 장애의 일부(예: 안면장애 등)를 추가하는 등 범주를 확대하는 추세이다. 1981년 제정되고 1989년 개정된 「장애인복지법」에서는 장애인의 범주를 지체장애, 시각장애, 청각장애, 언어장애, 정신지체의 5가지 영역으로 한정하고 있었으나, 1997년 '장애인복지발전 5개년 계획'의 장애 범주 확대 계획에 따라, 2000년 1차적으로 신장 및 심장장애의 내부장애와 만성 중증 정신질환에 의한 정신장애, 자폐증의 발달장애가 새롭게 장애 범주에 포함되었으며, 뇌병변장애가 기존의 지체장애에서 분리되어 장애 범주가 총 10종으로 확대되었다. 또한 2003년 7월에는 안면장애, 장루·요루장애, 간장애, 간질장애, 호흡기장애 등 5종이 새로 추가되는 2단계 장애 범주 확대가 이루어져 15가지 유형의 장애가 있다.

그러나 이러한 범주 확대에도 불구하고 아직 기능손상 개념에서 완전히 벗어난 것이 아니며 의학적 패러다임에 의한 요건주의를 유지하고 있다. 이렇듯 장애 개념에 대한 정의의 차이에 따라 각국의 장애 인구도 차이를 보이고 있다. 우리나라의 경우 장애 인구를 5% 미만으로 보고 있으나, WHO에서는 인구의 10%를 장애인으로 가정하고 있으며, OECD에서는 장애 인구가 전체 인구의 14%에 달하고 있는 것으로 파악하고 있다.

3. 우리나라의 장애 범주

우리나라에서 장애인의 범위는 각 법마다 달리 정의되고 있다. 여러 법들 중에서 장애인복지 영역에서 가장 많이 활용되고 있는 「장애인복지법」을 중심으로 우리나라의 장애 범주를 살펴보고자 한다.

「장애인복지법」에서는 장애의 범주를 총 15가지로 분류하고 이를 크게 신체적 장애와 정신적 장애로 구분하고 있으며, 신체적 장애 및 정신적 장애의 대분류 밑에 중분류, 소분류, 세분류의 분류체계가 있다. 「장애인복지법」에 따른 장애 범주를 정리하면 다음의 〈표 2-1〉과 같다.

〈표 2-1〉 장애인복지법에서의 장애 범주

대분류	중분류	소분류	세분류
신체적 장애	외부신체 기능의 장애	지체장애	절단장애, 관절장애, 지체기능장애, 변형 등의 장애
		뇌병변장애	뇌의 손상으로 인한 복합적인 장애
		시각장애	시력장애, 시야결손 장애
		청각장애	청력장애, 평형기능장애
		언어장애	언어장애, 음성장애, 구어장애
		안면장애	안면부의 추상, 함몰, 비후 등 변형으로 인한 장애
	내부기관의 장애	신장장애	투석치료 중이거나 신장을 이식받은 경우
		심장장애	일상생활이 현저히 제한되는 심장기능 이상
		간장애	일상생활이 현저히 제한되는 만성·중증의 간기능 이상
		호흡기장애	일상생활이 현저히 제한되는 만성·중증의 호흡기기능 이상
		장루·요루장애	일상생활이 현저히 제한되는 장루·요루
		뇌전증장애	일상생활이 현저히 제한되는 만성·중증의 뇌전증(간질)
정신적 장애	발달장애	지적장애	지능지수가 70 이하인 경우
		자폐성장애	소아자폐 등 자폐성 장애
	정신장애	정신장애	정신분열병, 분열형 정동장애, 양극성 정동장애, 반복성 우울장애

우리나라는 1997년 공포된 장애인복지발전 5개년 계획 이후 단계적으로 장애 범주를 계속해서 확대해 오고 있다. 이러한 장애 범주의 확대는 점차적으로 선진국 수준에 도달하도록 추진되고 있는데, 향후 확대 예상 장애 범주로는 만성알코올·약물중독, 기질성 뇌증후군, 기타 정신발달장애, 소화기장애, 비뇨기장애, 치매, 만성통증, 기타 암, 기타 등이 포함된다(김성희 외, 2014).

II. 특수아동의 정의 및 분류

1. 특수아동의 정의

특수아동(special children)에 대한 정의는 학자들마다 의견이 분분하다. 교육을 목적으로 하는 특수아동의 정의는 자신의 잠재력을 개발하기 위해서 특수교육 및 그와 관련된 서비스를 필요로 하는 아동으로서(Hallahan & Kauffman, 2003), 심신의 장애를 지닌 아동뿐 아니라 너무 뛰어나 교육과정이나 교수방법을 수정할 필요가 있는 영재아까지 포함한다. 즉 특수아동이란 지적장애아, 학습장애아, 정서 및 행동장애아, 지체장애아, 감각장애아 및 영재아를 포함하는 포괄적인 용어이다(송미경, 최윤희, 2013).

특수교육 요구 아동(special educational needs children)을 지칭하는 또 다른 용어로 장애아동이 사용되고 있다. 장애아동은 특정 영역에서의 재능이나 우수성 등 다른 아동보다 뛰어난 능력을 지닌 아동을 포함하지 않기 때문에 특수아동보다는 좁은 의미의 용어라고 할 수 있다(이소현, 박은혜, 2014). 장애아동이란 말은 장애를 가진 아동이라는 의미로 장애의 유무에 초점을 맞춘 용어이고, 특수아동이란 아동의 교육적 접근 방식이 어떠한지에 초점을 맞춘 용어라고 할 수 있다. 예를 들어, 지체장애가 있으나 일반 학교에서 전혀 무리 없이 교육을 받는 아동은 장애아동이긴 하지만 특수아동으로 보지는 않는다.

최근에는 특수아동 외에도 일반학급에서 학습이나 학교생활을 잘 수행하지 못하는 장애위험아동도 특수교육 대상자에 포함시켜야 한다는 의견이 대두되고 있다. 이들은 또래관계의 어려움, 성장과 발달의 정체, 학업성취의 실패, 학교생활 전반에서의 어려움을 갖는데, 이들은 현재 장애로 진단받을 만큼 뚜렷한 문제를 나타내지는 않지만 앞으로 장애를 보일 가능성이 있는 아동이다. 특히, 나이가 어린 아동들의 경우에는 열악한 환경적인 조건에 놓이게 되면 발달상의 문제를 보일 가능성이 높아질 수 있다(송미경, 최윤희, 2013). 따라서 미국의 조기교육 지원체계는 주에 따라서 이러한 아동을 장애위험 아동으로 분류하여 실제로 특수교육 대상자로 인정하고 제도적인 지원을 제공하기도 한다(이소현, 박은혜, 2014). 우리나라에서도 장애위험 아동을 특수교육 대상자로 인정함으로써 특수교육의 예방적 관점에서의 역할을 강조해야 한다는 주장이 제기되고 있다(이미선, 조광순, 2002; 이소현, 2004 등).

특수아동이란 특정 영역에서 대부분의 다른 일반적인 아동과는 다른 아동을 의미한다. 그러나 특수아동 중에는 일반 아동과의 차이가 매우 적은 경우도 있다. 이러한 아동은 경도장애를 지닌 아동으로, 외모만으로는 장애 식별이 어렵고 학교 입학과 더불어 학업 영역에서의 실패를 경험하기 전까지는 잘 발견되지 않기도 한다(Lewis & Doorlag, 2011). 그러므로 교사는 특수아동 중에는 일반 아동과의 차이가 매우 작은 경우도 있다는 사실을 잘 알고 있어야 한다. 따라서 특수아동을 교육하는 교사는 이들이 지니고 있는 여러 가지 발달 특성상의 차이를 잘 발견할 수 있어야 한다.

그러나 일단 이와 같은 차이를 발견한 후에는 장애로 인한 차이점만을 강조하기보다는, 특수아동도 다른 아동들과 유사한 발달 및 행동 특성을 갖고 있다는 사실을 인식해야 한다. 교사는 아동들이 지니고 있는 여러 가지 발달 특성상의 차이, 즉 어떤 영역에서의 손상과 문제의 성격 및 정도 등을 잘 발견하고, 이들이 지니고 있는 능력과 잠재력을 고려하여 이를 발휘할 수 있는 교육을 제공해야 한다(송미경, 최윤희, 2013).

2. 특수아동의 분류

특수아동을 분류할 때 장애 영역별로 분류하는 것이 가장 일반적인 방법이다. 우리나라의 특수아동 관련법으로는 2007년 개정된 「장애인 등에 대한 특수교육법」이 있는데, 이 법에서는 특수아동이라는 용어 대신에 특수교육 대상자라는 용어를 사용하고 있다. 이 법에서는 특수교육 대상자를 (1) 시각장애, (2) 청각장애, (3) 정신지체, (4) 지체장애, (5) 정서·행동장애, (6) 자폐성장애, (7) 의사소통장애, (8) 학습장애, (9) 건강장애, (10) 발달지체, (11) 그 밖에 대통령령으로 정하는 장애를 지닌 자 중에서 특수교육을 필요로 하는 사람으로 진단·평가된 사람으로 정의하고 있다. 「장애인 등에 대한 특수교육법 시행령」에 제시된 특수교육 대상자 선정기준을 자세히 살펴보면 다음과 같다.

(1) 시각장애: 시각계의 손상이 심하여 시각기능을 전혀 이용하지 못하거나 보조공학기기의 지원을 받아야 시각적 과제를 수행할 수 있는 사람으로서 시각에 의한 학습이 곤란하여 특정의 광학기구·학습매체 등을 통하여 학습하거나 촉각 또는 청각을 학습의 주요 수단으로 사용하는 사람

(2) 청각장애: 청력 손실이 심하여 보청기를 착용해도 청각을 통한 의사소통이 불가능 또는 곤

란한 상태이거나 청력이 남아 있어도 보청기를 착용해야 청각을 통한 의사소통이 가능하여 청각에 의한 교육적 성취가 어려운 사람

(3) 정신지체: 지적 기능과 적응행동상의 어려움이 함께 존재하여 교육적 성취에 어려움이 있는 사람

(4) 지체장애: 기능·형태상 장애를 가지고 있거나 몸통을 지탱하거나 팔다리의 움직임 등에 어려움을 겪는 신체적 조건이나 상태로 인해 교육적 성취에 어려움이 있는 사람

(5) 정서·행동장애: 장기간에 걸쳐 다음 각 목의 어느 하나에 해당하며, 특별한 교육적 조치가 필요한 사람

① 지적·감각적·건강상의 이유로 설명할 수 없는 학습상의 어려움을 지닌 사람

② 또래나 교사와의 대인관계에 어려움이 있어 학습에 어려움을 겪는 사람

③ 일반적인 상황에서 부적절한 행동이나 감정을 나타내어 학습에 어려움이 있는 사람

④ 전반적인 우울감이나 우울증을 나타내어 학습에 어려움이 있는 사람

⑤ 학교나 개인 문제에 관련된 신체적인 통증이나 공포를 나타내어 학습에 어려움이 있는 사람

(6) 자폐성장애: 사회적 상호작용과 의사소통에 결함이 있고, 제한적이고 반복적인 관심과 활동을 보임으로써 교육적 성취 및 일상생활 적응에 도움이 필요한 사람

(7) 의사소통장애: 다음 각 목의 어느 하나에 해당하여 특별한 교육적 조치가 필요한 사람

① 언어의 수용 및 표현능력이 인지능력에 비하여 현저하게 부족한 사람

② 조음능력이 현저히 부족하여 의사소통이 어려운 사람

③ 말 유창성이 현저히 부족하여 의사소통이 어려운 사람

④ 기능적 음성장애가 있어 의사소통이 어려운 사람

(8) 학습장애: 개인의 내적 요인으로 인하여 듣기, 말하기, 주의집중, 지각, 기억, 문제해결 등의 학습기능이나 읽기, 쓰기, 수학 등 학업 성취 영역에서 현저하게 어려움이 있는 사람

(9) 건강장애: 만성질환으로 인하여 3개월 이상의 장기입원 또는 통원치료 등 계속적인 의료적 지원이 필요하여 학교생활 및 학업수행에 어려움이 있는 사람

(10) 발달지체: 신체, 인지, 의사소통, 사회·정서, 적응행동 중 하나 이상의 발달이 또래에 비하여 현저하게 지체되어 특별한 교육적 조치가 필요한 영아 및 9세 미만의 아동

우리나라의 법적 분류체계와는 달리 미국의 장애인교육법(Individuals with Disabilities Education Improvement Act: IDEA)은 좀 더 세분화된 분류에 따라 특수 아동을 분류하고 있다. IDEA는 (1) 자폐, (2) 농-맹, (3) 농, (4) 정서장애, (5) 청각장애, (6) 정신지체, (7) 중복장애, (8) 지체장애, (9) 기타 건강상의 장애, (10) 특정 학습장애, (11) 말 또는 언어장애, (12) 외상성 뇌손상, (13) 시각장애 등의 장애를 지님으로써 특수교육 및 관련서비스를 필요로 하는 사람을 특수교육 대상자로 정의하고 있다.

미국의 장애유형이 한국에 비해 많은 것은 농과 청각장애를 분리하였고, 맹-농 이중감각장애를 별도의 장애로 규정하였으며, 중복장애와 외상성 뇌손상을 포함하고 있기 때문이다.

한편 심리학이나 의학계에서 널리 사용하고 있는 분류로는 미국 정신의학회의 정신장애의 진단과 통계편람(Diagnostic and Statistical Manual of Mental Disorders: DSM)이 있다. DSM 체계는 정신의학에 기초하여 정신장애를 분류한 전통적 분류체계로서, 과학적인 연구를 지속하여 여러 번 개선되어 왔다. 현재는 2013년에 개정된 DSM-V를 사용하고 있으며, 여기에서 제시하고 있는 정신장애 범주를 나열하면 다음과 같다(이성봉 외, 2015).

- 신경발달 장애
- 정신분열 스펙트럼 및 기타 정신증적 장애
- 양극성 및 관련 장애
- 우울장애
- 불안장애
- 강박 및 관련 장애
- 외상 및 스트레스요인 관련 장애
- 해리성 장애
- 신체화 증상 및 관련 장애
- 섭식 및 급식 장애
- 배설 장애
- 수면-각성 장애
- 성기능장애
- 성 불편증

- 파괴적 장애 및 충동조절과 풍행의 장애
- 물질관련 및 중독성 장애
- 신경인지 장애
- 성격장애
- 성 도착 장애
- 기타 정신장애

3. 장애의 분류와 명명

장애를 가지고 있는 학생에게 장애명칭을 부여하는 것(Labeling)에 대한 찬반 의견은 매우 분분하다. 특히 학교환경에서 장애명칭을 부여하는 것은 장애학생과 그 가족들에게 도움을 주기도 하지만, 반면에 부정적인 영향을 주기도 한다.

장애명칭을 부여하는 것의 긍정적인 측면을 강조하는 사람들은 다음과 같이 주장한다. 학습장애, 자폐성장애, 건강장애와 같은 명칭은 특수교육 대상자로 하여금 특수교육기관에서 특수교육자와 접할 수 있는 기회를 마련하여 차별화된 처치가 가능하게 하고, 특정한 장애를 가진 특수아동에게 필요한 서비스가 무엇인지에 대한 우선적인 정보를 제공해 줄 뿐만 아니라 교사나 가족들이 특수아동을 이해하는 데 필요한 정보를 찾거나 지역사회에서 제공되고 있는 서비스를 제공받을 수 있는 근거를 제시해 준다. 또한 장애명칭은 입법자들에게 특수교육을 지원하고 이를 위한 입법을 하도록 하고, 장애의 원인 추적을 가능하게 하며, 의사소통을 능률적으로 할 수 있게 해 준다. 이렇게 장애명칭을 사용하는 것이 특수교육 서비스를 제공받는 데 도움이 되고, 보다 많고 구체적인 정보를 얻는 데 도움이 된다는 점에서는 긍정적이지만, 특수아동이 가지고 있는 장애명칭에 지나치게 의존하여 제한적으로 특수아동을 이해하게 되는 위험에 빠질 수도 있다.

장애명칭을 사용하는 것의 부정적인 측면을 더 강조하는 사람들은 다음과 같이 주장한다. 장애명칭을 대상 아동이 지닌 한 가지 특성으로 이해되기보다는 전체를 가리키는 것으로 받아들여지기 때문에 다른 특성을 돌아볼 수 없게 한다. 예를 들어, 정신지체의 명칭을 부여받은 특수아동의 경우 지적 능력이 낮고 적응행동에 결함이 있어 과제에 집중하는 것이 어려울 것이라 쉽게 짐작하기 마련이다. 하지만 정신지체의 명칭은 대상 아동이 요리를 잘하고, 운동능력이 뛰어나며, 미술을 좋아한다는 사실을 말해주지는 못한다. 뿐만 아니라 정신지체라는 명칭을 부여받은 모든 대상 아동이 같은 특성을 보이는 것은 아니다. 정신지체 아동 중에 어떤 아동은 말이 많고 활동적이며 음식에 대한 집착이 강한 특성을 보이지만 어떤 아동은 말 수가 적고 조용하며 먹는 것을 좋아하지 않는 특성을 보이기도 한다. 모든 아동들이 각각 다른 특성을 지니고 있는 것처럼, 장애를 지닌 아동들도 각자가 가진 능력과 특성에 큰 차이를 보인다. 따라서 교사들이 장애명칭에 지나치게 의존하게 되면, 대상 아동을 이해하는 데 있어서 그릇된 판단을 하게 될 가능성이 높아져서, 특수아동에 대한 잘못된 가정을 하거나, 특수아동에 대한 낮은 기대수준으로 그들의 능력을 제한하여 아동이 가지고 있는 장점을 발휘할 수 있는 충분한 기회를 제공하지 못할 수도 있다. 뿐만 아니라 장애명칭은 특수아동으로 하여금 부정적인 자아개념을 형성하게 할 가능성이 높다.

따라서 교사는 대상 아동에게 적절한 프로그램을 구안하는 데 있어 장애명칭에 지나치게 의존하기보다는 대상 아동의 개별적이고 다양한 특성에 더 주목할 필요가 있다. 장애명칭은 결코 대상 아동을 이해하기 위한 모든 정보를 제공해 주지는 못한다. 교사는 대상 아동이 지닌 장애 특성과 더불어 대상 아동의 개별적인 특성과 대상 아동만의 고유한 장점, 그리고 도움이 필요한 도전적인 과제들을 이해하려는 의지를 가지고 교육에 임해야 할 것이다.

Ⅲ. 특수아동의 발생 원인

과거에는 특수아동의 발생 원인에 대해 어느 정도 단일 요인을 찾으려는 경향이 있었다. 그러나 최근에는 비록 핵심적인 원인이 있다 하더라도, 여러 요인들이 합쳐지거나 누적되어 일어난다는 의견이 지배적이며, 장애 발달에 영향을 주는 다양한 요인들을 고려하게 되었다. 성별이나 연령, 지능, 사회적·경제적 수준과 같은 사회인구학적 변인 및 부모나 교사와의 관계, 사회문화적 환경에 이르기까지 영향을 주는 요인은 다양하다.

아동 발달이란 생물학적 변인과 환경적 변인들이 상호 작용하면서 시간의 경과에 따라 나타나는 양적, 질적 변화를 의미한다. 특수아의 발달도 유전적인 요인부터 선천적인 기질이나 사회, 환경적 요인들이 복합적으로 작용하여 만들어 낸다. 특수아동의 장애를 발달 과정에서 살펴본 이론의 하나가 발달정신병리학(developmental psychopathology)적 입장이다. 발달정신병리학은 장애행동을 정상적인 발달과정으로부터의 일탈이나 왜곡으로 정의하고, 정상발달과의 비교를 통하여 설명하려고 한 입장으로(장휘숙, 1998; Sroufe & Rutter, 1984), 아동 및 청소년의 신체·인지·사회·정서발달 연속선상에서 발달상 비정상적인 결과를 이끌어 내는 장애발생 원인을 다차원적으로 크게 다섯 가지 범주로 나누고 있다. 그것은 생물학적 변인, 개인내적 변인, 개인간 변인, 상위집단 변인, 시간적 변인이다(Wenar, 1994). 발달정신병리학은 이러한 5가지 범주에 속한 여러 원인들이 역동적으로 작용한다고 보고, 적응과 부적응을 유발시키는 여러 변인들의 상호 영향성을 중요하게 여기고 있다(김영숙, 윤여홍, 2012).

1. 생물학적 변인(organic variables)

생물학적 변인이란 의학적 변인이라고 불리는데, 특수아동의 발생 원인이 생물학적 구조나 유기체의 기능장애에 의하여 나타난다는 가정에 근거하고 있다(Sagor, 1974). 이는 발달과 정신병리를 이해하는 데 있어서 발달의 기전과 정신병리의 원인을 생물학적 결함이나 생물학적 기능상의 문제로 보는 것으로, 최근에는 기질적이냐 기능적이냐의 흑백논리보다 발달과 정신병리의 기저에는 생물학적 요소가 관여한다는 전제하에, 정신병리의 원인인자로서의 역할과 병리현상에 초점을 맞추고 있다(홍강의, 2014). 주로 유전자 이상, 생화학적 이상, 뇌 구조 및 기능 이상, 기질 등이 포함된다.

가. 유전자 이상

유전자 이상으로는 염색체 이상 또는 뇌의 구조적 결함 및 신경생화학적 과정의 결손이 유전적 뇌기능장애를 일으키는 것 등이 해당된다. 이는 염색체 연구나 가계연구, 쌍생아 및 입양아 연구를 통해 확인된다. 흔히 정상 유전인자는 비정상적인 특성을 지닌 유전인자에 비해 우성이지만, 때로는 비정상적인 특성이 우성으로 전달되어 자녀에게 결함이 생기기도 한다(김영숙, 윤여홍, 2012).

많은 연구들은 유전이 정신분열증(Kallman & Roth, 1956), 주의력결핍 과잉행동장애(Goodman & Stevenson, 1989), 우울증(Klein & Last, 1989), 읽기장애(Olson, Wlse, Conners, Rack, & Fulker, 1989), 이중인격장애(Rice et al., 1987) 등에 많은 영향을 미친다고 주장한다.

염색체 이상에 의해 발생하는 장애의 대표적인 예들을 살펴보면 다음과 같다.

- 다운증후군(Down syndrome): 21번 염색체를 3개 가지고 있어서 나타나는 염색체 수 이상으로 정신지체와 특이한 얼굴 형상을 가지며 면역 체계가 약하다.
- 에드워드 증후군(Edward syndrome): 18번 염색체를 3개 가지고 있어서 나타나는 염색체 수 이상으로 심한 발달 저하와 신경 이상, 정신지체를 보이며 특이한 외모를 보인다.
- 파타우 증후군(Patau syndrome): 13번 염색체를 3개 가지고 있어서 나타나는 염색체 수 이상으로 신경 이상이 심각하며 많은 기형 증상이 나타난다.
- XXX 증후군(superfemale syndrome): 여성이 X염색체를 3개 가지고 있어서 나타나는 염색체 수 이상으로 일반적인 임상 증상으로는 거의 정상이다.
- 야콥 증후군(Jacob syndrome): 남성이 Y염색체를 2개 이상 가지고 있어서 나타나는 염색체 수 이상으로 평생 특별한 이상이 나타나지 않는다.
- 클라인필터 증후군(Clinfelter sydrome): 남성이 X염색체를 2개 이상 가지고 있어서 나타나는 염색체 수 이상으로 고환이 작아서 생식능력이 결여되어 있는 경우가 많고 남성이지만 가슴이 나오고 털이 없으며, 2차 성징이 일어나지 않는다.
- 터너 증후군(Turner syndrome): 성염색체로 하나의 X염색체만을 가지고 있어서 나타나는 염색체 수 이상으로 털이 적고 가슴과 성기가 잘 발달하지 못하여 불임을 보인다.
- 묘성 증후군(Cat-cry syndrome): 고양이울음 증후군이라고도 하며, 5번 염색체의 결실로 나타난다. 목소리가 고양이 우는 소리처럼 되며 각종 신체적, 정신적 이상이 나타난다.
- 묘안 증후군(Cat-eye syndrome): 22번 염색체의 중복으로 나타나며, 대부분은 홍채가 불완전하거나 항문이 막혀 있다. 정신지체의 정도는 거의 정상에 가까운 수준에서부터 심각한 정

도까지 매우 다양하게 나타난다.

- 안젤만 증후군(Angelman syndrome): 5번 염색체의 결실로 나타나며, 언어장애와 정신지체를 보인다.
- 프라더-윌리 증후군(Prader-Willi syndrome): 15번 염색체의 결실로 나타나며, 비정상적인 식욕으로 인한 비만, 저신장, 성기 발육부전, 학습장애, 정신지체 등의 증상을 보인다.

어떤 연구들은 유전자 이상이 반사회적 행동의 원인이라고도 한다. 그러나 이러한 연구들은 또한 유전자 하나만으로 반사회적 행동을 모두 설명할 수 없다고 밝히고 있다. 최근에 인간게놈프로젝트(Human Genome Project)는 인간행동에 대한 유전자의 영향에 대하여 새로운 관점을 제시하고 있는데, 그것은 유전자와 유전자 및 환경과의 상호작용이 어떻게 인간의 성격에 영향을 미치는지 밝히고 있다(김진호 외, 2009).

나. 생화학적 이상

장애의 원인을 생화학적 이상에서 살펴보려는 연구가 오랫동안 진행되어 왔다. 이러한 접근은 어떤 특별한 조건 하에서 아이들의 신경전달물질의 수준이 더 높아진다거나, 어떤 조건 하에서는 신경전달물질 수준에 영향을 미치는 약물 사용이 필요하다는 연구들에 의해 입증되었다. 예를 들면, 자폐증이나 발달장애아동들이 보이는 자해행동에 관한 연구들은 자해행동이 생화학적인 신경전달물질을 방출하는 것과 관련이 있음을 보여 주고 있다(National Research Council, 2001).

생화학적 요인에는 뇌에서의 신경전달물질의 분비량이나 대사 변화의 이상이 포함된다. 예를 들면, 신경전달물질 중에서 도파민(dopamine) 체계는 정상적인 운동과 주의집중 통제에 관여하는 물질이며, 노어아드레날린(noradrenaline) 체계와 세로토닌(serotonin) 체계는 정서와 관련이 있는 것으로 알려져 있다. 신경전달물질 외의 다른 생화학적 요소들도 아동의 행동에 영향을 미칠 수 있는 것으로 나타나고 있다. 신체에서 자연적으로 생기는 모르핀과 같은 물질인 내인성 마취제는 자해행동에 영향을 미치는 것으로 알려져 있다(Crews et al.,

1999).

다. 뇌 구조 및 기능 이상

뇌 구조 및 기능에 관련된 요인으로는 출생 전이나 출생 시, 출생 후에 얻은 뇌손상 또는 미세뇌기능장애(MBD)를 들 수 있다. 출생 전의 원인으로는 임신 시 엄마의 영양 결핍, 알코올 남용과 약물 사용, 태아에 영향을 미치는 질병 등이며, 출생 시의 원인으로는 난산으로 인한 산소 결핍, 비정상적인 분만, 조산, 의료기구에 의한 뇌손상, 미숙아나 저체중아 출생 등으로 신생아에게 신경학적 문제를 가져다 줄 수 있다. 출생 이후의 손상으로는 뇌염, 뇌막염, 고열, 경기, 사고에 의한 뇌손상 등이 있다. 아동에게 뇌손상이 일어났을 때 주요 관심사는 뇌손상으로 인한 문제가 어느 정도로 치료 가능한지에 집중된다. 손상의 시기와 정도, 심각성, 손상된 영역, 이에 대한 환경적 지원, 제공된 치료의 종류와 양 등은 회복에 영향을 미칠 수 있는 요인들이다(정명숙 외, 2011).

예를 들어 출산이 지나치게 빠르게 진행되어 자궁경부가 미쳐 확대되지 못한 경우나 머리가 너무 커서 자궁경부를 통과하기 어려울 때, 영아의 머리에 강한 압력에 의한 출혈로 인하여 뇌손상이 생긴다. 또한 탯줄이 목에 감기거나 역산, 난산 등으로 출산과정 동안 아기에게 산소가 부족되면, 뇌성마비, 간질, 뇌세포 파괴에 의한 지적장애, 주의산만, 학습력 결여, 욕구좌절에 대한 감각 저하, 협응능력 부족이 발생하게 된다. 증상의 여부는 산소결핍의 정도와 기간, 다른 복합증의 유무, 영아의 개인차 등에 기인한다(김영숙, 윤여홍, 2012).

라. 기질

기질이란 타고난 기본적인 성향이나 성격 스타일을 의미한다. 기질은 성격의 기초가 되는 심리적인 특성으로, 아이들은 저마다 다른 외모를 가지고 있듯, 각자 다른 기질을 타고 난다. 이런 기질을 어떻게 받아들이고 키워주느냐에 따라, 장차 아이의 행동과 성격에 커다란 영향을 미칠 수 있다.

미국의 아동학자 A. Thomas와 S. Chess(Chess & Thomas, 1984; Thomas & Chess, 1977)는 신

생아의 행동을 관찰해, 기질을 구성하는 아홉 가지의 요소를 발견했다. 즉, 생물학적으로 규칙성을 나타내는가, 활동 수준이 높은가, 새로운 자극에 민감한가, 환경에 대한 적응력이 높은가, 잘 웃는가, 어느 정도의 자극에 반응하는가, 기분을 어느 정도 표현하는가, 산만한가, 한 가지 일을 어느 정도 지속하는가 등의 요인을 종합해 아이의 기질을 나눠볼 수 있다는 것이다.

Thomas와 Chess는 이런 요인들에 따라 아이들을 순한 아이, 까다로운 아이, 반응이 느린 아이의 세 부류로 나누었다. 이 세 가지 기질 유형으로 전부는 아니지만 대부분의 아이들의 기질을 설명할 수 있었다.

까다로운 아이(difficult child)는 활동성이 높고, 자리 옮김이 심하며, 좋고 싫다는 반응이 뚜렷이 나타난다. 또한 울거나 짜증내는 부정적인 정서도 자주 보이는 아이로, 약 10% 정도의 영아가 여기에 속한다. 반대로, 반응이 느린 아이(slow to warm-up child)는 활동성이 높지 않으며, 규칙적이고, 자신의 의사를 잘 드러내지 않는 편이다. 새로운 상황에 대한 적응이 늦고 환경 변화에 부정적인 반응을 보이기는 하지만, 까다로운 아이에 비해 덜 부정적이며, 약 15% 정도가 여기에 속한다고 보고하고 있다. 반면, 순한 아이(easy child)는 까다로운 아이나 반응이 느린 아이에 비해서, 유별난 행동적 특성을 보이지는 않는다. 특별히 싫어하는 것도 없고 사람들과 잘 어울리며 별로 고집도 부리지 않는다. 이렇게 순한 아이들은 즐거운 기분으로 혼자서도 잘 놀며, 새로운 생활습관에도 잘 적응하는 모습을 보인다. 새로운 자극에 대한 반응이 긍정적이고, 평온한 행동과 정서를 가진 아동으로 약 40%의 영아가 이 유형에 속한다.

〈표 2-2〉 기질을 구성하는 요소

구성 요소	특성
규칙성	생물학적 기능의 규칙성(예: 먹기, 잠자기, 배변 등)
활동성	먹기, 목욕하기, 옷 입기 등의 신체 활동량
접근-회피	새로운 자극에 대한 민감성 또는 기피
적응성	상황의 변화에 대한 적응력

기분	기분 좋은 혹은 기분 나쁜 반응의 빈도
반응 역치	반응을 유발하는데 필요한 자극의 양
반응의 강도	긍정 또는 부정적 반응의 표현 정도
주의 산만성	외부의 자극에 의해 진행 중인 행동이 쉽게 방해받는 정도
지속성	활동의 지속 시간

기질이 선천적인 것인가, 후천적인 것인가에 대한 부분은 오랫동안 과학자들의 논란의 대상이었다. 그러나 현대에 들어오면서, 대부분의 과학자들은 기질을 선천적인 것으로 규정하기 시작했다. 즉, 기질은 생물학적으로 결정된 개인차이며, 환경에 의해 쉽게 변화하지 않아 성격 특성이 지속된다는 것이다(Hetherington & Parke, 1986). 아이들은 태어날 때부터 자신만의 성격과 기질을 가지고 있다. 즉, 기질은 사람이 태어날 때, 선천적으로 갖고 태어나는 생물학적, 화학적 특성이다. 그리고 이 기질은 성인기까지 지속되기 때문에 아동의 학습이나 대인관계, 정서 및 사회적인 면에서의 어려움을 일으킬 수 있다고 보고되고 있다.

그러나 기질적인 특성은 생물학적이고 태어날 때부터 존재하지만, 일상생활의 경험을 통해 변화될 수 있는 가능성은 있다. Thomas와 그의 동료들은 부모-아동의 상호작용과 부모의 양육 스타일이나 대처방식에 따라 아동의 성격이 다르게 작용할 수 있다고 믿었다. 기질성 연구에서 중요한 점은 기질성에서의 개인차보다는 성장환경과 자녀의 기질과의 조화의 적합성 여부이다. 아동의 성장환경에는 물리적, 인적 환경, 부모의 성격, 양육 태도, 학교 교사의 성격이나 교육 태도, 학업 스타일, 교실 환경 등이 모두 포함된다. 아동의 특성과 성장 환경의 요구가 맞으면 조화를 이루고, 맞지 않으면 부조화를 이루게 된다. 기질과 성장 환경과의 부조화 결과는 부적응을 유발할 가능성이 높아진다(김영숙, 윤여홍, 2012).

일반적으로 까다롭고 고집이 센 아이를 대할 때, 부모는 아이의 요구를 무시하기도 하고, 때로는 고집에 져서 아이의 말을 쉽게 들어주기도 한다. 그러나 이런 태도는 오히려 고집을 부리면 원하는 것을 얻을 수 있다는 사실을 아이에게 가르쳐줄 뿐이다. 이런 경우에는 우선 아이의 요구와 바램을 부모가 인정해주고, 그것을 말로 표현해 주는 것이 필요하다. 아이의 바램을 인정해 준 다음에는 아이에게 현재의 상황을 인식시켜 주어야 한다. 다음 단계로 아이에게 대안을 제시하는 것이다. 부모는 이렇게 아이의 바램을 진심으로 이해했다는 것을 알리고, 현재의 상황을 아이에게 이해시키려고 노력해야 한다. 이때 중요한 것은 마지막 선택을 부모가 아닌 아이가 할 수 있도록 해야 한다는 것이다.

반응이 느린 아이의 경우에 부모가 조급증을 내면 아이는 더욱 위축되기 마련이다. 엄마가 아이에게 더 빨리 행동할 것을 요구하고 다그치게 되면, 아이는 스트레스를 많이 받아 부정적인 방향으로 발달하기 쉽다. 또한 순한 아이의 경우에도 항상 부모의 말에 따르도록 강요하는 것은 좋지 않다. 아이가 요구를 여러 차례 못하게 하면 순한 아이는 부모의 말을 듣기는 하겠지만, 반면에 아이의 주도성이나 자율감을 꺾게 되는 결과가 되므로 주의해야 한다.

아이들이 갖고 태어나는 기질 속에는 장점과 단점이 공존하고 있다. 그 기질을 어떻게 키워주느냐에 따라 아이들은 얼마든지 다른 모습으로 성장할 수 있다. 따라서 부모는 가능한 한 빨리 아이의 특성을 파악하고 수용하는 것이 필요하다. 그리고 그 기질에 따라 자신의 양육 방식을 적절히 조절할 필요가 있다.

마. 태아에게 영향을 미치는 요인

태아에게 영향을 미치는 요인으로는 산모가 복용하는 약물, 산모의 습관적 음주, 산모의 영양결핍, 모체의 질병, 산모의 정서 상태, 고령 임신, 그리고 산모의 흡연 등을 들 수 있다. 아동의 출생 전 문제는 예방이 가장 중요하다. 따라서 이러한 위험 요인을 피하는 것이 최선책이다.

1) 산모의 약물 복용

산모가 복용하는 약은 태아에게 치명적인 영향을 끼칠 수 있으므로 각별한 주의가 필요하다. 예를 들어, 지난 1950년대 후반부터 1960년대 초까지 독일 제약사인 그루네탈사가 만든 입덧 완화제 '탈리도마이드'는 세계 50개국에 수출되었다. 하지만 이를 복용한 임산부들에게서 치명적인 부작용이 나타났다. 팔다리가 없거나 매우 짧은 상태의 아기들이 계속 해서 태어난 것이다. 유럽에서만 8천 명 이상, 전 세계적으로 1만 명이 넘는 아기가 기형아로 태어난 것이다.

그러나 여기에도 약물이 출생 전 아기 발달에 영향을 주는 방식에서 개인차를 보이고 있어서 장애 발생 원인으로 신진대사나 신체구조상 유전적 차이가 있음을 시사한다. 약물이 출생 전 발달에 미치는 효과는 어머니-자녀간의 유전적 감수성, 산모의 약물복용 시기, 복용법, 산모의 신체적 조건, 태아 발달시기 등 약물의 효과에 영향을 끼치는 다른 요소의 유무에 따라 다르다(김영숙, 윤여홍, 2012).

2) 산모의 습관적 음주

미국 의사회의 보고에 따르면 임신 중에 매일 캔 맥주를 3개 정도 마시면 태아알코올증후군(FAS: fetal alcohol syndrome)을 초래할 가능성이 있다고 한다. 태아알코올증후군이란 임신 중 음주에 의한 태아의 손상을 통틀어 일컫는 말로 특히 태아의 중추신경계에 이상을 일으켜 수유장애와 근육운동장애 등을 유발하고, 심장이나 순환계의 기형, 얼굴이 일그러지는 외형적인 기형아 출산의 원인이 되기도 한다. 음주 정도가 이보다 덜하더라도 주의집중력 이상, 행동장애, 과잉행동, 충동성, 짧은 기억폭, 학습에 영향을 주는 지각 이상 등을 초래할 수 있다.

알코올은 태반을 자유롭게 통과하여 태아의 순환계통으로 들어감으로 인해 해를 끼친다고 알려져 있다. 태아는 알코올 해독에 필요한 효소가 없기 때문에 태아에게 흡수된 알코올이 그대로 누적이 돼서 체내의 알코올 농도가 높아지고 특히 뇌는 큰 피해를 입게 된다. 그리고 술을 마신 시기가 임신 기간 중 어느 때인지도 중요한데, 비록 소량이라고 할지라도 태아의 장기와 기관이 형성되는 임신 초기의 만취는 매우 치명적이라 할 수 있다. 그리고 이미 여성이 알코올에 중독된 상태라면 임신을 피하는 것이 좋다. 이 경우 임신하게 되면 기형아를 출생할 확률이 30~40%에 달한다고 보고되고 있다.

3) 산모의 영양 상태

산모의 불량한 영양 상태는 태아의 성장 발육에 악영향을 끼치는 것은 물론 조산과 기형아 출산의 원인이 된다. 특히 임신 초기와 마지막 3개월의 영양 결핍은 뇌와 신경계의 발달에 지장을 초래하며, 출생 후에도 영양이 부족하면 지적 발달의 지체, 운동기능장애, 사회성발달장애 등이 유발된다. 임산부가 균형 있는 영양 섭취를 한다면 그만큼 건강한 아이가 태어날 확률이 높아진다.

4) 모체의 질병

모체의 질병은 태반을 통해 태아에게 전이되거나 출생 시 태아에게 감염된다. 풍진은 소아에게 흔히 나타나는 발진성 바이러스 감염 질환으로 홍역과 비슷한 증세를 보이는데, 임산부가 풍진에 감염되면 선천성 장애아를 낳는 경우가 많다. 그러나 풍진은 예방접종으로 충분히 예방할 수 있다. 풍진 예방 주사는 풍진을 앓지 않기 위해 맞는 것이 아니라, 신생아 기형을 예방하기 위해 맞는 것이다.

5) 산모의 정서 상태

산모가 정서적으로 스트레스를 받으면 신체적으로 아드레날린을 분비하게 만들어 아드레날린이 태반을 통해 태아에게 전달된다. 산모가 심한 정신적 충격을 받으면 일시적으로 태반에 혈액공급이 차단되어 태아에게 산소결핍이 유발되며, 그 결과 아기가 잘 울고 잘 놀라는 등의 불안정을 보인다(김영숙, 윤여홍, 2012).

6) 고령 임신

세계보건기구(WHO)에서 규정하고 있는 '고령 임신'의 기준은 출산 과거력에 관계없이 35세 이상 임산부의 임신이다. 전 세계적으로 여성의 결혼 및 출산이 늦어져 감에 따라 고령 임신은 큰 폭으로 증가하는 추세이다. 고령 임산부가 젊은 임산부에 비해 더 위험한 것은 노화가 진행되고 있기 때문이다. 이로 인해 상대적으로 임신 중독증 등 각종 질환의 발병률이 높은 것으로 알려져 있다.

나이가 들면서 많이 발생하는 만성 질환들은 임신 중에도 흔히 동반될 수 있다. 예를 들면 임신 중독증이나 임신성 당뇨병 등이 대표적인 것들이다. 여성의 나이가 증가할수록 태아의 염색체 이상 및 자연유산의 빈도가 증가하는 것으로 밝혀져 있다. 그로 인해서 기형아 출산의 확률도 증가하게 된다. 다운증후군 아동의 경우는 고령의 산모가 원인이 되기도 한다. 따라서 고령 임신의 경우 산모 혈액을 이용한 선별검사를 반드시 시행해야 하고, 필요한 경우 양수검사 같은 방법으로 염색체 검사를 시행하는 것이 좋다.

하지만 모든 고령산모가 위험한 것은 아니며 산모의 건강이 출산 시까지 잘 유지된다면 건강한 아이를 출산할 수 있다.

7) 산모의 흡연

담배 속에 함유되어 있는 니코틴과 일산화탄소가 태반을 통해 태아에게 전달되면, 조산의 위험뿐만 아니라 저체중아가 태어날 확률이 높아진다. 평균적으로 흡연가가 비흡연가에 비해 체중 미달의 아기를 출산할 가능성이 2배인 것으로 알려져 있다. 과도한 흡연은 유산, 조산, 신생아 사망의 원인이 되기도 하며, 언어 및 인지발달에 지장을 초래한다.

2. 개인내적 변인(intrapersonal variables)

개인의 내적 변인은 인지, 행동, 성격을 의미하며, 여기에는 아동의 연령, 성별, 지능, 행동이나 성격적 특성, 사회성 등 아동 발달 과정에서 보여주는 개인의 자료가 다 포함된다. 개인이 스트레스에 견디는 힘의 정도는 개인의 인지, 행동, 성격적 특성, 사회성 등의 개인내적 특성에 달려 있다(김영숙, 윤여홍, 2012).

3. 개인간 변인(interpersonal variables)

개인간 변인이란 개인과 개인간의 상호작용에서 나오는 특성이나 단서, 영향력을 의미하며, 여기에는 부모-자녀 관계, 또래 관계, 교사와의 관계, 형제 관계 등이 포함된다(김영숙, 윤여홍, 2012). 아동 초기에는 가족의 영향력이 매우 크다. 아동이 받는 양육의 질, 가족 체제의 구조, 그리고 부모-자녀 관계가 온정적이고 친절한지 혹은 거칠고 배타적인지는 부정적인 발달적 결과에 대한 민감성에 영향을 준다. 구체적으로 가족의 이혼이나 별거, 가족 위기, 부모의 정신장애, 부모의 부재 또는 사랑과 자극의 결핍은 아동 및 청소년의 정신병리 증가와 관계가 있다(최정윤 외, 2006).

부모는 아이가 보내는 울음이나 얼굴표정, 몸짓, 손짓 등을 통해 신호를 포착하며 아이의 욕구를 파악하고 그에 맞는 반응을 보인다. 또한 자녀는 부모가 보내는 목소리, 표정, 말 등을 통해 부모의 반응을 읽게 된다. 이러한 상호 관계는 특별한 사회-정서적 유대관계를 형성하게 된다. 이것이 애착의 기초가 된다(김영숙, 윤여홍, 2012). 과거에는 아기의 배고픈 욕구를 만족시켜 주는 수유나 음식물이 가까운 정서적 유대를 형성하는 중요한 요인으로 생각했다. 하지만 근래에는 이러한 생물학적 욕구를 채워주는 것보다 사랑과 위안이 긍정적 애착 형성에 크게 영향을 미친다는 것이 밝혀졌다.

Ainsworth(1978) 등은 12개월에서 18개월 된 아이와 엄마의 애착의 질을 측정하기 위해 낯선 상황실험을 고안했다. 먼저 장난감을 놓아둔 낯선 방에 아이를 엄마와 함께 들여보낸 뒤, 아이가 장난감을 가지고 노는지 관찰한다. 잠시 후 낯선 사람이 들어와 의자에 앉는다. 친숙하지 않은 사람에 대한 반응을 살펴보기 위해서다. 낯선 사람이 아이에게 접근할 때 엄마는 조용히 방을 나간다. 엄마가 돌아왔을 때 아이가 어떤 반응을 보이느냐가 애착의 성격을 결정하는데 매우 중요하다. 낯선 상황실험은 엄마와의 분리 및 재회 상황에서 아이가 보이는 행동을 통해 애착관계를 측정한다. 이를 분석한 결과 3가지 애착 양식 모델을 밝혀냈는데, 세 가지 애착 양식은 엄마와 아기 간의 상호작용 양상에서 질적으로 큰 차이점을 드러내고 있다.

첫째, 안정애착(secure attachment)은 부모와 아이와의 관계가 안정적이다. 아이는 엄마와의 분리 상황에서 작은 불안을 보인다. 안전기지 역할을 하던 엄마가 떠나자 불안함을 느끼는 것이다. 하지만 엄마가 돌아와 안아주면 위로를 받고 곧 안정을 되찾는다. 안정애착을 보이는 아이들은 불안상황에선 엄마에게 접근해 위로를 받으려고 하고, 진정되면 곧바로 놀이로 돌아와 탐색행동을 보인다. 아이들이 양육자에 대한 '확신'을 가지고 있는 것이다. 아이들이 어떤 욕구가 있을 때, 양육자에게 가면 자신의 요구에 반응해 줄 것이라는 점을 신뢰하는 것이다. 양육자가 규칙적이고 신뢰성 있게 아이들의 신호에 반응해 주었기 때문이다. 이처럼 안정애착을 형성하는 경우는 전체의 60~70% 정도이다.

둘째, 불안정 회피 애착(insecure-avoidant attachment)은 부모와 아이와의 관계가 불안정하며 회피적이다. 엄마가 곁에 있는데도 장난감에 전혀 집중하지 못한다. 아이는 엄마가 떠나도 별 동요를 보이지 않으며 엄마가 다시 돌아와도 오히려 멈칫거리고 다가가지 않는다. 엄마가 아이의 요구에 대해 지속적으로 반응하지 못한 경우다. 엄마로부터 거절당했던 기억 때문에 엄마가 자신을 안아주고 진정시켜 줄 거라는 믿음이 없기 때문이다.

셋째, 불안정 저항 애착(insecure-resistant attachment)은 부모와 아이와의 관계가 불안정하며 저항형태를 띤다. 아이는 엄마와 함께 있어도 불안해하며 울거나 보채는 모습이 많고, 엄마가 돌아와 안아주고 달래도 진정이 안 되고 계속해서 울고 화를 내기도 한다. 아이가 울면 어떤 때는 반응하고, 어떤 때는 무시하는 식으로, 일관되지 않은 양육을 할 때 이런 행동을 보인다. 아이는 부모가 항상 반응해 줄 것이라는 확신이 없기 때문에 불안하고 화가 나면 과장된 애착행동으로 의사표현을 하게 된다.

안정애착 아동은 다른 아이들의 욕구와 감정에 민감하게 반응함으로써 또래들 사이에 인기가 있다. 애착의 질은 또래관계뿐 아니라 학습능력에도 영향을 준다. 최근 연구에 의하면, 안정애착인 초등학생들의 학업성적이 전반적으로 높은 것으로 나타났다. 안정애착 학생들은 호기심이 많고, 탐색욕구가 강하기 때문이다. 그리고 학교에 대해서 자신감이 있고, 선생님이랑 더 잘 지내고, 수업에도 적극적으로 참여하기 때문에 학업성적이 자연스럽게 좋아진다.

저항형과 회피형 아동은 또래관계에 영향을 준다. 회피형의 경우 자기 감정을 위로 받아본 경험이 없어서 자기표현을 억제하고 혼자서 조절하려고 한다. 그 결과 또래집단들과 어울리기보다는 혼자 노는 경우가 많다. 반대로 저항형의 경우에는 부모의 태도가 일관성이 없기 때문에 상대방의 반응을 예측할 수 없어서 분노를 과장되게 표현한다. 또래관계에서도 쉽게 화를 내거나 공격성을 보인다. 이처럼 초기에 형성된 애착은 이후 대인관계에 결정적인 영향을 미친다. 부모와의 초기관계가 이후 인간관계의 원형이 되는 것이다.

최근에는 불안정 애착 가운데 회피나 저항이 혼합된 불안정 혼돈 애착(insecure-disorganized attachment)의 유형이 소개되고 있다. 이 유형의 아이들은 또래관계에 있어 적대적이고, 전반적으로 사회성이 떨어질 수 있다. 불안정 혼돈 애착 유형은 부모가 경제적으로 어렵다든지, 스트레스나 우울증 등의 상황에 처해 있을 때 많이 나타난다. 이러한 아이는 낯선 상황 실험에서 엄마가 돌아왔는데 엄마에게 선뜻 안기지 못하고 몸을 옆으로 돌린다. 혼란된 애착유형 아이들은 울면서 엄마로부터 뒷걸음질 치거나 또는 팔다리를 뻗은 채 꼼짝 않고 바닥에 엎드려 있는 반응을 보이기도 한다. 엄마가 안아줬을 때도 몸이 늘어지고 무기력해 위로 받지 못하는 모습이다. 이 유형의 아동은 사회적인 관계를 형성하기를 지나치게 억제하거나 또는 반대로 지나치게 낯선 사람에게도 밀착하고 친숙함을 드러내는 병리적인 모습을 보이기도 한다.

물론 불안정 애착이 병은 아니다. 하지만 심해지면 애착장애가 생길 수 있고, 두뇌발달에 영향을 줄 수도 있다. 우리 몸은 위협이나 두려움을 경험할 때 스트레스에 반응하도록 코티솔 호르몬을 분비한다. 우리 몸과 두뇌가 감당할 수 있도록 준비를 시키는 것이다. 그런데 이런 스트레스 상황이 자주 일어나 코티솔 호르몬의 수치가 높으면 새로 생긴 뇌 세포가 성장하지 못하고 죽게 된다. 따라서 코티솔 호르몬 수치가 자주 높아지거나 코티솔 호르몬이 제어하는 뇌 영역이 오랫동안 활성화되어 있을 경우에는 두뇌발달을 잠재적으로 저하시키는 요인이 된다.

안정애착을 형성하기 위해서는 아기의 요구에 민감하게 반응해줘야 한다. 그런데 아이가 안정애착을 형성하기 위해서는 무엇보다 부모 자신이 어떤 애착 경험을 했느냐가 매우 중요하다. 자신의 애착 경험이 자녀의 애착 유형으로 대물림되기 때문이다. 만약 자신이 불안정 애착이라면 과거에 일어난 일에 대한 자신의 인식을 변화시키기 위해 노력해야 할 것이다.

4. 상위집단 변인(ecological variables)

상위집단 변인이란 가족이나 사회, 계층, 문화 등 개인이 모여 하나의 집단을 이루고 있는 상위의 단위에서 나오는 특성이나 단서, 영향력을 의미한다. 여기에는 가족, 사회경제적 수준이나 집단, 지역적 특성, 학교 변인, 아동이 살고 있는 사회나 문화적 특성 등이 포함된다. 초기 아동의 발달은 주로 부모와의 관계, 가족 내에서 이루어지는 것 같지만, 가정이 속한 지역사회와 사회 전체와의 관계를 고려한다면 아동은 가족체계, 이웃, 지역사회, 학교, 그리고 사회 전체와 밀접히 상호교류를 해가면서 자란다고 할 수 있다. 이러한 과정에서 아동은 자신이 속한 환경의 여건과 변화의 영향도 피할 수 없다. 따라서 아동 및 청소년의 발달과 행동은 그가 속한 체계와 환경에 의하여 영향을 받으며, 또한 영향을 주기도 한다(송미경, 최윤희, 2013). 상위집단 변인에서는 환경과 학생의 고유한 특성 간의 부조화로 장애가 나타난다고 본다. 예를 들어, 현행 교육 및 입시제도에 따른 학생들의 부담감과 경쟁 심리는 청소년의 우울장애, 불안장애, 적응장애를 유발할 수 있고, 학교폭력의 원인이 될 수도 있다. 날씬한 몸매를 이상화하는 대중문화의 영향은 청소년들의 섭식장애 발생률 증가를 부추기고 있으며, 인터넷의 빠른 발전은 인간 소외와 고립 등 인간관계 양상의 변화와 함께 인터넷 중독의 원인이 되고 있다(홍강의, 2014).

Bronfenbrenner(1977)는 능동적으로 발달하는 개인과 그 개인이 포함된 상황의 변화 속성 간의 상호조절 과정을 과학적으로 연구하는 학문을 인간발달 생태학(ecology of human development)이라고 하였다. 상호조절 과정은 상황 간의 관계로부터 영향을 받고 그 상황은 이를 포함한 보다 큰 맥락에 의해 영향을 받는다. 여기에서 개인은 자신이 살고 있는 환경을 재구성하는 존재다. 환경은 개인을 중심으로 점진적으로 확대되는 것으로, 한 구조는 보다 큰 구조 안에 포함된다. Bronfenbrenner는 이러한 환경 구조를 미시체계, 중간체계, 외체계, 거시체계로 구분하고 있다(이성봉 외, 2015).

미시체계(microsystem)는 아동 발달에 가장 직접적으로 영향을 끼치는 환경으로 가정, 놀이터, 학교 등과 같이 사람들이 면 대 면으로 마주하여 상호작용하는 상황이다. 직접적인 상호작용을 하는 부모가 자녀의 교육에 무관심하고 방임을 하면 학생의 발달에 부정적인 영향을 미쳐 장애 발생의 가능성을 높일 수 있다. 중간체계(mesosystem)는 개인이 참여하는 환경들 간의 상호작용을 의미한다. 개인이 직접적으로 참여하는 미시체계 간의 상호작용으로, 예를 들면, 학생의 부모와 교사 간의 상호작용, 가정과 또래 간의 상호작용 등이 해당된다. 이들의 상호작용이 직접적으로 영향을 미치지는 않지만 간접적으로 학생에게 영향을 미친다. 외체계(exosystem)는 개인이 직접적으로 참여하지는 않지만 개인이 속한 환경에 영향을 주고받는 상황을 의미한다. 부모의 직장, 형제의 학교, 지역사회 기관, 교회, 병원, 부모의 친구, 친척 등이 이에 포함될 수 있다. 예를 들면, 부모의 일시적 부재 시 학생을 돌볼 수 있는 친척 또는 지역사회 기관의 활용 여부가 학생의 발달에 영향을 미칠 수 있다. 마지막으로 거시체계(macrosystem)는 아동이 몸담고 있는 문화권의 갖는 가치나 태도, 신념, 이데올로기 등을 의미한다. 문화적 가치 및 태도가 보다 수용적인 나라, 또한 총기 소지에 제한을 두는 나라에서는 아동 및 청소년의 행동 문제가 적게 나타날 수 있다.

5. 시간 변인

특수아의 원인으로 시간 변인은 개인의 발달과정에서의 발달의 단계를 의미한다. 무엇이 언제 일어났는지, 얼마나 오랫동안 일어났는지에 따라 장애 발생이나 문제 행동 발생 및 지속 여부에서 그 중요성이 매우 다르다. 특수아의 대상인 유아, 아동 및 청소년까지는 모든 영역에서 발달적 변화가 크기 때문에 아동의 발달수준을 고려해야 한다. 발달수준의 지표는 나이, 즉 생활연령이다. 아동이 보여주는 여러 특성들은 영역에 따라 또한 나이에 따라 감소하거나 증가하거나 또는 중에서 감으로, 감에서 중으로 변화하기도 한다. 정상발달의 특징은 특수아의 문제를 객관적으로 평가하고 문제의 심각성을 해석할 뿐만 아니라 장애 지속가능성과 발달병리적인 발전 여부 및 2차적 문제 발생 여부까지를 검토할 수 있게 한다. 예를 들어, 어떤 장애 행동은 어느 나이에서 주로 일어나기 때문에 이 시기에 아이에게 주는 부모의 이혼이나 학교의 전학과 같은 상위 집단의 영향력은 더 심각하게 부정적으로 영향을 끼칠 수 있다(김영숙, 윤여홍, 2012).

고통과 부적응을 초래하는 장애를 치료하는 것은 어떤 경우에나 바람직하지만, 오랜 기간 지속되는 문제에는 더욱 치료에 관심을 기울일 필요가 있다. 더욱이 어린 시절의 문제는 이후의 장애를 예측하는 만큼 그 과정에 조기 개입하려는 노력에 무엇보다도 우선순위를 두어야 할 것이다(정명숙 외, 2011).

지금까지 특수아 발생원인을 다섯 가지 변인으로 살펴보았다. 그러나 사실, 이 변인들은 항상 상호작용한다. 예를 들면, 시간 맥락은 다른 맥락들과 상호작용하며, 그 맥락들은 다시 서로 상호작용한다(이춘재 외, 2011).

개인의 발달은 시간의 흐름 속에서 여러 요인들 간에 지속적이고 점진적인 상호 교류가 이루어지면서 발달한다. 같은 부모 밑에서 자란 아이라고 하더라도 모두 다 장애가 있는 것은 아니다. 장애가 있는 아동도 있고 없는 아동도 있다. 때로는 정상적으로 발달하다가 청소년기에 장애가 나타나기도 하며, 발달과정에서 초기에 나타난 장애를 극복하기도 한다. Wenar(1994)는 다섯 가지 범주에 속한 여러 요인들은 환경의 다른 변인들과 관련되어 있어서 개인 간의 차이를 만들고, 어느 한 요인이 반드시 행동의 원인이라고 단정할 수 없게 한다. 예를 들어, 양육의 스타일이 매우 다른 부모 밑에서는 아동의 기질적 차이가 강하게 나타난다. 까다로운 기질의 아동도 개인 간의 변인인 부모-자녀 간의 관계가 긍정적으로 상호작용한다면 '문제 성인'이 되지 않을 수 있는 것이다. 따라서 특수아를 이해하기 위해서는 장애를 일으키는 직접적인 원인과 이를 지속시키거나 극복시키는 요인을 함께 고려해야 한다(송미경, 최윤희, 2013).

연구과제

1. 세계보건기구(WHO)의 ICIDH 모델과 ICF 모델을 비교하여 차이점을 살펴봅시다.
2. 우리나라의 장애 개념을 OECD 다른 국가와 비교하여 봅시다.
3. 「장애인복지법」상의 장애 범주와 「장애인 등에 대한 특수교육법」상의 특수교육대상자의 차이점을 살펴봅시다.
4. 장애를 가지고 있는 학생에게 장애명칭을 부여하는 것(Labeling)의 장·단점에 대하여 토의하여 봅시다.
5. 발달정신병리학에서 제시하고 있는 5가지 장애발생 원인에 따른 예를 조사하여 봅시다.

참고문헌

김성희, 이연희, 황주희, 오미애, 이민경, 이난희, 강동욱, 권선진, 오혜경, 윤상용, 이선우(2014). 2014 장애인 실태조사. 보건복지부, 한국보건사회연구원.

김영숙, 윤여홍(2012). 교사와 부모를 위한 특수아 상담의 이해. 교육과학사.

김일명, 김원경, 조홍중, 허승준, 추연구, 윤치연, 박중휘, 이필상, 문장원, 서은정, 유은정, 김자경, 이근민, 김미숙, 김종인, 이신동(2013). 최신특수교육학. 학지사.

김진호, 김미선, 김은경, 박지연(2009). 긍정적 행동지원: 행동중재를 위한 최신 이론과 실제. 시그마프레스.

변용찬, 김성희, 윤상용, 임성은(2005). 장애인 이용시설 복지서비스 실태 및 개선방안 연구. 한국보건사회연구원.

송미경, 최윤희(2013). 특수아상담. 시그마프레스.

오혜경(1998). 장애인 복지학 입문. 아시아미디어리서치.

이미선, 조광순(2002). 장애 영 · 유아 조기발견의 요소 및 정책 방안 고찰. 특수교육학연구, 37(3), 283-310.

이성봉, 방명애, 김은경, 박지연(2015). 정서 및 행동장애 (2판). 학지사.

이소현(2004). 0~2세 발달지체 영아들의 특수교육 적격성 인정 및 지원 체계 개발을 위한 고찰.

특수교육학연구, 38(4), 95-122.

이소현, 박은혜(2014). 특수아동교육. 학지사.

이춘재, 성현란, 송길연, 윤혜경, 김혜리, 박혜원, 장유경, 정윤경(2011). 발달정신병리학 (5판): 영아기부터 청소년기까지. 박학사.

장휘숙(1998). 발달정신병리학의 이해. 학지사.

정명숙, 손영숙, 정현희(2011). 아동청소년 이상심리학 (7판). 시그마프레스.

최정윤, 박경, 서혜희(2006). 이상심리학 개정판. 학지사.

홍강의(2014). 소아정신의학. 학지사.

Ainsworth, M. D. S., Blehar, M. C., Waters, E., & Wall, S.(1978). *Patterns of attachment: Apsychological study of the strange situation*. Hillsdale, NJ: Erlbaum.

Bronfenbrenner, U.(1977). Toward an experimental ecology of human development. *American Psychologist, 52*, 513-531.

Chess, S., & Thomas, A.(1984). *Origins and evolution of behavior disorders*. New York: Brunner/Mazel.

Crews, W. D., Rhodes, R. D., Bonaventura, S. H., Rowe, F. B., & Goering, A. M.(1999). Cessation of long-term naltrexone administration: Longitudinal follow-ups. *Research in Developmental Disabilities, 20*(1), 23-30.

Gooman, R., & Stevenson, J.(1989). A twin study of hyperactivity: Ⅱ. The aetiological role of genes, family relationships, and perinatal adversity. *Journal of Child Psychology and Psychiatry, 30*, 691-709.

Hallahan, D. P., & Kauffman, J. M.(2003). *Exceptional learners: Introduction to special education* (9th ed.). Boston: Allyn & Bacon.

Hetherington, E. M., & Parke, R. D.(1986). *Child psychology : A contemporary view*. New York: McGraw-Hill.

Kallman, F., & Roth, B.(1956). Genetic aspects of preadolescent schizophrenia. *American Journal of Psychiatry, 112*, 599-606.

Klein, R. G., & Last, C. G.(1989). *Anxiety disorders in children*. Newbury Park, CA: Sage.

Lewis, R. B., & Doorlag, D. H.(2011). *Teaching special students in general education classrooms* (8th ed.). Englewood, NJ: Merrill.

National Research Council.(2001). *Educating children with autism*. Committee on Educational Interventions for Children with Autism. In C. Lord and J. P. McGee (Eds.), Division of Behavioral and Social Sciences and Education. Washington, DC: National Academic Press.

Olson, R., Wise, B., Conners, F., Rack, J., & Fulker, D.(1989). Specific deficits in component reading and language skills: Genetic and environmental influences. *Journal of Learning Disabilities, 22(6)*, 339-348.

Rice, J., Reich, T., Andreasen, N. C., Endicott, J., Van Eerdewegh, M., Fishman, R., Hirschfeld, R. M. A., & Kleman, G. I.(1987). The familiar transmission of bipolar illness. *Archives of General Psychiatry, 44*, 441-447.

Sroufe, L. A., & Rutter, M.(1984). The domain of developmental psychopathology. *Child Development, 55*, 17-29.

Thomas, A., & Chess, S.(1977). Temperament and development. New York: Brunner/Mazel.

Wenar, C.(1994). *Developmental psychopathology: From infancy through adolescence*. McGraw-Hill, Inc.

3 특수교육 교육과정에 대한 이해

학습목표

- 우리나라 유치 · 초 · 중등 교육과정의 형식을 안다.
- 특수교육 대상학생에게 적용 가능한 교육과정의 내용을 안다.
- 특수학교와 특수학급에서 적절히 적용할 수 있는 교육과정이 무엇인지 안다.

Ⅰ. 들어가는 말

□ 특수학교 교육과정 제정의 취지

우리나라 교육법은 제143조 및 제145조에 맹자, 농아자, 정신박약자, 기타 심신에 장애가 있는 자에게 국민 학교, 중학교, 고등학교에 준한 교육을 하기 위한 특수학교와 특수학급의 설치를 규정하고 있다.

이 특수학교의 교과는 문교부령으로 정하도록 되어 있으나 이제까지 특수학교를 위한 교육과정이 마련되지 못하여, 각 특수학교에서는 일반 초, 중, 고등학교 및 실업 고등학교의 교육과정을 준용하여 각 학교별로 관례나 경험에 의지하여 교육 과정이 운영되어 왔으므로, 교과의 종류나 교과시간 배당은 물론이요 교과 지도 목표나 내용에 있어서도 특수학교의 특수성을 충분히 발휘하지 못한 채 오늘날에 이르렀다.

국민 생활의 시급한 향상과 민주 복지 사회의 건설이 우리의 당면 과제가 되고 있는 이때, 심신 장해자들의 교육을 정상화하여 장차 떳떳한 사회인의 한 사람으로 자립할 수 있는 능력을 길러 주는 것은 비단 특수 교육 대상자들의 개인적 문제일 뿐 아니라 사회적으로나 국가적으로나 중대한 의의를 가진 문제라 아니 할 수 없다.

이와 같은 뜻에서 문교부는 수년 전부터 국민 교육을 위한 모든 국가 방침과 그 동안 각 특수학교에서 실천해 온 경험 전문가들의 연구 등을 종합하여 검토를 가해 왔던 바 이제 이를 종합 정리하여 우선 맹학교와 농아학교를 위한 교육 과정을 제정하게 된 것이다.

정신박약자 기타의 심신장해자를 위한 학교의 교육 과정은 당분간 일반 학교 교육 과정을 준용하되 본 교육과정 구성의 취지를 살려 실정에 맞추어 운영하는 것으로 한다.

※ 자료원 : 문교부령 제181호(1967.4.15.) 시각장애학교 교육과정 총론 중

교육과정을 명제적 개념으로 정의할 수 있을까? Madeleine와 Grumet는 교육과정을 '극단적 혼란의 영역'이라고 하였으며, Valllance는 '교육과정 영역은 명백하지 않다. 학문으로

서, 실행의 영역에서 교육과정은 명백하지 않다'(강현석·이원희·유제순·이윤복·전호재 공역, 2014)라고 하였다. 교육과정의 법적 수행 과정 체계인 국가수준과 교육청 단위, 교육지원청, 학교, 학급에서의 교육과정 해석에 있어서도 해당되는 때가 있다. 아무리 명료하게 구성된 교육과정이 있다고 부르짖더라도 실제 그 내용을 보면 분명하고, 뚜렷하며, 가시적으로 무엇인지 그릴 수 있는 그림은 없다고 보는 편이 오히려 교육과정의 개념을 정확히 이해하는 것으로 보기도 한다. 교사들 중에는 교육과정을 학교에서 가르쳐지는 교과목의 내용과 지도방법, 평가방법으로 인식하는 사람이 있고, 학교안과 학교 밖에서 이루어지는 학습자의 모든 경험으로 인식하는 사람도 있다. 학생의 인생 자체를 교육과정으로 보는 사람도 있다.

교육과정은 전달체계, 내용체계, 학습체계, 심리적 체계, 구성체계 등으로 분류할 수 있다. 교육과정은 전달체계에 따라 형식적 교육과정, 잠재적 교육과정, 영(null) 교육과정으로, 교육과정의 내용을 중심으로 경험주의, 본질주의, 항존주의(신스콜라주의), 재건주의로, 교육내용의 전달 방법을 중시하는 학문중심 교육과정, 학습자의 심리적 특성을 중시하는 구성주의, 교육과정의 구성 체제를 중시하는 구조주의 등으로 구분하기도 한다.

그렇다면 특수교육 교육과정은 어떻게 분류될 수 있을까? 특수교육 교육과정을 어떻게 정의할 수 있을까?

앞에서 살펴본 교육과정의 복잡하고 혼란스러운 상황에 대응하는 여기서는 국가에서의 고시한 문서로서 특수교육 교육과정을 정의하고, 그 내용의 이해와 적용 방법에 대하여 살펴보고자 한다.

Ⅱ. 특수교육 교육과정의 형식

1. 고시문

고시문이란 고시의 권한을 갖는 기관장(교육부 장관)이 법적 근거에 따라 해당 교육과정을 고시하게 됨을 공표하는 문서이다. 보통 고시문의 하단에는 고시와 관련된 부칙이 제시되는데 그 내용은 교육과정 적용 시기, 교육과정 적용과 관련된 주요 사항, 교육과정의 폐지, 개정 등과 관련된 사항 등이 포함된다. 2015 특수교육 교육과정의 고시문의 부칙에는 학교급별 시행 시기, 중학교 자유학기제 편성·운영 시기 등을 기술하고 있다.

2. 교육과정의 성격

교육과정 문서에서는 고시문에 이어 교육과정의 성격이 제시된다. 2015 개정 특수교육 교육과정 문서에 제시된 성격은 다음과 같다.

이 교육과정은 유아교육법 제13조 제2항, 초·중등교육법 제23조 제2항, 장애인 등에 대한 특수교육법 제20조 제1항에 의거하여 고시한 것으로, 특수교육 대상 학생이 취학하고 있는 유치원, 초·중등학교 및 특수학교의 교육 목적과 교육목표를 달성하기 위한 국가 수준의 교육과정이며, 유치원, 초·중등학교 및 특수학교에서 편성·운영하여야 할 학교 교육과정의 공통적이고 일반적인 기준을 제시한 것이다. 이 교육과정의 성격은 다음과 같다.

가. 국가 수준의 공통성과 지역, 학교, 개인 수준의 다양성을 동시에 추구하는 교육과정이다.

나. 학습자의 자율성과 창의성을 신장하기 위한 학생 중심의 교육과정이다.

다. 학교와 교육청, 지역사회, 교원·학생·학부모가 함께 실현해 가는 교육과정이다.

라. 학교 교육 체제를 교육과정 중심으로 구현하기 위한 교육과정이다.

마. 학교 교육의 질적 수준을 관리하고 개선하기 위한 교육과정이다.

위 문서를 통하여 살펴볼 때 교육과정의 성격은 교육과정 고시의 법적 근거, 교육과정의 지위, 성격의 세부 내용으로 구성되어 있다. 2015 개정 특수교육 교육과정은 법적 근거에 따라 고시되는 국가 수준 교육과정으로서 특수교육대상자 교육을 위한 유치원·학교 교육과정의 공통적, 일반적인 기준임을 알 수 있다.

3. 교육과정 총론

교육과정 구성의 방향을 총론이라고 한다. 총론의 문서 항목별 역할은 다음과 같다.

가. 추구하는 인간상과 핵심 역량

교육과정을 통하여 학생들의 최종 도착지는 총론의 '추구하는 인간상'으로 드러난다. 추구하는 인간상은 학생의 현재 모습이 아니라 이 교육과정을 최종 이수한 순간부터 그 이후의 모습이라고 할 수 있다. 2015 개정 특수교육 교육과정이 추구하는 인간상은 다음과 같다.

우리나라의 교육은 홍익인간의 이념 아래 모든 국민으로 하여금 인격을 도야하고, 자주적 생활 능력과 민주 시민으로서 필요한 자질을 갖추게 하여 인간다운 삶을 영위하게 하고, 민주 국가의 발전과 인류 공영의 이상을 실현하는 데 이바지하게 함을 목적으로 하고 있다.

이러한 교육 이념과 교육 목적을 바탕으로, 이 교육과정이 추구하는 인간상은 다음과 같다.

1) 전인적 성장을 바탕으로 자아정체성을 확립하고 자신의 진로와 삶을 개척하는 자주적인 사람
2) 기초 능력의 바탕 위에 다양한 발상과 도전으로 새로운 것을 창출하는 창의적인 사람
3) 문화적 소양과 다원적 가치에 대한 이해를 바탕으로 인류 문화를 향유하고 발전시키는 교양 있는 사람
4) 공동체 의식을 가지고 세계와 소통하는 시민으로서 배려와 나눔을 실천하는 더불어 사는 사람

추구하는 인간상 구현을 위한 핵심 역량은 다음과 같다.

1) 자아정체성과 자신감을 가지고 자신의 삶과 진로에 필요한 기초적 능력과 자질을 갖추어 자기주도적으로 살아갈 수 있는 자기관리 역량
2) 문제를 합리적으로 해결하기 위하여 다양한 영역의 지식과 정보를 처리하고 활용할 수 있

는 지식정보처리 역량

3) 폭넓은 기초 지식을 바탕으로 다양한 전문 분야의 지식, 기술, 경험을 융합적으로 활용하여 새로운 것을 창출하는 창의융합 사고 역량

4) 세상을 보는 안목과 인간에 대한 공감적 이해를 바탕으로 삶의 의미와 가치를 발견하고 향유하는 심미적 감성 역량

5) 다양한 상황에서 자신의 생각과 감정을 효과적으로 표현하고 다른 사람의 의견을 경청하고 존중하는 의사소통 역량

6) 지역·국가·세계 공동체의 구성원에게 요구되는 가치와 태도를 가지고 공동체의 발전에 적극적으로 참여하는 공동체 역량

나. 교육과정 구성의 중점

교육과정 구성의 중점은 어떤 내용과 방법으로 추구하는 인간상과 핵심 역량을 구현할 것인가에 대한 답이라고 할 수 있다. 교육과정 구성의 중점에 제시된 세부 내용은 다음과 같다.

이 교육과정은 우리나라 교육과정이 추구해 온 교육 이념과 인간상을 바탕으로, 미래 사회가 요구하는 핵심 역량을 함양하여 바른 인성을 갖춘 창의융합형 인재를 양성하는 데에 중점을 둔다. 이를 위한 교육과정 구성의 중점은 다음과 같다.

1) 인문·사회·과학기술 기초 소양을 균형 있게 함양하고, 학생의 적성과 진로에 따른 선택학습을 강화한다.

2) 교과의 핵심 개념을 중심으로 학습 내용을 구조화하고 학습량을 적정화하여 학습의 질을 개선한다.

3) 교과 특성에 맞는 다양한 학생 참여형 수업을 활성화하여 자기주도적 학습 능력을 기르고 학습의 즐거움을 경험하도록 한다.

4) 학습의 과정을 중시하는 평가를 강화하여 학생이 자신의 학습을 성찰하도록 하고, 평가 결

과를 활용하여 교수·학습의 질을 개선한다.

5) 교과의 교육목표, 교육 내용, 교수·학습 및 평가의 일관성을 강화한다.

6) 특성화 고등학교와 산업수요 맞춤형 고등학교에서는 국가직무능력표준을 활용하여 산업 사회가 필요로 하는 기초 역량과 직무 능력을 함양한다.

7) 특수교육 대상 학생의 개별적인 특성을 고려한 교육을 강조하여 개별 학생의 역량을 강화한다.

〈그림 3-1〉 추구하는 인간상과 핵심 역량

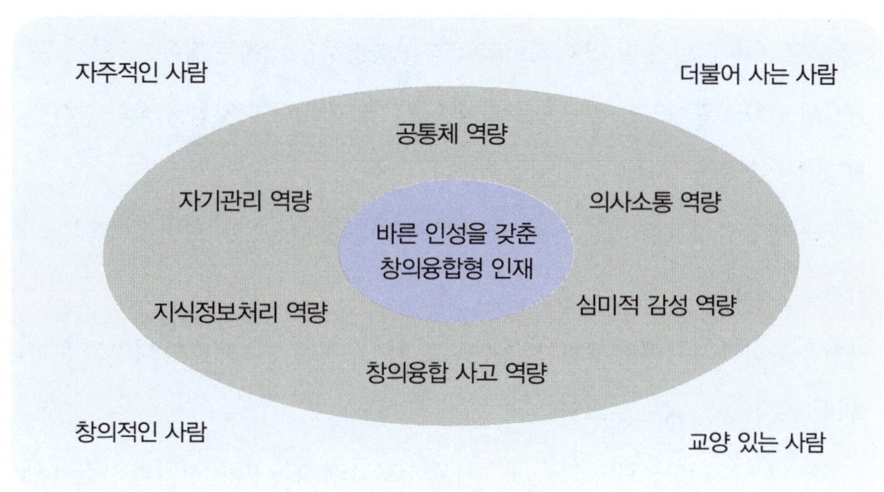

다. 학교급별 교육목표

학교급별 교육목표에는 초등학교 교육목표, 중학교 교육목표, 고등학교 교육목표를 제시하고 있다.

1) 초등학교 교육목표

초등학교 교육은 학생의 일상생활과 학습에 필요한 기본 습관 및 기초 능력을 기르고 바른 인성을 함양하는 데에 중점을 둔다.

가) 자신의 소중함을 알고 건강한 생활 습관을 기르며, 풍부한 학습 경험을 통해 자신의 꿈을 키운다.

나) 학습과 생활에서 문제를 발견하고 해결하는 기초 능력을 기르고, 이를 새롭게 경험할 수 있는 상상력을 키운다.

다) 다양한 문화 활동을 즐기고 자연과 생활 속에서 아름다움과 행복을 느낄 수 있는 심성을 기른다.

라) 규칙과 질서를 지키고 협동정신을 바탕으로 서로 돕고 배려하는 태도를 기른다.

2) 중학교 교육목표

중학교 교육은 초등학교 교육의 성과를 바탕으로, 학생의 일상생활과 학습에 필요한 기본 능력을 기르고 바른 인성 및 민주 시민의 자질을 함양하는 데에 중점을 둔다.

가) 심신의 조화로운 발달을 바탕으로 자아존중감을 기르고, 다양한 지식과 경험을 통해 적극적으로 삶의 방향과 진로를 탐색한다.

나) 학습과 생활에 필요한 기본 능력 및 문제 해결력을 바탕으로, 도전정신과 창의적 사고력을 기른다.

다) 자신을 둘러싼 세계에서 경험한 내용을 토대로 우리나라와 세계의 다양한 문화를 이해하고 공감하는 태도를 기른다.

라) 공동체 의식을 바탕으로 타인을 존중하고 서로 소통하는 민주 시민의 자질과 태도를 기른다.

3) 고등학교 교육목표

고등학교 교육은 중학교 교육의 성과를 바탕으로, 학생의 적성과 소질에 맞게 진로를 개척하며 세계와 소통하는 민주 시민으로서의 자질을 함양하는 데에 중점을 둔다.

가) 성숙한 자아의식과 바른 품성을 갖추고, 자신의 진로에 맞는 지식과 기능을 익히며 평생학습의 기본 능력을 기른다.

나) 다양한 분야의 지식과 경험을 융합하여 창의적으로 문제를 해결하고, 새로운 상황에 능동적으로 대처하는 능력을 기른다.

다) 인문·사회·과학기술 소양과 다양한 문화에 대한 이해를 바탕으로 새로운 문화 창출에 기여할 수 있는 자질과 태도를 기른다.

라) 국가 공동체에 대한 책임감을 바탕으로 배려와 나눔을 실천하며 세계와 소통하는 민주 시민으로서의 자질과 태도를 기른다.

4. 교육과정의 편성 · 운영의 기준

교육과정의 편성·운영의 기준에서는 학교급별 교육과정 편성·운영의 기준을 제시하고 있다.

가. 유치원 교육과정은 3~5세 연령별 누리과정을 근간으로 편성·운영한다.

나. 공통 교육과정은 초등학교 1학년부터 중학교 3학년까지, 선택 중심 교육과정은 고등학교 1학년부터 3학년까지 편성·운영한다.

다. 기본 교육과정은 공통 교육과정 및 선택 중심 교육과정을 적용하기 어려운 초등학교 1학년부터 고등학교 3학년까지의 학생을 대상으로 편성·운영한다.

Ⅲ. 누리 · 공통 · 선택 중심 교육과정

1. 유치원 교육과정 편성 · 운영의 기준

가. 누리과정 구성 방향

1) 질서, 배려, 협력 등 기본 생활 습관과 바른 인성을 기르는 데 중점을 두어 구성한다.

2) 자율성과 창의성을 기르는 데 중점을 두고, 전인발달을 이루도록 구성한다.

3) 사람과 자연을 존중하고, 우리 문화를 이해하는 데 중점을 두어 구성한다.

4) 만 3~5세 유아의 발달 특성을 고려하여 연령별로 구성한다.

5) 신체운동·건강, 의사소통, 사회관계, 예술경험, 자연탐구의 5개 영역을 중심으로 구성한다.

6) 0~2세 표준보육과정과 초등학교 교육과정과의 연계성을 고려하여 구성한다.

나. 누리과정 목적과 목표

누리과정은 만 3~5세 특수교육 대상 유아의 심신의 건강과 조화로운 발달을 도와 개인의 일상생활의 자립과 행복을 추구하는 것을 목적으로 한다. 이를 위한 목표는 다음과 같다.

1) 기본 운동 능력과 건강하고 안전한 생활 습관을 기른다.

2) 일상생활에 필요한 의사소통 능력과 바른 언어 사용 습관을 기른다.

3) 자신을 존중하고 다른 사람과 더불어 생활하는 능력과 태도를 기른다.

4) 아름다움에 관심을 가지고 예술 경험을 즐기며, 창의적으로 표현하는 능력을 기른다.

5) 호기심을 가지고 주변세계를 탐구하며, 일상생활에서 수학적·과학적으로 생각하는 능력과 태도를 기른다.

다. 누리과정 편성·운영

1) 편성

가) 유아의 장애 특성 및 정도를 고려하여 1일 4~5시간을 기준으로 편성한다.

나) 신체운동·건강, 의사소통, 사회관계, 예술경험, 자연탐구의 5개 영역의 내용을 통합적으로 편성한다.

다) 유아의 발달 특성 및 경험을 고려하여 놀이를 중심으로 편성한다.

라) 반(학급) 특성에 따라 융통성 있게 편성한다.

마) 성별, 종교, 신체적 특성, 가족 및 민족 배경, 장애 등으로 인한 편견이 없도록 편성한다.

바) 일과 운영 시간에 따라 심화 확장할 수 있도록 편성한다.

사) 순회교육을 위한 교육과정 편성에 관한 사항은 시·도 교육청에서 정한다.

2) 운영

가) 연간, 월간, 주간, 일일 계획에 의거하여 운영한다.

나) 실내·실외 환경을 다양한 흥미 영역으로 구성하여 운영한다.

다) 유아의 장애 특성 및 정도에 따라 조정하여 운영한다.

라) 가족의 요구 및 각 기관의 실정에 따라 가족지원을 실시한다.

마) 가정과 지역사회와의 협력과 참여에 기반하여 운영한다.

바) 교사 재교육을 통해서 누리과정 활동이 개선되도록 운영한다.

3) 교수·학습 방법

가) 놀이를 중심으로 교수·학습 활동이 이루어지도록 한다.

나) 유아의 흥미를 중심으로 활동을 선택하고 지속할 수 있도록 한다.

다) 유아의 생활 속 경험을 소재로 하여 지식, 기능, 태도 및 가치를 습득하도록 한다.

라) 유아와 교사, 유아와 유아, 유아와 환경 간에 능동적인 상호작용이 이루어지도록 한다.

마) 주제를 중심으로 여러 활동이 통합적으로 이루어지도록 한다.

바) 실내·실외활동, 정적·동적활동, 대·소집단활동 및 개별활동, 휴식 등이 균형 있게 이루어지도록 한다.

사) 유아의 관심과 흥미, 발달이나 환경 특성 등을 고려하여 개별 유아에게 적합한 방식으로 학습하도록 한다.

아) 유아의 개별적 요구에 따라 개별화교육계획을 수립하여 운영한다. 개별화교육계획은 인지, 의사소통, 사회·정서, 운동, 적응행동 등 특수교육 지원이 필요한 영역을 중심으로 한다.

자) 유아의 개별적 요구에 필요한 특수교육 관련서비스는 개별화교육계획에 따라 지원할 수 있다.

차) 유아의 장애 특성 및 정도에 따라 적절한 교수 방법을 적용한다.

4) 평가

가) 유아 평가

(1) 누리과정 목표와 내용에 근거하여 유아의 특성과 변화 정도를 평가한다.

(2) 유아의 지식, 기능, 태도를 포함하여 평가한다.

(3) 유아의 일상생활과 누리과정 활동 전반에 걸쳐 평가한다.

(4) 관찰, 활동 결과물 분석, 부모면담 등 다양한 방법을 사용하여 종합적으로 평가하고, 그 결과를 기록한다.

(5) 유아 평가 결과는 유아에 대한 이해와 누리과정 운영 개선 및 부모 면담 자료로 활용할 수 있다.

나) 누리과정 운영 평가

(1) 운영 내용이 누리과정의 목표와 내용에 근거하여 편성·운영되었는지 평가한다.

(2) 운영 내용 및 활동이 유아의 발달수준과 흥미·요구에 적합한지를 평가한다.

(3) 교수·학습 방법이 유아의 흥미와 활동의 특성에 적합한지를 평가한다.

(4) 운영 환경이 유아의 발달특성과 활동의 주제, 내용 및 효율성 등을 고려하여 구성되었는지를 평가한다.

(5) 계획안 분석, 수업 참관 및 모니터링, 평가척도 등 다양한 방법을 활용하여 평가한다.

(6) 운영 평가의 결과를 반영하여 운영계획을 수정·보완하거나 이후 누리과정 편성·운영에 활용한다.

2. 초 · 중등학교 교육과정 편성 · 운영의 기준

가. 초·중등학교 교육과정 편성·운영의 기본 사항

1) 초·중등학교 교육과정은 공통 교육과정 및 선택 중심 교육과정 또는 기본 교육과정으로 편성한다.

2) 공통 교육과정은 초등학교 1학년부터 중학교 3학년까지, 선택 중심 교육과정은 고등

학교 1학년부터 3학년까지 편성·운영한다.

3) 기본 교육과정은 공통 교육과정 및 선택 중심 교육과정을 적용하기 어려운 초등학교 1학년부터 고등학교 3학년까지의 학생을 대상으로 편성·운영한다.

4) 학교는 특수교육 대상 학생의 장애 특성 및 정도에 따른 요구와 학교의 실정을 고려하여 공통 교육과정 및 선택 중심 교육과정을 기본 교육과정과 병행하여 편성·운영할 수 있다.

5) 학년 간 상호 연계와 협력을 통해 학교 교육과정을 유연하게 편성·운영할 수 있도록 학년군을 설정한다.

6) 공통 교육과정의 교과는 교육 목적상의 근접성, 학문 탐구 대상 또는 방법상의 인접성, 생활양식에서의 연관성 등을 고려하여 교과군으로 재분류한다.

7) 선택 중심 교육과정에서는 학생들의 기초 영역 학습을 강화하고 진로 및 적성에 맞는 학습이 가능하도록 4개의 교과 영역으로 구분하고 교과(군)별 필수 이수 단위를 제시한다. 특성화 고등학교와 산업수요 맞춤형 고등학교는 보통 교과의 4개 교과 영역과 전문 교과로 구분하고 필수 이수 단위를 제시한다.

8) 고등학교 교과는 보통 교과와 전문 교과로 구분하며, 학생들의 기초 소양 함양과 기본 학력을 보장하기 위하여 보통 교과에 공통 과목을 개설하여 모든 학생이 이수하도록 한다.

9) 학습 부담을 적정화하고 의미 있는 학습 활동이 이루어질 수 있도록 학기당 이수 교과목 수를 조정하여 집중이수를 실시할 수 있다.

10) 창의적 체험활동은 학생의 소질과 잠재력을 계발하고 공동체 의식을 기르는 데에 중점을 둔다.

11) 범교과 학습 주제는 교과와 창의적 체험활동 등 교육 활동 전반에 걸쳐 통합적으로 다루도록 하고, 지역사회 및 가정과 연계하여 지도한다.

안전·건강 교육, 인성 교육, 진로 교육, 민주 시민 교육, 인권 교육, 다문화 교육, 통일 교육, 독도 교육, 경제·금융 교육, 환경·지속가능발전 교육

12) 학교는 필요에 따라 계기 교육을 실시할 수 있으며, 이 경우 계기 교육 지침에 따른다.

13) 일반학급 및 특수학급에 배치된 특수교육 대상 학생의 교육과정은 다음과 같이 편성·운영한다.

가) 편제와 시간 배당은 해당 학년군의 교육과정을 따른다.

나) 교과의 내용을 대신하여 생활기능 및 진로와 직업 교육, 현장 실습 등으로 편성·운영할 수 있다. 그 영역과 내용은 학생의 장애 특성 및 정도를 반영하여 학교가 정한다.

14) 중도·중복장애 학생이 포함된 학급을 운영하는 특수학교는 해당 학급 학생의 교육과정을 교과(군)별 50% 범위 내에서 교과의 내용과 관련된 생활기능 영역으로 편성·운영할 수 있다. 그 영역과 내용은 학생의 장애 특성 및 정도를 반영하여 학교가 정한다.

15) 순회교육을 위한 교육과정의 편성·운영에 관한 사항은 시·도 교육청에서 정하며, 해당 학교 교육과정의 편제를 고려하여 학생의 장애 특성 및 정도에 알맞게 편성·운영한다.

16) 특수교육 관련서비스는 개별화교육계획에 따라 지원할 수 있다.

나. 공통 교육과정 및 선택 중심 교육과정 편성·운영

1) 초등학교

가) 편제와 시간 배당 기준

(1) 편제

(가) 초등학교 교육과정은 교과(군)와 창의적 체험활동으로 편성한다.

(나) 교과(군)는 국어, 사회/도덕, 수학, 과학/실과, 체육, 예술(음악/미술), 영어로 한다. 다만, 1, 2학년의 교과는 국어, 수학, 바른 생활, 슬기로운 생활, 즐거운 생활로 한다.

(다) 창의적 체험활동은 자율 활동, 동아리 활동, 봉사 활동, 진로 활동으로 한다. 다만, 1, 2학년은 체험 활동 중심의 '안전한 생활'을 포함하여 편성·운영한다.

(2) 시간 배당 기준

〈표 3-1〉 공통 교육과정 초등학교 편제 기준

구분		1~2학년	3~4학년	5~6학년
교과(군)	국어	국어 448 수학 256 바른 생활 128 슬기로운 생활 192 즐거운 생활 384	408	408
	사회/도덕		272	272
	수학		272	272
	과학/실과		204	340
	체육		204	204
	예술(음악/미술)		272	272
	영어		136	204
소계		1,408	1,768	1,972
창의적 체험활동		336 안전한 생활 (64)	204	204
학년군별 총 수업 시간 수		1,744	1,972	2,176

① 이 표에서 1시간 수업은 40분을 원칙으로 하되, 기후 및 계절, 학생의 발달 정도, 학습 내용의 성격, 학교 실정 등을 고려하여 탄력적으로 편성·운영할 수 있다.

② 학년군 및 교과(군)별 시간 배당은 연간 34주를 기준으로 한 2년간의 기준 수업 시수를 나타낸 것이다.

③ 학년군별 총 수업 시간 수는 최소 수업 시수를 나타낸 것이다.

④ 실과의 수업 시간은 5~6학년 과학/실과의 수업 시수에만 포함된 것이다.

나) 교육과정 편성·운영 기준

(1) 학교는 모든 교육 활동을 통해 학생의 기본 생활 습관, 기초 학습 능력, 바른 인성을

함양할 수 있도록 교육과정을 편성·운영한다.

(2) 학교는 학년군별로 이수해야 할 교과를 학년별, 학기별로 편성하여 학생과 학부모에게 안내한다.

(3) 학교는 각 교과의 기초적, 기본적 요소들이 체계적으로 학습되도록 교육과정을 편성·운영한다. 특히 국어 사용 능력과 수리 능력의 기초가 부족한 학생들을 대상으로 기초 학습 능력 향상을 위한 별도의 프로그램을 편성·운영할 수 있다.

(4) 학교는 학교의 특성, 학생·교사·학부모의 요구 및 필요에 따라 교과(군)별 20% 범위 내에서 시수를 증감하여 편성·운영할 수 있다. 단, 체육, 예술(음악/미술) 교과는 기준 수업 시수를 감축하여 편성·운영할 수 없다.

(5) 학교는 필요한 경우 교과(군)별 증감 시수를 활용하여 '시각장애인 자립생활' 또는 '농인의 생활과 문화'를 창의적 체험활동에 포함하여 편성·운영할 수 있다.

(6) 특수학교에서는 국어, 체육, 영어에 한하여 [별책 2]의 시각·청각·지체장애 학생을 위한 별도의 교육과정을 활용할 수 있다.

(7) 학교는 교육의 효과를 높이기 위하여 필요한 경우 학년별, 학기별로 교과 집중 이수를 실시할 수 있다.

(8) 전입 학생이 특정 교과를 이수하지 못할 경우, 교육청과 학교에서는 보충 학습 과정 등을 통해 학습 결손이 발생하지 않도록 한다.

(9) 학년을 달리하는 학생을 대상으로 복식 학급을 편성·운영하는 경우에는 교육 내용의 학년별 순서를 조정하거나 공통 주제를 중심으로 교재를 재구성하여 활용할 수 있다.

(10) 학교는 창의적 체험활동의 영역을 학생들의 발달 수준, 학교의 여건 등을 고려하여 학년(군)별로 선택적으로 편성·운영할 수 있다.

(11) 학교는 1학년 학생들의 입학 초기 적응 교육을 위해 창의적 체험활동의 시간을 활용하여 자율적으로 입학 초기 적응 프로그램 등을 편성·운영할 수 있다.

(12) 정보통신활용 교육, 보건 교육 등은 관련 교과(군)와 창의적 체험활동 시간을 활용하여 체계적인 지도가 이루어질 수 있도록 한다.

2) 중학교

가) 편제와 시간 배당 기준

(1) 편제

(가) 중학교 교육과정은 교과(군)와 창의적 체험활동으로 편성한다.

(나) 교과(군)는 국어, 사회(역사 포함)/도덕, 수학, 과학/기술·가정/정보, 체육, 예술(음악/미술), 영어, 선택으로 한다.

(다) 선택 교과는 한문, 환경, 생활 외국어(독일어, 프랑스어, 스페인어, 중국어, 일본어, 러시아어, 아랍어, 베트남어), 보건, 진로와 직업 등의 과목으로 한다.

(라) 창의적 체험활동은 자율 활동, 동아리 활동, 봉사 활동, 진로 활동으로 한다.

(2) 시간 배당 기준

〈표 3-2〉 공통 교육과정 학교 편제 기준 중

구분		1~3학년
교과(군)	국어	442
	사회(역사 포함)/도덕	510
	수학	374
	과학/기술·가정/정보	680
	체육	272
	예술(음악/미술)	272
	영어	340
	선택	170
소계		3,060
창의적 체험활동		306
총 수업 시간 수		3,336

① 이 표에서 한 시간 수업은 45분을 원칙으로 하되, 기후 및 계절, 학생 발달 정도, 학습 내용의 성격, 학교 실정 등을 고려하여 탄력적으로 편성·운영할 수 있다.

② 학년군 및 교과(군)별 시간 배당은 연간 34주를 기준으로 한 3년간의 기준 수업 시수를 나타낸 것이다.

③ 총 수업 시간 수는 3년간의 최소 수업 시수를 나타낸 것이다.

④ 정보 과목은 34시간을 기준으로 편성·운영한다.

나) 교육과정 편성·운영 기준

(1) 학교는 3년간 이수해야 할 교과목을 학년별, 학기별로 편성하여 학생과 학부모에게 안내한다.

(2) 교과(군)의 이수 시기와 그에 따른 수업 시수는 학교가 자율적으로 결정할 수 있다.

(3) 학교는 학교의 특성, 학생·교사·학부모의 요구 및 필요에 따라 자율적으로 교과(군)별 20% 범위 내에서 시수를 증감하여 편성·운영할 수 있다. 단, 체육, 예술(음악/미술) 교과는 기준 수업 시수를 감축하여 편성·운영할 수 없다.

(4) 학교는 필요한 경우 교과(군)별 증감 시수를 활용하여 '시각장애인 자립생활' 또는 '농인의 생활과 문화'를 창의적 체험활동에 포함하여 편성·운영할 수 있다.

(5) 특수학교에서는 국어, 체육, 영어에 한하여 [별책 2]의 시각·청각·지체장애 학생을 위한 별도의 교육과정을 활용할 수 있다.

(6) 학교는 학습 부담을 적정화하고 의미 있는 학습 활동이 이루어질 수 있도록 학기당 이수 교과목 수를 8개 이내로 편성한다. 단, 체육, 예술(음악/미술) 교과는 이수 교과목 수 제한에서 제외하여 편성할 수 있다.

(7) 전입 학생이 특정 교과목을 이수하지 못할 경우, 교육청과 학교에서는 보충 학습 과정 등을 통해 학습 결손이 발생하지 않도록 한다.

(8) 학교가 선택 과목을 개설할 경우, 2개 이상의 과목을 개설함으로써 학생의 선택권이 보장되도록 한다.

(9) 학교는 필요한 경우 새로운 선택 과목을 개설할 수 있다. 이 경우 시·도 교육청이 정하는 지침에 따라 사전에 필요한 절차를 거쳐야 한다.

(10) 학교는 창의적 체험활동의 영역을 학생들의 발달 수준, 학교의 여건 등을 고려하여 자율적으로 편성·운영한다. 창의적 체험활동은 학교스포츠클럽 활동 및 자유학기에 이루어지는 다양한 활동들과 연계하여 운영할 수 있다.

(11) 학교는 학생들이 자신의 적성과 미래에 대해 탐색하고, 학습의 즐거움을 경험하여 스스로 공부하는 자기주도적 학습 능력과 태도를 기를 수 있도록 자유학기를 운영한다.

(가) 중학교 과정 중 한 학기는 자유학기로 운영한다.

(나) 자유학기에는 해당 학기의 교과 및 창의적 체험활동을 자유학기의 취지에 부합하도록 편성·운영한다.

(다) 자유학기에는 지역사회와 연계하여 진로 탐색 활동, 주제 선택 활동, 동아리 활동, 예술·체육 활동 등 다양한 체험 중심의 자유학기 활동을 운영한다.

(라) 자유학기에는 협동 학습, 토의·토론 학습, 프로젝트 학습 등 학생 참여형 수업을 강화한다.

(마) 자유학기에는 중간·기말고사 등 일제식 지필평가는 실시하지 않으며, 학생의 학습과 성장을 지원하는 과정 중심의 평가를 실시한다.

(바) 자유학기에는 학교 내외의 다양한 자원을 활용하여 진로 탐색 및 설계를 지원한다.

(사) 학교는 자유학기의 운영 취지가 타 학기·학년에도 연계될 수 있도록 노력한다.

(12) 학교는 학생들의 심신을 건강하게 발달시키고 정서를 함양하기 위해 '학교스포츠클럽 활동'을 편성·운영한다.

(가) 학교스포츠클럽 활동은 창의적 체험활동의 동아리 활동으로 편성한다.

(나) 학교스포츠클럽 활동은 학년별 연간 34~68시간(총 136시간) 운영하며, 매 학기 편성하도록 한다. 학교 여건에 따라 연간 68시간 운영하는 학년에서는 34시간 범위 내에서 학교스포츠클럽 활동을 체육으로 대체할 수 있다.

(다) 학교스포츠클럽 활동의 시간은 교과(군)별 시수의 20% 범위 내에서 감축하거나, 창의적 체험활동 시수를 순증하여 확보한다. 다만, 여건이 어려운 학교의 경우 68시간 범위 내에서 기존 창의적 체험활동 시간을 활용하여 확보할 수 있다.

(라) 학교스포츠클럽 활동의 종목과 내용은 학생들의 희망을 반영하여 학교가 정하되, 다양한 종목을 개설함으로써 학생들의 선택권이 보장되도록 한다.

3) 고등학교

가) 편제와 단위 배당 기준

(1) 편제

(가) 고등학교 교육과정은 교과(군)와 창의적 체험활동으로 편성한다.

(나) 교과는 보통 교과와 전문 교과로 한다.

나) 보통 교과

(1) 보통 교과의 영역은 기초, 탐구, 체육·예술, 생활·교양으로 구성하며, 교과(군)는 국어, 수학, 영어, 한국사, 사회(역사/도덕 포함), 과학, 체육, 예술, 기술·가정/제2외국어/한문/교양으로 한다.

(2) 보통 교과는 공통 과목과 선택 과목으로 구분한다. 공통 과목은 국어, 수학, 영어, 한국사, 통합사회, 통합과학(과학탐구실험 포함)으로 하며, 선택 과목은 일반 선택 과목과 진로 선택 과목으로 구분한다.

다) 전문 교과

(1) 전문 교과는 전문 교과Ⅰ과 전문 교과Ⅱ, 전문 교과Ⅲ으로 구분한다.

(2) 전문 교과Ⅰ은 과학, 체육, 예술, 외국어, 국제 계열에 관한 과목으로 한다.

(3) 전문 교과Ⅱ는 국가직무능력표준에 따라 경영·금융, 보건·복지, 디자인·문화콘텐츠, 미용·관광·레저, 음식 조리, 건설, 기계, 재료, 화학 공업, 섬유·의류, 전기·전자, 정보·통신, 식품 가공, 인쇄·출판·공예, 환경·안전, 농림·수산해양, 선박 운항 등에 관한 과목으로 한다. 전문 교과Ⅱ의 과목은 전문 공통 과목, 기초 과목, 실무 과목으로 구분한다.

(4) 전문 교과Ⅲ은 직업과 이료에 관한 과목으로 한다.

라) 창의적 체험활동은 자율 활동, 동아리 활동, 봉사 활동, 진로 활동으로 한다.

마) 단위 배당 기준

일반 고등학교(특수학교 및 자율 고등학교 포함)와 특수 목적 고등학교 (산업수요 맞춤형 고등학교 제외)

〈표 3-3〉 선택 교육과정 고등학교 편제 기준

	교과영역	교과(군)	공통 과목(단위)	필수 이수 단위	자율 편성 단위
교과(군)	기초	국어	국어(8)	10	학생의 적성과 진로를 고려하여 편성
		수학	수학(8)	10	
		영어	영어(8)	10	
		한국사	한국사(6)	6	
	탐구	사회 (역사/도덕포함)	통합사회(8)	10	
		과학	통합과학(8) 과학탐구실험(2)	12	
교과(군)	체육·예술	체육		10	학생의 적성과 진로를 고려하여 편성
		예술		10	
	생활교양	기술·가정/제2 외국어/한문/		16	
소계				94	86
창의적 체험활동				24(408시간)	
총 이수 단위				204	

① 1단위는 50분을 기준으로 하여 17회를 이수하는 수업량이다.

② 1시간의 수업은 50분을 원칙으로 하되, 기후 및 계절, 학생의 발달 정도, 학습 내용의 성격, 학교 실정 등을 고려하여 탄력적으로 편성·운영할 수 있다.

③ 공통 과목은 2단위 범위 내에서 감하여 편성·운영할 수 있다. 단, 한국사는 6단위 이상 이수하되 2개 학기 이상 편성하도록 한다.

④ 과학탐구실험은 이수 단위 증감 없이 편성·운영하는 것을 원칙으로 하되, 과학 계열, 체육 계열, 예술 계열 고등학교의 경우 학교 실정에 따라 탄력적으로 운영할 수 있다.

⑤ 필수 이수 단위의 단위 수는 해당 교과(군)의 '최소 이수 단위'로 공통 과목 단위 수를 포함한다. 특수 목적 고등학교와 자율형 사립 고등학교, 직업, 이료 교과를 중심으로 운영하는 학교의 경우 예술 교과(군)는 5단위 이상, 생활·교양 영역은 12단위 이상 이수할 것을 권장한다.

⑥ 기초 교과 영역 이수 단위 총합은 교과 총 이수 단위의 50%를 초과하지 않도록 한다.

⑦ 창의적 체험활동의 단위는 최소 이수 단위이며 ( ) 안의 숫자는 이수 단위를 이수 시간 수로 환산한 것이다.

⑧ 총 이수 단위 수는 고등학교 3년간 이수해야 할 '최소 이수 단위'를 의미한다.

바) 교육과정 편성·운영 기준

(1) 공통 사항

(가) 고등학교 교육과정의 총 이수 단위는 204단위이며 교과(군) 180단위, 창의적 체험활동 24단위(408시간)로 나누어 편성한다.

(나) 학교는 3년간 이수해야 할 과목을 학년별, 학기별로 편성하여 학생과 학부모에게 안내하도록 한다.

(다) 학교는 학습 부담을 적정화하고 의미 있는 학습 활동이 이루어질 수 있도록 학기당 이수 과목 수를 8개 이내로 편성한다. 단, 과학탐구실험, 체육·예술·교양 교과목, 진로 선택 과목, 실기·실습 과목은 이수 과목 수 제한에서 제외하여 편성·운영할 수 있다.

(라) 과목의 이수 시기와 단위는 학교에서 자율적으로 편성·운영할 수 있다. 단, 공통 과목은 해당 교과(군)의 선택 과목 이수 전에 편성·운영하는 것을 원칙으로 한다.

(마) 선택 과목 중에서 위계성을 갖는 과목의 경우, 계열적 학습이 가능하도록 편성한다. 단, 학교의 실정 및 학생의 요구, 과목의 성격에 따라 탄력적으로 편성·운영할 수 있다.

(바) 학교는 일정 규모 이상의 학생이 이 교육과정에 제시된 선택 과목의 개설을 요청할 경우 해당 과목을 개설해야 한다. 이 경우 시·도 교육청이 정하는 지침에 따른다.

(사) 학교에서 개설하지 않은 선택 과목 이수를 희망하는 학생이 있을 경우 그 과목을 개설한 다른 학교에서의 이수를 인정한다.

(아) 학교는 필요에 따라 이 교육과정에 제시되어 있는 과목 외에 새로운 과목을 개설할

수 있다. 이 경우 시·도 교육청이 정하는 지침에 따라 사전에 필요한 절차를 거쳐야 한다.

(자) 학교 및 학생의 필요에 따라 지역사회의 학습장에서 이루어진 학습을 이수 과목으로 인정할 수 있다. 이 경우 시·도 교육청이 정하는 지침에 따른다.

(차) 학교는 필요에 따라 대학과목 선이수제의 과목을 개설할 수 있고, 국제적으로 공인된 교육과정이나 과목을 개설할 수 있다. 이 경우 시·도 교육청이 정하는 지침에 따른다.

(카) 학교는 필요에 따라 교과의 총 이수 단위를 증배 운영할 수 있다. 단, 특수 목적 고등학교와 특성화 고등학교는 전문 교과의 과목에 한하여 증배 운영할 수 있다.

(타) 학교는 창의적 체험활동의 영역을 학생들의 발달 수준, 학교의 여건 등을 고려하여 자율적으로 편성·운영하고, 학생의 진로와 연계하여 다양한 활동이 이루어질 수 있도록 한다.

(파) 학교는 학생이 자신의 진로에 적합한 과목을 체계적으로 이수할 수 있도록 진로지도와 연계하여 선택 과목 이수에 대한 정보를 적극적으로 안내한다.

(하) 전문 교과를 운영하는 학교에서는 해당 교과 운영 시 주 1회 이상 현장 실습 프로그램을 편성·운영할 수 있다.

(거) 학교는 필요한 경우 '시각장애인 자립생활' 또는 '농인의 생활과 문화'를 창의적 체험활동에 포함하여 편성·운영할 수 있다.

Ⅳ. 기본 교육과정

1. 초등학교

가. 편제와 시간 배당 기준

1) 편제

가) 초등학교 교육과정은 교과(군)와 창의적 체험활동으로 편성한다.

나) 교과(군)는 국어, 사회, 수학, 과학/실과, 체육, 예술(음악/미술)로 한다. 다만, 1, 2학년의 교과는 국어, 수학, 바른 생활, 슬기로운 생활, 즐거운 생활로 한다.

다) 창의적 체험활동은 자율 활동, 동아리 활동, 봉사 활동, 진로 활동으로 한다. 다만, 1, 2학년은 체험 활동 중심의 '안전한 생활'을 포함하여 편성·운영한다.

2) 시간 배당 기준

〈표 3-4〉 기본 교육과정 초등학교 편제 기준

구분		1~2학년	3~4학년	5~6학년
교과(군)	국어	국어 448	408	408
	사회	수학 256	272	272
	수학	바른 생활 128	272	272
	과학/실과	슬기로운 생활 192	238	340
	체육	즐거운 생활 384	204	204
	예술(음악/미술)		272	272
소계		1,408	1,666	1,768
창의적 체험활동		336 안전한 생활 (64)	306	408
학년군별 총 수업 시간 수		1,744	1,972	2,176

① 이 표에서 1시간 수업은 40분을 원칙으로 하되, 기후 및 계절, 학생의 발달 정도, 학습 내용의 성격, 학교 실정 등을 고려하여 탄력적으로 편성·운영할 수 있다.

② 학년군 및 교과(군)별 시간 배당은 연간 34주를 기준으로 한 2년간의 기준 수업 시수를 나타낸 것이다.

③ 학년군별 총 수업 시간 수는 최소 수업 시수를 나타낸 것이다.

④ 실과의 수업 시간은 5~6학년 과학/실과의 수업 시수에만 포함된 것이다.

나. 교육과정 편성·운영 기준

1) 학교는 모든 교육 활동을 통해 학생의 기본 생활 습관, 기초 학습 능력, 바른 인성을 함양할 수 있도록 교육과정을 편성·운영한다.

2) 학교는 학년군별로 이수해야 할 교과를 학년별, 학기별로 편성하여 학생과 학부모에게 안내한다.

3) 학교는 해당 학년군 교육과정을 적용하되, 필요한 경우 타 학년군의 교과 내용으로 대체하여 운영할 수 있다.

4) 학교는 학교의 특성, 학생·교사·학부모의 요구 및 필요에 따라 교과(군)별 30% 범위 내에서 시수를 증감하여 편성·운영할 수 있다. 단, 체육, 예술(음악/미술) 교과는 기준 수업 시수를 감축하여 편성·운영할 수 없다.

5) 학교는 교육의 효과를 높이기 위하여 필요한 경우 학년별, 학기별로 교과 집중 이수를 실시할 수 있다.

6) 전입 학생이 특정 교과를 이수하지 못할 경우, 교육청과 학교에서는 보충 학습 과정 등을 통해 학습 결손이 발생하지 않도록 한다.

7) 학년을 달리하는 학생을 대상으로 복식 학급을 편성·운영하는 경우에는 교육 내용의 학년별 순서를 조정하거나 공통 주제를 중심으로 교재를 재구성하여 활용할 수 있다.

8) 학교는 창의적 체험활동의 영역을 학생들의 발달 수준, 학교의 여건 등을 고려하여 학년(군)별로 선택적으로 편성·운영할 수 있다.

9) 학교는 필요한 경우 학생의 장애 특성 및 요구에 따른 교육 내용을 창의적 체험활동으로 편성·운영할 수 있다.

10) 학교는 1학년 학생들의 입학 초기 적응 교육을 위해 창의적 체험활동의 시간을 활용하여 자율적으로 입학 초기 적응 프로그램 등을 편성·운영할 수 있다.

11) 정보통신활용 교육, 보건 교육 등은 관련 교과(군)와 창의적 체험활동 시간을 활용하여 체계적인 지도가 이루어질 수 있도록 한다.

2. 중학교

가. 편제와 시간 배당 기준

1) 편제

가) 중학교 교육과정은 교과(군)와 창의적 체험활동으로 편성한다.

나) 교과(군)는 국어, 사회, 수학, 과학, 진로와 직업, 체육, 예술(음악/미술), 선택으로 한다.

다) 선택 교과는 재활, 여가활용, 정보통신활용, 생활영어, 보건 등의 과목으로 한다.

라) 창의적 체험활동은 자율 활동, 동아리 활동, 봉사 활동, 진로 활동으로 한다.

2) 시간 배당 기준

〈표 3-5〉 기본 교육과정 중학교 편제 기준

구분		1~3학년
교과(군)	국어	442
	사회	442
	수학	374
	과학	238
	진로와 직업	612
	체육	340
	예술(음악/미술)	306
	선택	204
소계		2,958
창의적 체험활동		408
총 수업 시간 수		3,336

① 이 표에서 1시간 수업은 45분을 원칙으로 하되, 기후 및 계절, 학생의 발달 정도, 학습 내용의 성격, 학교 실정 등을 고려하여 탄력적으로 편성·운영할 수 있다.

② 학년군 및 교과(군)별 시간 배당은 연간 34주를 기준으로 한 3년간의 기준 수업 시수를 나타낸 것이다.

③ 총 수업 시간 수는 3년간의 최소 수업 시수를 나타낸 것이다.

나. 교육과정 편성·운영 기준

1) 학교는 3년간 이수해야 할 교과목을 학년별, 학기별로 편성하여 학생과 학부모에게

안내한다.

2) 교과(군)의 이수 시기와 그에 따른 수업 시수는 학교가 자율적으로 결정할 수 있다.

3) 학교는 해당 학년군 교육과정을 적용하되, 필요한 경우 타 학년군의 교과 내용으로 대체하여 운영할 수 있다.

4) 학교는 학교의 특성, 학생·교사·학부모의 요구 및 필요에 따라 자율적으로 교과(군)별 30% 범위 내에서 시수를 증감하여 편성·운영할 수 있다. 단, 체육, 예술(음악/미술) 교과는 기준 수업 시수를 감축하여 편성·운영할 수 없다.

5) 학교는 학습 부담을 적정화하고 의미 있는 학습 활동이 이루어질 수 있도록 학기당 이수 교과목 수를 8개 이내로 편성한다. 단, 체육, 예술(음악/미술) 교과는 이수 교과목 수 제한에서 제외하여 편성할 수 있다.

6) 전입 학생이 특정 교과목을 이수하지 못할 경우, 교육청과 학교에서는 보충 학습 과정 등을 통해 학습 결손이 발생하지 않도록 한다.

7) 학교가 선택 과목을 개설할 경우, 2개 이상의 과목을 개설함으로써 학생의 선택권이 보장되도록 한다.

8) 학교는 필요한 경우 새로운 선택 과목을 개설할 수 있다. 이 경우 시·도 교육청이 정하는 지침에 따라 사전에 필요한 절차를 거쳐야 한다.

9) 학년을 달리하는 학생을 대상으로 복식 학급을 편성·운영하는 경우에는 교육 내용의 학년별 순서를 조정하거나 공통 주제를 중심으로 교재를 재구성하여 활용할 수 있다.

10) 학교는 창의적 체험활동의 영역을 학생들의 발달 수준, 학교의 여건 등을 고려하여 자율적으로 편성·운영한다. 창의적 체험활동은 학교스포츠클럽 활동 및 자유학기에 이루어지는 다양한 활동들과 연계하여 운영할 수 있다.

11) 학교는 필요한 경우 학생의 장애 특성 및 요구에 따른 교육 내용을 창의적 체험활동으로 편성·운영할 수 있다.

12) 학교는 학생들이 자신의 적성과 미래에 대해 탐색하고, 학습의 즐거움을 경험하여 스스로 공부하는 자기주도적 학습 능력과 태도를 기를 수 있도록 자유학기를 운영

한다.

가) 중학교 과정 중 한 학기는 자유학기로 운영한다.

나) 자유학기에는 해당 학기의 교과 및 창의적 체험활동을 자유학기의 취지에 부합하도록 편성·운영한다.

다) 자유학기에는 지역사회와 연계하여 진로 탐색 활동, 주제 선택 활동, 동아리 활동, 예술·체육 활동 등 다양한 체험 중심의 자유학기 활동을 운영한다.

라) 자유학기에는 협동 학습, 토의·토론 학습, 프로젝트 학습 등 학생 참여형 수업을 강화한다.

마) 자유학기에는 중간·기말고사 등 일제식 지필평가는 실시하지 않으며, 학생의 학습과 성장을 지원하는 과정 중심의 평가를 실시한다.

바) 자유학기에는 학교 내외의 다양한 자원을 활용하여 진로 탐색 및 설계를 지원한다.

사) 학교는 자유학기의 운영 취지가 타 학기·학년에도 연계될 수 있도록 노력한다.

13) 학교는 학생들의 심신을 건강하게 발달시키고 정서를 함양하기 위해 '학교스포츠클럽 활동'을 편성·운영한다.

가) 학교스포츠클럽 활동은 창의적 체험활동의 동아리 활동으로 편성한다.

나) 학교스포츠클럽 활동은 학년별 연간 34~68시간(총 136시간) 운영하며, 매 학기 편성하도록 한다. 학교 여건에 따라 연간 68시간 운영하는 학년에서는 34시간 범위 내에서 학교스포츠클럽 활동을 체육으로 대체할 수 있다.

다) 학교스포츠클럽 활동의 시간은 교과(군)별 시수의 20% 범위 내에서 감축하거나, 창의적 체험활동 시수를 순증하여 확보한다. 다만, 여건이 어려운 학교의 경우 68시간 범위 내에서 기존 창의적 체험활동 시간을 활용하여 확보할 수 있다.

라) 학교스포츠클럽 활동의 종목과 내용은 학생들의 희망을 반영하여 학교가 정하되, 다양한 종목을 개설함으로써 학생들의 선택권이 보장되도록 한다.

3. 고등학교

가. 편제와 단위 배당 기준

1) 편제

가) 고등학교 교육과정은 교과(군)와 창의적 체험활동으로 편성한다.

나) 교과(군)는 국어, 사회, 수학, 과학, 진로와 직업, 체육, 예술(음악/미술), 선택으로 한다.

다) 선택 교과는 재활, 여가활용, 정보통신활용, 생활영어, 보건 등의 과목으로 한다.

2) 단위 배당 기준

〈표 3-6〉 기본 교육과정 고등학교 편제 기준

구분		1~3학년
교과(군)	국어	26
	사회	24
	수학	20
	과학	12
	진로와 직업	48
	체육	18
	예술(음악/미술)	18
	선택	12
소계		178
창의적 체험활동		26(442시간)
총 이수 단위		204

① 1단위는 50분을 기준으로 하여 17회를 이수하는 수업량이다.

② 이 표에서 1시간 수업은 50분을 원칙으로 하되, 기후 및 계절, 학생의 발달 정도, 학습 내용의 성격, 학교 실정 등을 고려하여 탄력적으로 편성·운영할 수 있다.

③ 학년군 및 교과(군)별 단위 배당은 연간 34주를 기준으로 한 3년간의 기준 수업 시수를 나타낸 것이다.

④ 총 이수 단위는 고등학교 3년간 이수해야 할 '최소 이수 단위'를 나타낸 것이다.

나. 교육과정 편성·운영 기준

1) 학교는 3년간 이수해야 할 교과목을 학년별, 학기별로 편성하여 학생과 학부모에게 안내한다.

2) 교과(군)의 이수 시기와 그에 따른 이수 단위는 학교가 자율적으로 결정할 수 있다.

3) 학교는 해당 학년군 교육과정을 적용하되, 필요한 경우 타 학년군의 교과 내용으로 대체하여 운영할 수 있다.

4) 학교는 학교의 특성, 학생·교사·학부모의 요구 및 필요에 따라 자율적으로 교과(군)별 30% 범위 내에서 시수를 증감하여 편성·운영할 수 있다. 단, 체육, 예술(음악/미술) 교과는 기준 이수 단위를 감축하여 편성·운영할 수 없다.

5) 학교는 학습 부담을 적정화하고 의미 있는 학습 활동이 이루어질 수 있도록 학기당 이수 교과목 수를 8개 이내로 편성한다. 단, 체육, 예술(음악/미술) 교과는 이수 교과목 수 제한에서 제외하여 편성할 수 있다.

6) 진로·직업 교육은 '진로와 직업' 교과 외에도 선택 중심 교육과정의 전문 교과 중에서 학교의 여건에 맞는 것을 선택적으로 편성할 수 있다.

7) 학교가 선택 과목을 개설할 경우, 2개 이상의 과목을 개설함으로써 학생의 선택권이 보장되도록 한다.

8) 학교는 필요한 경우 새로운 선택 과목을 개설할 수 있다. 이 경우 시·도 교육청이 정하는 지침에 따라 사전에 필요한 절차를 거쳐야 한다.

9) 학교에서 개설하지 않은 선택 과목 이수를 희망하는 학생이 있을 경우 그 과목을 개설한 다른 학교에서의 이수를 인정한다.

10) 학교 및 학생의 필요에 따라 지역사회의 학습장에서 이루어진 학습을 이수 과목으로 인정할 수 있다. 이 경우 시·도 교육청이 정하는 지침에 따른다.

11) 학교는 필요에 따라 교과의 총 이수 단위를 증배 운영할 수 있다.

12) 학교는 창의적 체험활동의 영역을 학생들의 발달 수준, 학교의 여건 등을 고려하여

자율적으로 편성·운영하고, 학생의 진로와 연계하여 다양한 활동이 이루어질 수 있도록 한다.

13) 학교는 필요한 경우 학생의 장애 특성 및 요구에 따른 교육 내용을 창의적 체험활동으로 편성·운영할 수 있다.

14) 체육, 예술, 진로와 직업 등 교과를 중심으로 중점 학교를 운영할 수 있으며, 이 경우 교과(군)별 50% 범위 내에서 시수를 감축하여 해당 교과로 편성할 수 있다. 단, 체육, 예술(음악/미술) 교과는 기준 수업 시수를 감축하여 편성할 수 없다.

15) 학교는 '진로와 직업' 교과의 교육과정 내용과 관련이 있는 현장 실습을 다양한 형태로 운영할 수 있으며, 이와 관련한 구체적인 사항은 시·도 교육청이 정한 지침을 따른다.

16) 학년을 달리하는 학생을 대상으로 복식 학급을 편성·운영하는 경우에는 교육 내용의 학년별 순서를 조정하거나 공통 주제를 중심으로 교재를 재구성하여 활용할 수 있다.

연구과제

1. 장애영역별 특수학교의 교육과정을 살펴봅시다.
2. 장애아동 개인에게 적용하여야 할 교육과정을 선택·결정하는 주체가 누구여야 할지 생각해 봅시다.
3. 교육과정을 학생 개개인에게 효과적으로 적용하는 방법에 대해 생각해 봅시다.

참고문헌

교육부(2015). 2015 개정 특수교육 교육과정.

국립특수교육원(2014). 2015 개정 특수교육 교육과정 총론 개정 연구 보고서.

국립특수교육원(2014). 2015 개정 특수교육 교육과정 공개 토론회 자료집.

4 특수교육 환경과 가정방문지도사의 역할

학습목표

- 우리나라 특수교육의 주요 내용을 안다.
- 최근 우리나라 장애아동 교육의 경향을 안다.
- 특수교육 대상학생 진단 · 선정 · 배치 절차를 안다.
- 장애아동 가정방문지도사의 필요성에 대해 공감한다.
- 장애아동 가정방문지도사의 역할에 대해 안다.

Ⅰ. 특수교육 환경

1. 특수교육대상자는 누구인가?

「장애인 등에 대한 특수교육법」(제2조)에 소개된 특수교육대상자의 정의를 보면, '특수교육을 필요로 하는 사람'이라고 되어 있다. '장애학생'과 '특수교육대상자'는 무엇이 어떻게 다른 것일까?

2014년 현재, 전체 특수교육대상자 중 장애인은 약 72% 정도이다. 나머지는 장애인이 아닌 것이다. 즉, 특수교육을 받는 학생 중에는 장애인복지법상 등록된 장애인도 있고 비장애인도 있고, 일반교육을 받는 학생 중에도 장애인과 비장애인이 있다는 것을 의미한다. 즉, 장애인이라고 해서 모두 특수교육을 필요로 하는 것은 아니다. 결론적으로 장애인이라고 해서 모두 특수교육대상자가 되는 것은 아니며 특수교육대상자라고 해서 모두 장애인인 것도 아니다. 장애인 중의 상당수는 일반교육이 더 필요하며 그래서 일반학교의 일반교실에서 일반교사에 의해 일반교육을 받고 있다.

〈표 4-1〉 2014년 특수교육대상 장애인 현황

	학생 수(명)	장애인 수(명)	비 율(%)
특수학교	25,531	24,711	96.8
특수학급	45,351	30,652	66.1
일반학급	15,622	7,653	49.0
특수교육지원센터	563	167	29.7
계	88,067	63,183	71.7

〈표 4-2〉 2014년 장애유형별 교육 현황

	시각장애	청각장애	지적장애	지체장애	자폐성장애
학령기 장애인 수 (0~20세)	5,249	5,729	53,456	18,605	13,294
일반교육대상 학생	3,109 (59%)	2,406 (42%)	17,981 (34%)	7,031 (38%)	4,138 (31%)

특수교육대상 학생	2,140 (41%)	3,323 (58%)	35,475 (66%)	11,574 (62%)	9,156 (69%)

2. 특수교육대상자는 어디에서 공부하는가?

특수교육대상자로 선정된 학생들은 3가지 유형의 교육기관에 배치될 수 있는데 특수학교, 일반학교의 특수학급, 그리고 일반학교의 일반학급이 이에 해당된다.

2015년 기준 전국의 특수교육대상 학생 88,067명 중 30%인 25,531명이 특수학교나 특수교육지원센터에 다니고 있고, 70%인 61,973명이 일반학교에 다니고 있다. 특수학교는 1962년만 해도 10교에 불과했다. 하지만 2015년 현재 167개교로 늘어났다. 일반학교 내 특수학급도 1971년 1개에서 2015년 9,868개로 크게 증가했다. 국가차원에서 특수교육에 대한 관심과 노력이 증가하고 사회전반에 걸쳐 장애에 대한 인식이 크게 개선된 덕분으로 분석된다. 특히, 2012년부터는 유치원 과정부터 고등학교 과정까지 특수교육대상자에 대한 의무교육이 전면 실시되고 장애영아와 전공과의 경우 무상교육으로 제공하도록 하는 등 생애단계별로 적합한 교육지원을 제공받을 수 있는 토대를 마련하였다.

3. 국가별로 특수교육은 어떻게 다른가?

국가별로 문화적 토대와 관습 등이 다양하듯이 특수교육의 범주도 상이하게 나타난다. 미국은 이민자의 유입으로 발생한 언어·문화적 실조, 읽기·쓰기·셈하기에 어려움을 느끼는 학습장애 등까지 포함하고 있어 특수교육대상자 비율이 13.3%에 달하는 반면, 우리나라와 프랑스 등은 그보다는 중증의 학생들만을 대상하고 있어 각각 1.2%, 1.7%에 불과하다. 예를 들어, 다른 과목의 성적은 우수하나 셈하기에 어려움을 느끼거나 난독증 같은 문제를 지닌 학습장애의 경우, 미국에서는 특수교육대상자로 포함되나 우리나라에서는 특수교육대상자에 포함되지 않는다.

우리나라에서는 관련법에서 특수교육이 필요하다고 판단될 때에는 반드시 보호자의 동의를 거쳐 진단·평가를 통해 특수교육대상자로 선정 여부를 평가하도록 규정하고 있다.

2015년 현재「장애인 등에 대한 특수교육법」에 따라 특수교육이 필요한 것으로 진단·평가되어 특수교육대상자로 선정된 학생은 88,067명이다.

〈표 4-3〉 국가별 특수교육 범주 현황

	특수교육대상자범주(유형)	학생(명)	전체 학생 대비 비율(%)	배치 기관	출처 (기관 또는 법령)
미국	학습장애, 언어장애, 정신지체, 정서장애, 중복장애, 청각장애, 지체장애, 건강장애, 시각장애, 자폐성장애, 청각장애, 외상성뇌손상, 발달지체, 사회 불이익계층 학생 등	6,613,989 ('09)	13.2%	일반학교, 특수학교, 시설	IDEA (미국 장애인 교육법)
핀란드	발달지체, 뇌손상및신체장애, 정서장애 및 사회부적응, 자폐 및 아스퍼거 증후군, 언어장애, 시각장애, 청각장애, 핀린드이 곤린 희생, 일빈적인 곤란, 기타 특별한 곤란, 이민자를 위한 교정교수 등	546,423 ('10)	8.5%	일반학교, 특수학교	교육 기본법
독일	학습장애, 언어장애, 정서행동장애, 정신지체, 지체장애, 청각장애, 시각장애, 건강장애, 자폐장애, 다른 언어사용자 지원 등	482,415 ('10)	6.0%	일반학교, 특수학교	KMK (교육상임 위원회)
프랑스	지적장애(발달지체 및 자폐성장애 포함), 정서장애, 말언어장애, 지체장애, 시각장애, 청각장애, 건강장애, 중복장애, 기타결함, 학습곤란 등	201,388 ('10)	1.7%	일반학교, 특수학교, 시설, 병원	장애인법

4. 최근 특수교육 현황 알기

가. 2014년 특수교육 핵심 현황

2014년 현재 특수교육대상학생 87,278명이 167개의 특수학교와 9,617개의 특수학급에서 17,922명의 특수교육교원에 의해 교육을 받고 있다. 진단·평가, 특수교육관련서비스의 지원, 순회교육 및 인권보호 등을 담당하는 특수교육지원센터는 전국에 197개가 설치되어 있고, 특수교육지원센터에 「장애학생 인권보호 상설모니터단」이 190개가 설치되어 있다.

나. 특수학교(급), 학생 현황

특수학교는 2005년 141교에서 2014년 167교로 증가하였고, 특수학급은 2005년 4,697개에서 2014년 9,617개로 증가하였다. 또한 특수교육대상학생수는 해마다 증가하여 2014년에 87,278명에 달하지만, 그 증가의 폭은 최근 들어 서서히 줄어들고 있다. 2010년도의 경우, 전년도에 비해 4,524명의 학생이 증가하였지만, 2011년에는 2,954명, 2012년에는 2,347명, 2013년에는 1,621명, 2014년에는 645명이 증가하면서 그 증가의 폭이 점차 감소하고 있다.

〈그림 4-1〉 연도별 특수학교(급), 학생 현황

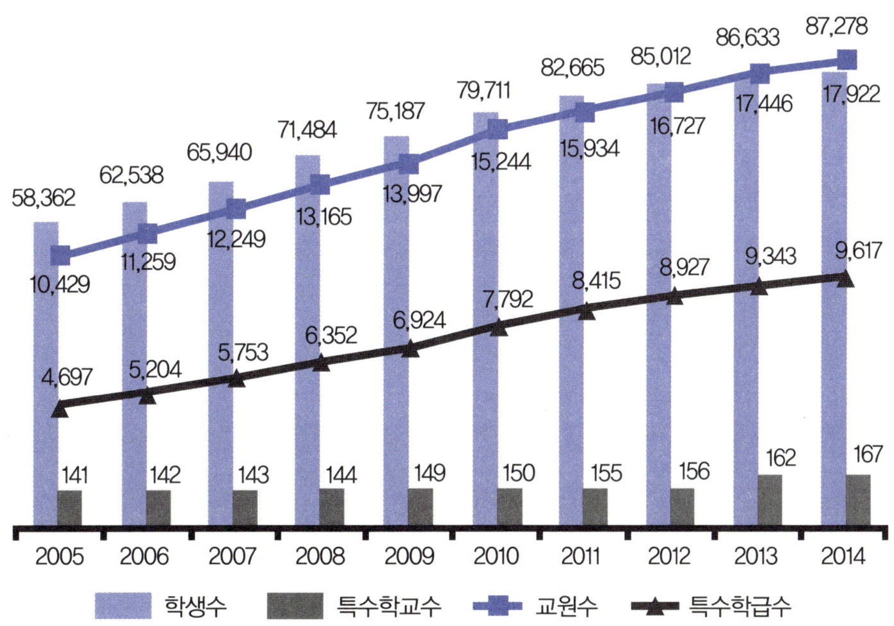

〈표 4-4〉 학교과정별 특수교육대상자 현황

구분		10	11	12	13(A)	14(B)	B-A
특수학교수		150	155	156	163	166	3
특수학급수		7,792	8,415	8,927	9,343	9,617	274
학생수	계	79,711	82,665	85,012	86,633	87,278	645
	장애영아	290	356	403	578	680	102
	유치원	3,225	3,367	3,675	4,190	4,219	29
	초등학교	35,294	35,124	34,458	33,518	33,184	-334
	중학교	19,375	20,508	21,535	22,241	22,159	-82
	고등학교	19,111	20,439	21,649	22,466	22,973	507
	전공과	2,416	2,871	3,292	3,640	4,063	423

다. 장애유형별 특수교육대상자 현황

특수교육대상학생의 장애유형을 살펴보면, 정신지체학생이 47,666명으로 54.6%를 차지하여 가장 높고, 다음으로 지체장애학생이 11,209명 12.8%, 자폐성장애학생이 9,334명 10.7% 순이다. 최근 들어, 시각장애·청각장애 등의 학생은 지속적으로 감소하고 있는 추세이나, 자폐성장애학생은 꾸준히 증가하고 있다. 자폐성장애학생은 2010년 5,463명으로 전체의 6.9%를 차지하였으나, 2014년에는 9,334명으로 10.7%를 차지하고 있다.

〈표 4-5〉 장애유형별 특수교육대상자 현황

연도	시각 장애	청각 장애	정신 지체	지체 장애	정서행 동장애	자폐성 장애	의사소 통장애	학습 장애	건강 장애	발달 지체	전체
2010	2,398 (3.0)	3,726 (4.7)	42,690 (53.6)	10,367 (13.0)	3,588 (4.5)	5,463 (6.9)	1,591 (2.0)	6,320 (7.9)	2,174 (2.7)	1,394 (1.7)	79,711 (100)
2011	2,315 (2.8)	3,676 (4.4)	45,132 (54.6)	10,727 (13.0)	2,817 (3.4)	6,809 (8.2)	1,631 (2.0)	5,606 (6.8	2,229 (2.7)	1,723 (2.1)	82,665 (100)
2012	2,303 (2.7)	3,744 (4.4)	46,265 (54.4)	11,279 (13.3)	2,713 (3.2)	7,922 (9.3)	1,819 (2.1)	4,724 (5.6)	2,195 (2.6)	2,048 (2.4)	85,012 (100)
2013	2,220 (2.6)	3,666 (4.2)	47,120 (54.4)	11,233 (13.0)	2,754 (3.2)	8,722 (10.1)	1,953 (2.3)	4,060 (4.7)	2,157 (2.5)	2,748 (3.2)	86,633 (100)

2014	2,130 (2.4)	3,581 (4.1)	47,667 (54.6)	11,209 (12.8)	2,605 (3.0)	9,334 (10.7)	1,966 (2.3)	3,362 (3.9)	2,029 (2.3)	3,395 (3.9)	87,278 (100)

라. 교육환경별 특수교육대상자 현황

교육환경별 특수교육대상자 현황을 살펴보면, 2010년 특수학교 및 특수교육지원센터에서 교육받는 학생이 약 30%, 일반학교에서 교육받는 학생이 약 70%이었다. 이러한 구도는 2014년에 이르기까지 크게 변화하지 않았다. 2000년데 초반 특수학교 50%, 일반학교 50% 정도의 구도에서 지속적으로 일반학교에서 교육받는 장애학생들이 증가해 온 것은 사실이나, 2010년 이후 2014년까지 이 비율이 큰 변화 없이 유지되고 있는 이유는 특수학교에서의 직업교육을 포함한 전문화된 특수교육 지원을 요구하는 수요가 있기 때문인 것으로 분석된다.

〈표 4-6〉 연도별 특수교육대상자 배치 현황 (단위: 명, %)

연도	특수학교 및 센터	일반학교	전체
2010	23,944(30.0)	55,767(70.0)	79,711(100)
2011	24,741(29.9)	57,924(70.1)	82,665(100)
2012	24,932(29.3)	60,080(70.7)	85,012(100)
2013	25,522(29.5)	61,111(70.5)	86,633(100)
2014	25,827(29.6)	61,451(70.4)	87,278(100)

5. 최근 특수교육 운영 계획의 이해

「제4차 특수교육발전 5개년 계획('13~'17)」에 따라 추진되는 특수교육의 주요 정책과제의 주요 내용을 살펴보면 다음과 같다.

이 계획은 특수교육 교육력 및 성과 제고, 특수교육 지원 고도화, 장애학생 인권친화적 분위기 조성, 장애학생 능동적 사회참여 역량 강화 등 4대 분야, 11개 중점과제, 125개 세부과제로 구성되어 있고, 주요 과제는 다음과 같다.

첫째, 학생 개개인의 장애유형과 정도를 고려한 맞춤형 교육지원으로, 교육성과를 제고하고자 하였다. 장애유형별 특성을 고려하여 학생에게 교과서 및 지도서 60종, 보완자료 40종을 개발·보급하고, 일반학교에 다니는 시각 및 청각장애학생 지원을 위해 거점지원센터를 연차적으로 확대 운영하며, 수화 및 점자 등 특수교육 관련 자격소지자에 대한 임용 시 가산점을 부여하는 등 장애유형별 교수전문성을 강화하게 된다.

둘째, 특수학교, 특수학급 신·증설 등을 통해 장애학생 교육여건을 대폭 확충한다. 과밀 특수학급과 원거리 통학 해소를 위해 향후 5년간 현장의 수요를 반영하여 특수학교(급)을 연차적으로 신·증설하고, 부족한 특수교사 정원 확보를 위해 안전행정부 및 기획재정부와 긴밀하게 협조하게 된다.

셋째, 안전하고 행복한 생활을 할 수 있도록 장애학생 인권보호를 강화하고자 하였다. 전국 190여 개 상설모니터단(위원 1,500여 명)의 상시모니터링 및 예방교육을 통해 인권친화적 학교 분위기를 조성하고, 전국의 모든 학생을 대상으로 하는 장애이해교육을 최소한 연 2회 이상 실시하여 장애인식을 지속적으로 개선해 나간다.

넷째, 일하고자 하는 장애인은 일할 수 있도록 고등학교부터 체계적인 진로·직업교육을 제공한다. 장애학생 개개인의 능력과 특성을 고려하고, 거주지에서 쉽게 접근하여 현장중심 직업교육을 받을 수 있도록 장애학생 통합형 직업교육 거점학교를 확대하고, 일반고 특수학급, 특수학교 고등학교 과정 학생을 대상으로 특성화고, 마이스터고, 전문대학 및 폴리텍대학에 위탁교육 기회를 확대한다. 또한 고용노동부 및 보건복지부 등 관련 부처간 협업을 통해 장애학생 취업률 40%를 달성할 계획이다. 구체적인 추진과제 내용은 다음과 같다.

〈그림 4-2〉 제4차 특수교육발전 5개년 계획 개요도

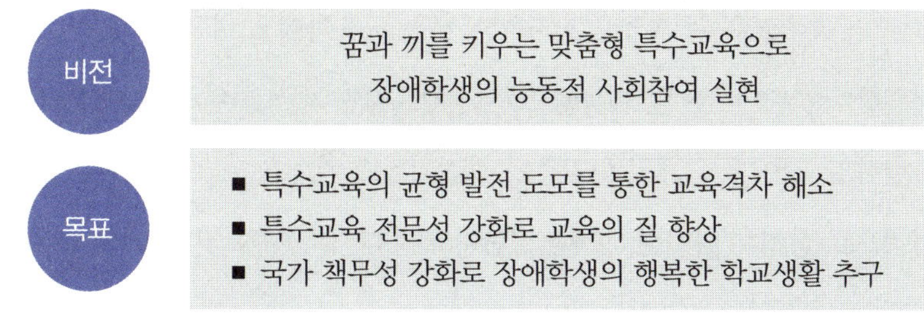

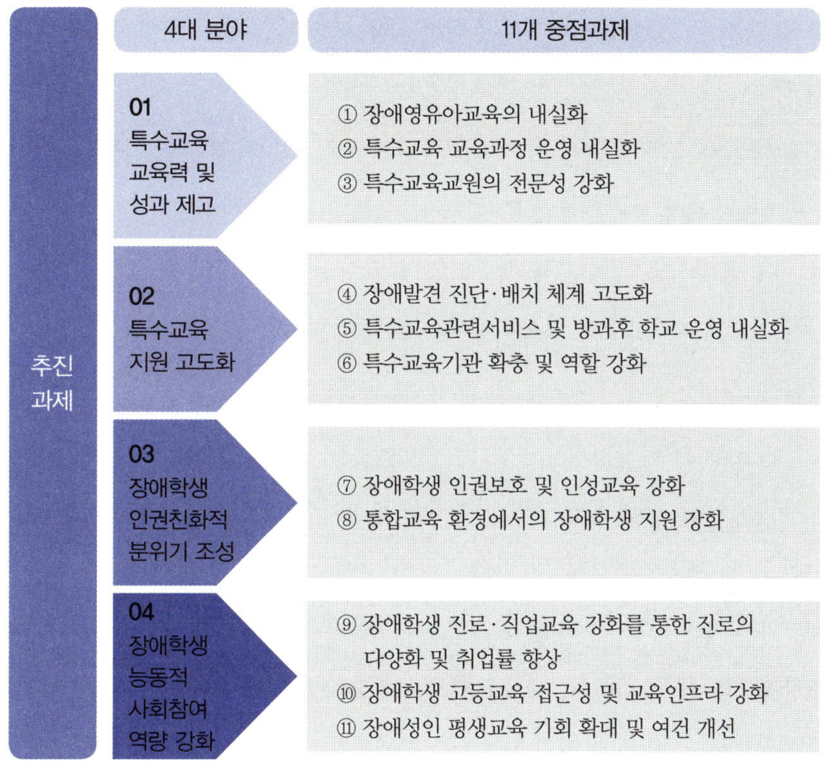

가. 학생 개개인의 장애유형과 정도를 고려한 맞춤형 교육지원으로 교육성과 제고

1) 장애유형·정도를 고려한 특수교육 교육과정 교과서 및 지도서, 보완자료 등 개발·보급

장애유형과 정도를 고려한 중도·중복장애, 감각장애 및 지체장애 학생을 위한 특수교육 교육과정 운영 지침을 마련하고, 특수교육 교육과정 교과서 및 지도서 60종, 감각·지체·중복장애 보완자료 40종 등을 개발한다.

2) 지역특성 및 장애유형·정도를 고려한 맞춤형 관련서비스 등 제공

수요자 중심의 특수교육 관련서비스 지원 체계를 구축하여 보다 정교한 특수교육 관련서비스를 지원한다. 지역 여건 및 특성을 고려한 치료지원 제공을 위해 정책연구를 통한 개선방안을 마련하고, 장애학생 개인별 맞춤형 관련서비스 지원을 위해 병원·복지관 등 유관기관과 유기적으로 협력해 나간다. 또한, 일반학교에 다니는 시각 및 청각장애학생 지원을 위해 거점지원센터를 확대·운영한다.

3) 수화 및 점자 등 관련자격 소지자에 대한 임용 시 가산점 부여 등 장애유형별 교수 전문성 강화

특수교사 선발 시 수화 및 점자 등 특수교육관련 자격 소지자에 대한 가산점을 부여하여 예비교사 단계에서부터 장애유형별 교수 능력을 신장시킬 계획이다. 특수교육교원의 전문성 향상을 위해 교과지도, 특수교육 핵심영역 및 장애유형별 역량강화를 위한 연수과정을 확대 개설하고, 특수교육교원의 장애학생 문제행동 중재능력 향상을 위한 자료 개발 및 연수를 실시한다.

나. 특수학교(급) 신·증설 등을 통해 장애학생 교육여건 대폭 확충

1) 특수학교, 특수학급 연차적 신·증설

장애학생의 원거리 통학 및 과밀 특수학급 해소를 위하여 2017년까지 특수학교와 특수학급을 연차적으로 신·증설한다. 2017년까지 특수교사 법정정원 확보를 위해 적극 노력하고, 공립학교 특수교사 법정 정원의 확보는 안전행정부 및 기획재정부 등과 협업을 통해 연차적으로 확대한다.

2) 장애영·유아 교육력 향상을 위한 유치원 특수학급 신·증설

장애영·유아 교육여건 조성을 위해 유치원 특수학급을 확충하고, 장애영·유아 교육 프로그램을 개발하여 보급한다. 장애유아를 위한 활동중심 교수·학습 프로그램 개발 및 3~4세 장애유아 지도를 위한 교사용 지도서를 개발하여 보급한다.

다. 안전하고 행복한 학교생활을 위한 장애학생 인권보호 강화

1) 장애학생 인권보호 상설모니터단 190여 개 운영

전국 특수교육지원센터에 설치된 장애학생 인권보호 상설모니터단(190여 개, 위원 1,500여 명) 운영을 통해, 매월 1회 이상 관내 초·중·고·특수학교를 대상으로 상시모니터링을 실시하고, 장애학생 인권침해 사례 발생 시에는 신속한 보고와 조치가 이루어지게 된다.

2) 일반 학생 및 교원의 장애인식개선을 통한 통합교육 분위기 조성

전국 모든 학생을 대상으로 하는 장애이해교육을 최소한 연 2회 이상 실시하여, 일반 학생이 장애를 이해하고 함께 더불어 공부하는 통합교육 분위기를 조성한다. 유·초·중·고 학생 대상 장애이해 드라마를 제작·보급하고 장애이해 사진전 및 실천사례 공모전 등을 확대하며, 일반 학생·학부모·교사 대상의 다양한 장애인 예술행사를 통하여 범국민 대상 장애인식 개선을 추진한다.

라. 고등학교부터 체계적인 진로·직업교육 제공

1) 통합형 직업교육 거점학교 효과성 확대 등 장애학생 창업·취업지원 확대

장애학생 개개인의 능력·특성을 고려하고 거주지에서 쉽게 접근하여 현장중심 직업교육을 받을 수 있도록 통합형 직업교육 거점학교를 연차적으로 확대하고, 특수학교 학교기업이 보다 내실 있게 운영되도록 지원한다. 또한 일반고 특수학급, 특수학교 고등학교과정 학생을 대상으로 특성화고, 마이스터고, 전문대학 및 폴리텍대학에 위탁교육 기회를 확대하고, 장애학생의 전문직업인 양성을 위해 전문대학교와 연계한 장애학생 창업·취업 지원을 확대한다. 장애학생의 현장중심 직업교육을 강화하고 고용노동부 및 보건복지부 등 관련 부처간 협업을 통한 창업·취업지원으로 취업률 40%를 달성할 계획이다.

※ 고등학교 및 전공과 졸업생 취업률 : '12년: 35% → '17년: 40%

2) 장애학생의 고등교육 및 평생교육 기회 확대 및 교육인프라 확충

장애학생의 대학 입학정보 제공 확대 등을 통해 접근성을 강화하는 한편, 특별전형 제도 개선 등을 통해 다양한 분야에서 우수한 재능을 가진 장애학생의 진학 기회를 확대한다.

※ 특별전형 가이드라인에 특정 영역 우수 장애학생(예술, 체육, 문학 등)에 대한 입학 기회 확대 및 지원 강화 또한, 장애대학생의 교육지원을 위해 보조공학기기 보급, 장애대학생 도우미 지원 등을 연차적으로 확대한다.

5. 특수교육 관련 정책 이해

가. 장애학생 인권보호 강화

1) 추진 목적: 장애학생이 자신의 권리를 알고 지킬 수 있도록 성폭력 예방 등 인권보호에 관한 내용 안내 및 인권침해 예방교육의 강화

2) 장애학생 대상 성교육 강화 특수학교 및 일반학교 장애학생을 대상으로 매 학기 1회 이상 성교육 실시

3) 특수교육지원센터 내에 '상설모니터단' 운영

- 시·도 교육청, 교육지원청 전문직 및 특수교육지원센터 내 인력과 지역 내·외부 전문가로 구성(7명 이상)

4) 장애학생 인권교육 강화

가) 일반학교 초·중·고 학생대상으로 장애이해 및 장애학생 성폭력 예방 교육 연 2회 실시 정착화

나) 국가인권위원회(어린이·청소년인권교실 콘텐츠, 인권문화마당-별별이야기) 및 국립특수교육원(중·고등학생을 위한 장애학생 학교폭력 예방 프로그램) 자료 활용

다) 일반 학생 및 교직원을 대상으로 장애인 권리에 대한 교육 실시

라) 특수학교(급) 장애학생 대상 연 2회 이상 인권보호에 관한 교육 실시

마) 각급학교에 장애학생 인권보장을 위한 내부규정을 두도록 지도

바) 장애학생 인권보호를 위한 일반교사와 협업 체계 구축

5) 방과후 장애학생 대상 폭력(성폭력 포함) 피해예방

특수학교와 관할 경찰서의 협력을 통해 방과후 장애학생 대상 폭력(성폭력) 피해 예방 강화

나. 특수교육대상자 진로 · 직업교육 내실화

1) 추진 목적

가) 특성화고, 전문대학 등 직업교육 전문기관과의 협업을 통한 특수교육대상자 진로·직업교육 전문화 및 다양화

나) 일반교사와 특수교사 간 협조체계 구축을 통한 특수교육대상자 진로·직업교육 성과 향상

다) 지역사회 사업체 및 유관기관 간 연계 협력체제 구축을 통한 특수교육대상자의 취업률 향상

2) 지역사회 연계 특수교육대상자 취업·창업교육 지원

• 특수교육대상자 직무전문성 강화를 위한 직업교육 전문기관 위탁교육

3) 특수학교「학교기업」의 효율적 운영

가) 예산 운영이「학교기업회계처리규칙」에 따라 운영될 수 있도록 시·도 교육청의 상시 지도·감독

나) 학교기업 전담 부장교사 배치, 특수교사 추가 지원, 담당교원과 시·도 교육청이 협의하여 전보유예: 조치 등 학교기업 운영 담당 교원의 업무 경감 및 인력 지원 방안 계획 수립 및 추진

다) 학교기업의 회계, 영업, 홍보, 취업알선, 연계 사업체 발굴 등 지원·보조 업무 수행을 위한 직업교육 지원 인력 배치

라) 우수 업체·기관과의 협약 체결 및 연계 운영, 생산품에 대한 홍보 및 판로 개척 지원 등 지역 여건을 고려한 운영 다양화 및 활성화 지원

4) 특수교육대상자「통합형 직업교육 거점학교」의 효율적 운영

가) 지역 특수학급 학생들에 대한 직업교육·훈련 지원 및 컨설팅 등 제공으로 특수교육대상자 직업교육 거점학교로서의 역할 수행

나) 거점학교 내 일반교사와 협업하여 전문 직업교육 지원

다) 거점학교 전담 부장교사 배치, 특수교사 추가 지원, 담당교원과 시·도 교육청이 협

의하여 전보유예 조치 등 거점학교 운영 담당 교원의 업무 경감 및 인력 지원 방안 계획 수립 및 추진

라) 거점학교 담당 교원의 업무 경감을 위해 사업체 발굴, 취업알선 및 제반 관련 업무 수행을 위한 직업교육 지원 인력 배치

마) 한국장애인고용공단 지사, 장애인복지관 등 지역사회의 유관기관과 연계하여 직업교육·훈련 실시 및 취업지원

5) 전공과 확충 및 운영 내실화

가) 지역 여건과 수요를 고려한 전공과 설치 확대 및 운영 다양화 추진

나) 장애 유형 및 정도에 따른 자립생활훈련 및 직업재활훈련 제공을 위한 전공과 프로그램 운영 다양화

다) 일반학교 전공과 배치 특수교육대상자를 위한 개별화교육계획 수립·운영 시 일반교원의 지원 및 참여 확대

6) 특수교육대상자의 지역 내 일자리 참여 확대를 통한 현장 중심 진로·직업교육 강화

가) 각급학교 내 장애인 일자리 참여 확대

나) 특수교육-복지연계형 일자리 참여 확대

7) 유연한 교육과정 운영을 통한 진로·직업교육 활성화

가) 고등학교 과정 이상 특수교육대상자의 현장실습, 지원고용 실시 등 직업교육 활성화를 위해 직업교육과정을 유연성 있게 운영

나) 특수교사와 일반교사 간 협력수업 등 협업체제 구축 강구

다) 현장실습의 활동유형, 인정절차, 인정범위, 인정시간 등을 학칙에 정하여 수업으로 인정

8) 다양한 진로 정보 및 특수교육교원의 직업교육 역량 강화

가) 특수교육교원에 대한 직업교육 역량 강화

나) 특수교육대상자 진로·직업교육 관련 성과지표의 보급 및 활용 확대

다) JOBable 활용 등 진로·직업교육 정보 제공 및 이력 관리 강화

6. 특수교육 대상학생 선정 배치 절차

〈그림 4-3〉 특수교육 대상학생 선정 배치 절차

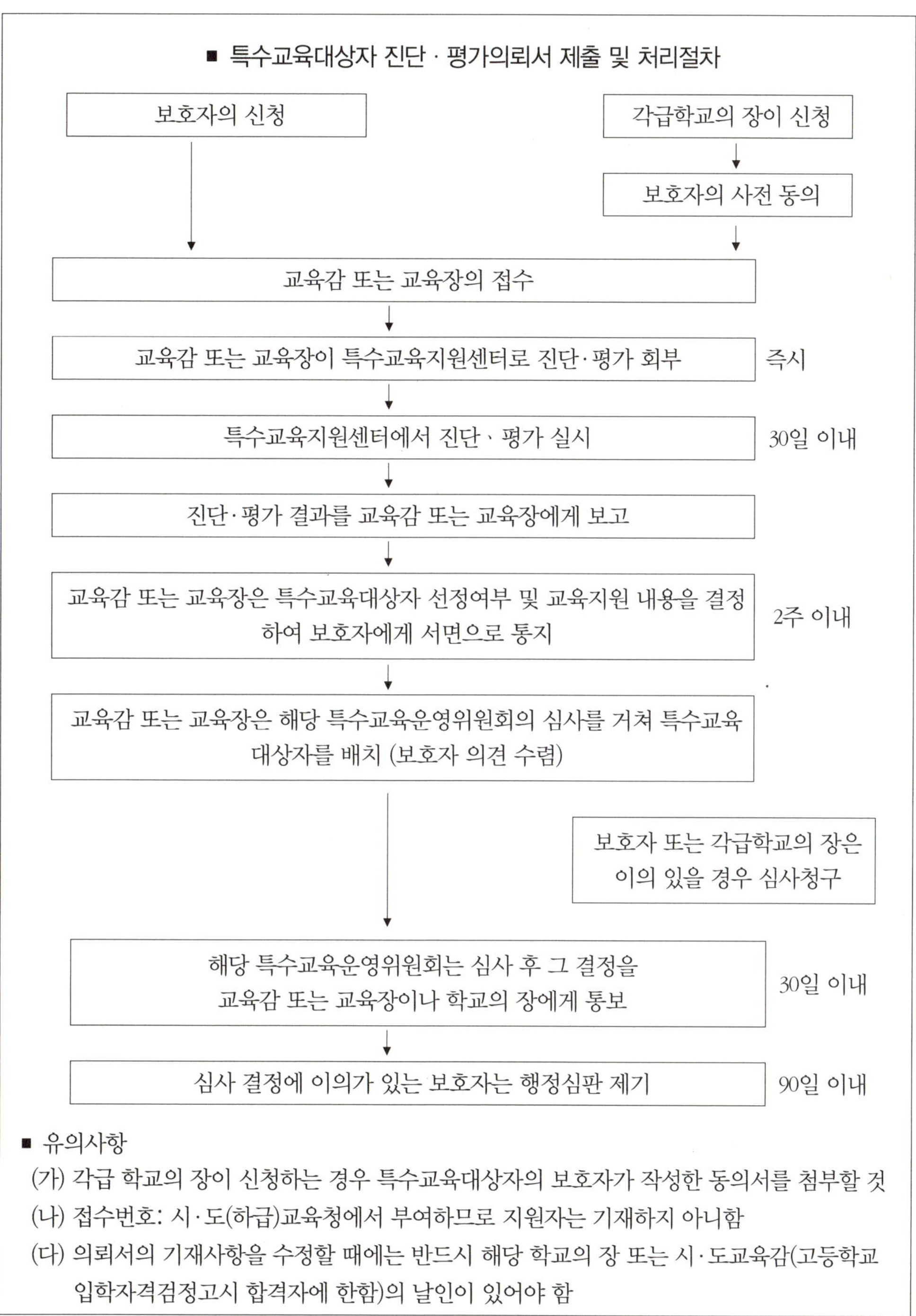

Ⅱ. 장애아동 방문지도사의 역할

1. 장애아동 방문지도사 사업 개요

가. 사업 목적

1) 장애아동 기본 학습과 관련 된 홈티칭(home-teaching) 방식의 학습지원서비스를 제공함으로 사회통합력 향상

2) 장애아동에게 방과후 학습지원을 받을 권리를 보편적인 서비스로 하기 위한 사회적 지지기반 마련

3) 전문적인 서비스 제공자 양성을 통한 장기적으로 취업 여성의 자립기반 마련

나. 서비스 대상

1) 선정 기준

가) 특수교육대상아동 방문학습지원 서비스

기초생활수급가구 100% 이하 만 5세~만 18세 이하의 특수교육대상아동(장애등록을 하지 않았어도 특수학급에 입급되어 있는 학생)

2) 선정 우선순위

가) 1순위: 기초생활수급가구 100% 이하의 가구의 특수교육대상아동

나) 2순위: 차상위 120% 가구의 특수교육대상아동

다) 3순위: 차상위 120% 초과 가구의 특수교육대상아동

다. 서비스 내용 및 제공절차

1) 서비스 내용

가) 인지학습: 국어, 수학 등 인지 학습 진행. 교재 및 보조교재 사용

나) 일상생활훈련: 인사, 대소변 훈련, 의복 착·탈의, 식사지도, 위생 관리 및 버스타기, 시장놀이 등 장애아동 특성에 맞는 학습 및 일상생활 지원

다) 서비스 제공 주기: 주 1회, 1회당 50분(학습, 훈련시간 40분+부모 상담 10분)

라) 제공방법: 아동의 가정으로 서비스 수행자가 직접 방문

마) 제공절차

(1) 특수교육대상 아동 부모가 서비스 신청

(2) 기초·접수상담을 하여 서비스 내용 설명 및 서비스 종류별 희망 이용시간 접수

(3) 진단에 의한 커리큘럼 작성 및 부모와의 커리큘럼 협의

(4) 부모와 이용계약 체결

(5) 이용자별 커리큘럼에 의해 서비스 제공

2) 서비스 제공인력 현황

가) 제공인력 자격 요건

(1) 특수아동지도사자격증 소지자이며 장애아동 돌봄 실무경력 1년 이상인 고졸 이상 학력의 여성

(2) 지역사회서비스투자사업 제공인력 자격기준 고시 제정(안)의 아동돌봄서비스 영역의 자격요건에 해당하는 여성

(3) 정교사, 「영유아보육법」 제21조에 의한 보육교사(이하 "보육교사"), 「유아교육법」 제22조 제2항에 의한 유치원정교사(이하 "유치원정교사"), 사회복지사, 독서지도사, 「자격기본법」에 의한 방과후지도사, 청소년지도사

(4) 상담학, 상담심리학, 심리학, 아동청소년학, 유아교육학, 교육학, 사회복지학, 보육학, 가족복지학, 아동복지학 학사학위 이상자로서 아동관련 사회서비스분야 1년 이상 경력자

2. 특수교육 복지인력 운영 사례

가. 미국

1) 국가적인 지원 및 법적토대

전통적 지원
사무적인 보조 일대일 보조

⇒

현재 지원
장애아동의 학업지도

가) 예산 보유 정도에 따라 보조원이 담당하는 학생수의 차이가 있다.

나) 일 대 일 보조원의 활용이 증가하는 추세이다.

보조원 평균 연령	전체 경력	특수교육계 근무 경력
44세	7.9년	6.5년

다) 보조원에 대한 용어: teacher's aide (assistant), instructional aide, assistant teacher

2) 자원 및 역할

가) 특수교육 보조원, 일반교육 보조원, 이중 언어 사용자를 위한 보조원의 역할 수행

나) 평균 각 주마다 5개의 학급에서 21명 아동을 담당하고 있다. 그중 15명이 장애를 지닌 학생이며 그 외 부진아, 이중 언어 사용자를 지원하고 있으며 이중 언어 사용자를 위한 보조원의 언어(영어 외) 사용능력은 특수교사보다 2배나 우수한 편이다.

보조원의 교육 경력 및 특징	· 전문대학(38%) 졸업자가 고졸 이하(29%)의 졸업자보다 많다. · 보조원 자격증이나 증명서 소지자 13% · 보조원의 6%는 교사자격증이나 교육관련 면허증 소지자이며 대학의 학업 경험은 매우 중요하게 여겨진다. · 대학교와의 연계 및 협력과정을 통해 고졸 이상, 대학생(낮: 보조원, 밤: 학업)도 있다. · 특수교육 계통에 배경이 있거나 유경험자 우대 · 장애학생의 부모가 많은 편이다. · 연령 제한 없으나 연령은 높은 편. 15~20년의 경력보유자가 많다.

다) 역할의 분담

특수교사	보조원
· 모든 교육과 관련된 계획 수립 · 교육 계획 작성 후 지시하고 감독	· 계획에 준하는 자료를 자르고 붙이는 등의 제작 · 소그룹 교수지원, 복도나 학습실 모니터 · 일 대 일 학습지도, 교사와의 면담, 자료 계발, 학생에 관한 자료 수집, 행동관리 계획 수행, 개인적 보살핌 지원

라) 교육청 보조원을 지원하는 안내서에 보조원의 주요 임무 명시

3) 교육 및 배치

지원자격 구비	→	구직등록 (지역구교육청)	→	서면 시험	→	신원조회 신체검사	→	하루 정도의 연수	→	워크숍 실시

가) 배치 전(前): 지역구 교육청에서 제공하는 소책자를 제공한다.

특수교육, 장애정도 및 장애유형의 이해를 돕는다.

나) 근무기간: 보조원이 시간(양)을 선택해서 근무하여 당일 교육시간만큼 급료를 지급 받는다.

다) 의무과정: 1년에 2~3번(2~3일)

라) 일 대 일 보조원에게는 따로 워크숍을 실시한다.

4) 복무관리

교육보조원 Ⅰ	고등학교 졸업자로서 사립학교, 교회학교, 보육원 등에서 학생 및 학부모와 함께 일한 경험이 있음
교육보조원 Ⅱ	Ⅰ을 가지고 2년 이상 근무 or 아동발달에 관한 15학점 이상의 대학학점을 취득한 사람
교육보조원 Ⅲ	Ⅰ 또는 Ⅱ를 가지고 3년 이상 근무 or 아동발달에 관한 학점 30학점을 취득한 사람

가) 자격증은 영구적인 효력을 지닌다.

나) 평가: 1년에 1회 일하는 능력, 사회성, 교사와의 관계 등 총 점수 산출

5) 캘리포니아 주 특수학교의 보조원 활용 사례

근무시간: 오전 8시~오후 2시 30분(6시간 근무 전일제)

시간제가 많아 연금제도의 적용을 받지 못한다

나. 독일

1) 국가적인 지원 및 법적토대

가) 특수교육자: 담임교사와 특수교사 이외의 모든 직원으로 보조자를 특수교사와 구

분(1965년 이후)

나) 물리치료사와 특수교육보조자가 보조원에 합류

2) 자원 및 역할

가) 실습학생: 특수교육학 전공, 특수교육과 관련된 교육에는 의무사항

나) 사회복무요원

다) 실습지원자 및 아르바이트생: 특수교육을 전공하기를 원하는 학생들이 경험을 쌓기 위함

3) 교육 및 배치

가) 특수교육 전문대학: 국가공인의 특수교육자 자격 취득

나) 직업을 동반한 특수교육학적 교육과정은 특수교육학 자격증이 없는 보조원에게 현장중심의 전반적인 특수교육과정을 제공하기 위해 실시한다.

4) 복무관리

가) 특수교사만이 교육목적에 맞는 수업을 할 수 있다는 견해가 우세하다.

나) 특수교사가 시간적으로 모두 담당할 수 없는 경우에만 보조원을 투입하며 특수교육 전문대학 졸업자에 한한다(특별한 재교육 없음).

다. 호주

1) 국가적인 지원 및 법적토대

1960년대		1970년대		1980·90년대		최근
학교 운영을 지원하는 사무적 행정적 지원의 제한적	→	학습프로그램 준비를 보조	→	경제적인 여건에 의한 감축	→	학습을 증진, 통합을 위한 필요

2) 자원 및 역할

시각·청각장애	· 물리적 환경조성
	· 청각도구를 관리
	· 장애아동에 대한 이해

자폐성 장애	학생 지원	학생의 독립, 수업의 참여, 분리수업의 최소화, 의사소통 기회와 능력 증진
	교사 지원	수업내용의 효과적인 전달, 학교의 행사와 행정 보조, 교육전문인으로의 역할
정신지체	· 수업시간에 적극적으로 관여 : 학생의 학습 방법 파악, 스스로 수업에 참여하도록 보조	

3) 교육 및 배치

일반학교에 입급된 장애아동을 위해 학습의 효과를 향상시키기 위해 보조원 고용 즉, 정보기술(IT), 컴퓨터 기술지원, 학생의 읽기 지원과 특수교육의 기술 및 지식 분야, 응급처치의 내용 등을 지원한다.

4) 복무관리

가) 지원문서에 업무내용을 권고하고 있음

(1) 학생관리: 통학할 때 교통정리

(2) 점심시간의 관리

(3) 근무시간: 근무시간에 신축성 운영

(4) 다양한 자기개발 교육프로그램 제공

※ 자원봉사 차원에서 시작하였다가 정규교사의 추천 등으로 인한 정식 보조원이 되는 경우가 많다.

라. 그 외 국가

1) 일본

가) 교사가 아닌 조교(학교 자체적으로 취직)로서 식사지도 위주로 지원한다.

나) 보조원제보다 복수담임제 또는 팀교수를 활용한 협력이 많다.

2) 캐나다의 밴쿠버

가) 보조원제가 모든 장애아동이 통합될 수 있는 제도의 기반에 중요한 역할을 함

나) 보조원: 2년제 프로그램을 졸업했거나 관련경험이 있는 자(행동수정 중도장애, 경도장

애, 발달장애, 자폐증, 아동발달, 보조공학, 대인 관계기술 등 6주간의 실습을 한 자)

3. 방문지도사 활동의 배경

가. 특수교육 대상학생은 공교육 이외의 별도의 교육지도를 받고 있지 못하는 실정이다. 장애로 인해 발생한 학습과정에서의 제약들은 특수교육 대상학생 본인과 보호자가 해결할 문제라는 인식이 많다.

나. 특수교육 대상학생 중 가정 재택교육을 받고 있는 아동들은 6.5% 정도로 추정되고 있어 실제 가정 내에서 교육을 받는 수혜율은 굉장히 낮다.

다. 장애학생 및 영유아의 84.8%가 공교육기관에서 제공되는 치료교육 부족 등으로 인해 사교육을 실시하고 있으며 이 가운데 53.6%는 3가지 이상의 사교육을 받고 있는 것으로 나타났다. 한 달에 지출하는 사교육비의 액수를 묻는 조사에 30만원 미만이 37.9%에 불과했으며 30만원 이상 90만원 미만이 54.8%, 심지어 90만원 이상을 지출하는 경우도 7.3%나 있는 것으로 조사됐다. 사교육기관의 형태로는 56.5%와 55.4%의 대상자들이 복지관과 사설기관을 이용하고 있으며, 병원(10.2%), 장애인단체(4.0%), 기타(6.2%)순으로 나타나 복지관과 사설기관의 의존도가 높은 것으로 조사됐다. 이처럼 장애인 자녀의 사교육의 실시에 대해 응답자의 79.7%가 '공교육기관이 부족해서'라고 응답해 공교육기관 부족의 심각성을 여실히 드러냈다. 반면 사교육을 실시하지 않는 15.2%의 응답자의 경우 실시하지 않는 이유에 대해 '교육비가 많이 들어서'라는 응답이 67.9%, '아이의 장애와 관련하여 마땅한 교육기관이 없거나 교육기관이 부족해서'라는 응답이 25%로 나타나 사교육의 필요성은 절감하지만 경제적 부담이나 공교육기관 부족 등으로 인해 실시하고 있지 않는 것으로 조사됐다. 장애인교육권연대가 '2004 장애아동 사교육 실태조사' 결과 이같이 조사되었다. 조사 내용으로 보아 장애아동의 경우 교육의 필요성은 절실하지만 공교육에서는 해당 교육이 없거나, 지원이 불가능하며 높은 비용으로 가정경제에도 큰 영향을 미치게 된다. 교육비의 부담으로 치료조차 받지 못하는 장애아동도 있다고 조사되었다.

장애아동(특수교육대상아동)에 대한 교육비 절감과, 개별 대상자 맞춤형 학습지원 서비스로 "어울누리" 프로그램은 일부 공적인 영역에서의 지원으로 부족한 공교육, 높은 비용의 사교육의 대안으로의 사회 서비스의 역할을 할 수 있을 것이라고 생각된다.

라. 미국 등에서는 연방 정부에서 법률에 명시해 놓고 장애학생이 원하는 서비스를 지역사회와 연계하여 언제라도 지원을 받을 수 있도록 해 놓고 있다. 그러나 우리나라의 현실에서는 관련 서비스라는 개념 자체가 없고 취학편의라는 단편적인 개념으로 그 지원 내용을 법적으로 규정하고 있을 뿐이다. 특수교육대상자가 학교에서 적절한 관련 서비스(학습)를 받지 못했을 경우 이에 대해 이의를 제기할 수 있는 어떤 명분도 없어 학습권에 불합리한 점이 있어도 참아야 하는 상황이기도 하다.

마. 재가 장애아동(미취학 아동 및 방과후 장애아동)을 위한 학습 지원 서비스의 필요는 많지만 자원부족과 사설 치료센터의 높은 비용으로 인해 서비스를 이용하지 못하는 장애아동이 많고 특히 가정으로 찾아가는 홈티칭 방식의 지역자원은 거의 없는 실정이다.

바. 학교에서의 개별화 교육과 가정에서의 학습을 연계할 수 있는 사회적 서비스가 부족하여 이에 대한 책임을 장애아동의 양육자에게 전가하여 장애아동의 교육과 사회통합이 어려울 뿐만 아니라 장애아동 부모는 최소한의 여가 시간도 가질 수 없는 어려움이 있다.

사. 여성 가구주의 빈곤 여부는 취업 여부와 큰 관련이 있다. 모자가구의 모가 비취업 상태일 경우 가구소득이 최저생계비 이하일 경우가 70%에 달하는데 비해 취업할 경우 최저생계비 이하일 가능성은 14%로 감소한다. 그럼으로 빈곤율은 감소하며 여성이 활동할 수 있는 성취감 높은 일자리가 필요한 현실이다.

아. 인천지역자활센터협회의 장애통합교육보조원공동사업단에서 2007년 9월 특수교육대상 아동 부모 554명을 대상으로 실시한 설문조사에서 66.6%(369명)가 이와 같은 유료서비스를 이용할 의사가 있다고 응답하였으며, 2013년 인천지역의 특수교육대상 아동수가 2,886명인 점 등을 고려하면 장애아동 가정방문지도사의 역할은 매우 중요하다고 할 수 있다.

연구과제

1. 장애아동의 개별적인 요구와 필요에 맞는 교육을 하기 위해 필요한 것이 무엇인지 알아봅시다.
2. 장애아동에게 적합한 교육을 위한 배치 방법에 대하여 알아봅시다.
3. 가정방문지도사로서의 바람직한 자세와 태도에 대하여 토의하여 봅시다.

참고문헌

교육부(2011). 2011 특수교육통계.

교육부(2013). 제4차 특수교육발전 5개년 계획.

교육부(2014). 2014 특수교육통계.

교육부(2014). 2014 특수교육 연차보고서.

교육부(2015). 2014 특수교육 운영계획.

국립특수교육원(2010). 특수교육실태 국제동향.

국립특수교육원(2014). 2014 특수교육실태조사.

부평남부지역자활센터(2007). 어울누리 사업계획서. 미간행.

서울경인 특수학급 연구회(2009). 통합교육의 징검다리.

한국보건사회연구원(2011). 2011 장애인 실태조사.

5 특수아의 문제행동 지도

Ⅰ. 문제행동에 대한 이해

Ⅱ. 문제행동 중재방법

Ⅲ. 문제행동 중재 시 유의사항

학습목표

- 문제행동의 개념을 이해하고 특수아동의 문제행동 기능을 이해한다.
- 문제행동의 예방을 위한 조기 중재와 교육적 중재를 이해한다.
- 특수아동의 문제행동 지도 시 유의해야 할 사항을 안다.

I. 문제행동에 대한 이해

아동들이 발달 과정에서 행하는 긍정적이거나 혹은 부정적인 많은 행동들은 성장하면서 보일 수 있는 정상적인 행동이다. 부정적인 또는 부적절하다고 여겨지는 행동들도 장애와 상관없이 성장과정에서의 미숙함으로 모든 아동들에게서 나타날 수 있다. 하지만, 대부분의 아동들은 그러한 성장과정 중에서 상황에 따라 자신의 행동이 수용될 수 있는지 없는지를 배우고, 부적절한 행동을 조절할 수 있는 기술을 습득하게 되지만 특수아동들은 이를 신속히 판단하고 적절히 조절하는데 어려움을 보인다.

대부분의 아동들이 보이는 일상적인 행동은 분명한 이유가 있다고 생각되지만 행동의 형태가 정상적인 범주를 넘는 경우는 그 이유를 이해하고 설명하기가 쉽지 않다. 의사소통장애와 지적장애를 가지고 있는 지수는 뜻을 알 수 없는 소리를 왜 하루 종일 반복해서 중얼거릴까? 자폐성장애를 가지고 있는 민호는 왜 자기 손등을 물거나 주변 사람을 때리는 걸까? 특수아동은 대부분의 사람들이 이해하기 어렵고 어떻게 대응해야 하고 도움을 주어야 하는지 알 수 없는 크고 작은 '문제행동'을 보인다.

이렇게 특수아동들이 보이는 문제행동들은 본인의 생활과 학습에 방해가 될 뿐만 아니라 같은 환경에서 생활하는 가족, 친구, 이웃 등의 주변 사람들에게 부정적인 시각을 가지게 하고, 그들의 삶의 질에도 긍정적이지 않은 영향을 미친다.

문제행동은 특수아동의 신체적, 사회적, 정서적, 교육적 및 경제적으로 심각한 결과를 초래하므로 교육의 우선적 중재 목표이며, 문제행동에 대한 적절한 대응과 예방 및 교수전략은 특수아동을 가르치는 교사뿐만 아니라 통합교육 환경의 특수교사나 일반교사들, 부모들에게도 가장 필요로 하는 것 중의 하나이다. 문제행동을 가지고 있는 특수아동과 관련된 교사, 부모 등 아동의 주변인들의 목표는 문제행동의 발생을 예방하고, 문제행동을 적절히 중재하며, 필요한 경우 문제행동과 관련해서 장기적인 지원을 제공하는 것이다. 이를 성취하기 위해서는 특수아동의 문제행동의 특성과 그 기능을 이해하며 행동지도의 기본적인 원리와 다양한 교수방법을 이해함으로써 적절한 중재전략을 계획하고 실시해야 한다.

1. 문제행동의 개념

문제행동의 정의는 절대적인 것을 다루는 것이 아니라 인간 행동의 정도를 다루는 것이다(방명애, 최하영, 2009). 문제행동의 발생은 행동 자체만이 아니라 주변 환경의 물리적, 인적 환경과 밀접하게 관련되어 있기 때문에 그 자체로서 나쁘다고 단정하기보다 학생 개별의 욕구와 환경과의 관계 속에서의 목적(기능)을 파악하는 것이 중요하다. 학생의 특정행동을 문제행동으로 결정하는 것은 다음과 같은 질문들을 고려해 보면 대체적으로 부모나 교사의 주관적인 판단에 의해서 결정된다는 것을 알 수 있다(방명애, 최하영, 2009).

- 문제행동의 빈도나 강도가 어느 정도여야 지나치게 빈번하거나 심한 것인가?
- 얼마나 파괴적이며 해로워야 문제행동인가?
- 어떤 행동이 사회적으로 수용될 수 있는가?
- 언제 문제행동이 가장 문제가 되며 언제 중재가 필요한가?

따라서 학생이 보이는 문제행동 중 어떠한 특정행동이 문제행동이냐 아니냐를 결정하는데 있어서 대상아동의 연령, 발달수준, 행동의 발생빈도, 지속시간, 강도, 발생상황 등을 고려하여 특정행동을 정의하는데 의견 차이가 있을 수 있으나 '문제행동'은 한 개인의 행동 중 지속적이며 가장 지배적이고 두드러지게 나타나는 행동으로 심각한 결과를 초래하여 중재가 시급한 행동이라고 규정할 수 있다.

이러한 문제행동은 학생의 정서적, 신체적 조건과 관련하여 나타날 수도 있고, 교수전략이나 교육과정 내용과도 관련되어 나타날 수 있으며, 다양한 환경 조건에 의해 나타날 수 있다(박승희 외, 2008). 문제행동 중재는 교사나 다른 전문가들에게 도전적인 과제이지만 그 외 특수아동을 지도하고 지원하는 활동가들에게는 가장 도움이 필요한 영역이다.

2. 문제행동 중재를 위한 행동이론의 이해

가. 행동주의 학습이론

역사적으로 인간이 나타내는 여러 형태의 문제행동을 이해하기 위해 다양한 접근들이 이루어져 왔다. 행동주의 이론은 Ivan Pavlov의 학습개념을 토대로 한 '고전적 조건형성'과 관찰 가능한 행동의 변화에 강조점을 두고 있는 Skiner의 '조작적 조건형성' 이론을 배경으로 하고 있다. 행동주의 학습이론은 학습을 경험의 결과로 나타나는 관찰할 수 있는 행동의 변화라고 정의하고 있는데 이 행동은 자극, 유기체의 조건, 반응, 그 반응의 결과 등으로 구성되어 있고 행동은 학습에 의해 이루어진다는 전제하에 학습된 행동은 여러 개의 다른 학습과정의 결과라고 본다. 이러한 주장은 모든 행동이 무한한 순응성을 갖고 있으며 외부의 강화에 의해 학습된다는 사실을 내포한다. 그러므로 사람들은 주위 환경에서의 피드백에 반응하여 행동을 수정하게 된다. 다시 말하면 어떤 유형의 부적절한 행동이라도 유발조건이나 반응양식을 수정한다면 문제행동이 변화되거나 소거될 수 있다고 본다. 이러한 행동주의 학습이론의 중재 체제를 임상적으로 응용하는 방법이 행동수정이다.

나. 응용행동분석

위의 행동수정의 내용에 개별화의 원리가 합해지면서 행동의 기능에 관심이 더해진 것이 응용행동분석이다(부산광역시 교육청, 2014). 아동이 어떤 행동을 하고 난 후 원하는 결과를 얻게 되면 그 행동을 다시 하게 되는데 이러한 행동이 다른 아동에게도 같은 유형으로 나타난다 하더라도 개인에 따라 행동의 기능(목적)은 다를 수 있다. 따라서 이러한 문제행동을 수정해야 하는 대상으로 보기 보다는 문제행동을 통해 아동이 원하는 요구가 무엇인지를 파악해야 하는 즉, 응용행동분석은 행동의 기능을 이해하고 행동에 영향을 미치는 환경의 특성을 확인하는 것을 우선으로 한다. 이러한 확인 과정을 수행하는 것을 기능적 행동평가(FBA: Functional Behavior Assessment)라고 한다. 이러한 기능평가의 핵심단계는 ① 문제행동의 정의 ② 선행사건 기록하기 ③ 후속결과를 유지하는 조건 찾아내기이다(부산광역시 교육청, 2014).

다. 긍정적 행동지원

긍정적 행동지원은 학습과 행동 변화에 대한 정확한 측정 및 체계적이고 과학적인 접근법인 응용행동분석에 그 근원을 둔다. 긍정적 행동지원은 특수아동이 보이는 문제행동을 예방하고 감소시키는 중재전략일 뿐만 아니라 해당 아동에게 필요한 사회적, 학습적 성과를 달성할 수 있도록 지원하는 체계적이고 종합적인 개별화 전략이다. 아동과 더불어 가족과 주변인들의 삶의 질을 증진시키고 문제행동을 최소화하기 위하여 아동이 수행할 수 있는 행동의 목록을 확장시키는 교육적 방법이자 개인의 생활환경을 재구성하는 체계 변화 방법이다(부산광역시 교육청, 2014). 긍정적 행동지원은 아동이 보이는 행동의 기능을 평가하여 문제행동이 발생하는 원인이 되는 선행사건을 파악하고 이를 중재하여 문제행동을 예방하고, 문제행동이 지속되도록 영향을 주는 후속결과를 적절히 조치하여 문제행동을 감소시키거나 대체기술을 가르쳐 긍정적인 행동을 습득하도록 하는 것을 목적으로 하며 문제행동의 중재뿐만 아니라 지속적인 평가와 더불어 아동과 가족을 위하여 장기적인 지원을 실시하는 체계적이고 전인적인 행동지원 방법이다.

3. 문제행동의 유형

문제행동은 진단적이라기보다는 설명적이어야 하나 문제행동을 절대적인 의미로 정의하는데 한계가 있듯이 문제행동 유형도 여러 학자의 다양한 관점으로 정의되고 분류되고 있다. 이에 대표적인 분류 유형을 부산광역시 교육청에서 발행한 '장애학생의 문제행동 중재 매뉴얼'(2014)에서 소개한 유형을 중심으로 소개하고자 한다.

가. Kaufman의 분류 유형

Kaufman(2002)은 문제행동을 공격적이고 반사회적인 행동, 부적절하고 미성숙한 행동, 인격 장애의 3가지 유형으로 분류하였다.

■ 공격적 반사회적 행동

- 소유권과 규칙에 대하여 공격성을 보임

- 불복종적이고 부정적임
- 이기적이고 질투가 심하고 과잉행동을 나타냄
- 과도하게 말을 많이 함
- 난폭한 말과 욕설을 심하게 함

■ 부적절하고 미성숙한 행동

- 부주의하고 과제를 미완성함
- 지시에 잘 따르지 못함
- 주의가 산만함
- 기억력이 낮고 과제 이해력이 부족함
- 동기가 결여되어 있고 무감각함

■ 인격 장애

- 지나치게 까다롭고 예민함
- 자신의 감정을 적절하게 표현하지 못함
- 새로운 상황이나 어려운 과제는 회피함
- 자신감이 결여되어 있고 실패를 매우 두려워함

나. Quay와 Werry의 분류 유형

Quay와 Werry(1979: 강정미, 2012에서 재인용)는 품행 장애(신체 및 언어적 공격성, 분열행동, 적대반응), 불안위축 행동(두려움, 고립, 회피), 미성숙한 행동(협응 조절 미숙, 주의력 결핍), 사회화된 공격행동(도벽, 무단결석, 비행)으로 구분하고 있다. 유형별로 구체적인 행동특성은 다음과 같다.

■ 품행 장애

- 파괴적이고 비협조적이고 무례함
- 쉽게 화를 내고 구타와 잦은 싸움을 유발함
- 짜증이 많고 기물을 파손함
- 과잉행동이나 남의 주의를 끌기 위한 행동을 함
- 주의산만하고 부주의함
- 부정적이고 이기적이고 타인을 비난함

■ 불안 위축 장애

- 불안하고 두려워하고 긴장함
- 수줍음과 열등의식이 많고 소심함
- 소심하고 우울함을 보이며 무기력하고 자신감이 결여됨
- 신경이 과민하고 쉽게 상처 받으며 자주 비명을 지름

■ 미성숙 행동

- 주의집중 시간이 짧고 모든 일에 무관심함
- 협응 능력이 미흡함
- 일을 완수하지 못하고 단정하지 못함
- 수동적이고 남에게 쉽게 현혹됨

■ 사회화된 공격행동

- 물건을 훔치거나 가출함
- 밤늦도록 바깥에서 지내거나 학교를 무단결석함
- 반사회적 집단에 충성함

다. Bambara와 Kem의 분류 유형

Bambara와 Kem(2005)은 문제행동을 자신이나 타인의 신체적 상처를 내는 파괴적 행동, 즉각적으로 해롭게 하지는 않지만 지속되면 학습과 상호작용에 악영향을 주는 방해 행동, 학습이나 사회적 상호작용에 직접적으로 방해가 되지는 않지만 사회적 수용을 어렵게 하거나 부정적 이미지를 갖게 하는 가벼운 방해 행동의 3가지로 구분하고 있다. 유형별로 구체적인 행동특성은 다음과 같다.

■ 파괴적 행동

- 다른 사람을 때리거나 깨물고 꼬집는 행동
- 자신의 몸을 할퀴고 때리거나 상처를 내는 행동

■ 방해 행동

- 물건을 망가뜨리기 • 옷이나 책을 찢는 행동 • 학교 규칙 어기기

■ 가벼운 방해 행동

- 몸과 손을 좌우로 계속 흔들기
- 무의미한 소리를 반복적으로 내기
- 제자리에서 빙글빙글 돌기

라. 표출양상에 따른 유형

개인의 연령에 맞는 규범적 행동으로 보기에 부적절한 행동이나 타인에게 불이익이나 해를 끼치는 문제 행동은 그 부적응 양상이 표출되는 방향에 따라 자신의 행동을 지나치게 억제하거나 적절하게 표현하지 못하는 위축 행동, 불안, 우울과 같은 심리적 원인에 기인하여 발생하는 내면화 문제 행동(internalizing problem behavior)과 자신의 감정 및 행동에 대한 과소 통제로 인해 발생되며, 공격성, 과잉 행동, 비행과 같이 밖으로 표출하는 일탈행동을 개념화한 외현화 문제 행동(externalizing problem behavior)으로 분류한다(특수교육학 용어사전,

2009, 국립특수교육원).

■ 내면화 문제

- 좌절에 대한 인내심이 부족하고 참지 못함
- 부정적이고 신경질적 과민반응
- 낮은 자아개념과 무기력
- 타인에 대한 의존도가 높음
- 사회적 상황에 대한 공포

■ 외현화 문제

- 공격적/충동적 행동 • 주의산만/부주의 • 방해/파괴행동
- 자해행동 • 심한 욕설과 비방 • 낮은 자기통제력 • 불순종, 반항

■ 기타

- 성적인 행동 • 자기자극 행동

II. 문제행동 중재방법

특수아동에게서 보이는 다양한 유형의 문제행동은 그 행동을 촉발시키는 선행사건이 있고, 문제행동 후에 뒤따라오는 후속결과라는 환경 내 변인들과 관련이 있다. 문제행동의 중재 방법은, 행동을 야기시키는 선행사건 중심의 중재로 문제행동을 예방하고 후속결과 중심의 중재로 문제행동을 감소시키는 것이 중요하다.

1. 행동수정에 의한 중재방법

행동수정은 문제행동 후 일어나는 후속결과에 따라 행동이 증가되거나 유지되고, 부정

적인 자극을 피하기 위해 행동이 증가 또는 유지되며, 부정적인 자극을 피하기 위해 행동이 증가 또는 유지된다는 관점으로 문제행동을 중재하는 방법이다. 아동의 행동이나 태도를 수정하기 위해서 계획적이며, 조직적인 강화물을 사용하여 목표행동을 직접 변화시키기보다는 그 행동을 선행하는 조건 또는 후속하는 조건을 변화시킴으로써 행동을 변화시키고자 하는 것이다.

행동수정은 적응행동을 습득·유지하고 부적응행동을 약화시키는데 활용하고 체계적인 생활지도의 기법으로 문제행동 중재를 위한 행동관리 전략은 바람직한 행동을 증가시키는 방법과 바람직하지 못한 행동을 감소시키는 방법으로 분류될 수 있다.

가. 바람직한 행동을 증가시키는 방법

1) 정적강화

정적강화는 앞서 발생한 행동 강도를 증가시켜 미래에 그 행동의 발생률을 증가시키는 과정으로서, 정적강화자극이라고 말한다. 예를 들어, 정적강화는 사탕이나 초콜릿, 장난감 등 긍정적인 강화제를 제공하는 방법으로 이는 바람직한 행동의 증가를 목표로 하고 있다. 강화는 즉각적이고 일관성 있게 주어져야 효과적이며 강화제는 목표행동에 맞고 충분히 제공되어야 하나 행동형성 과정에 따라 간헐적이거나 포만감을 느끼지 않을 정도의 강화제를 제공하는 것이 목표행동을 유지하는데 효과적일 수 있다. 강화제를 선택할 때 중요하게 고려해야 하는 것은 개별화이다. 같은 종류의 강화제가 모든 아동들에게 효과를 주지 않으므로 강화의 경험과 선호도 등을 파악하여 개별적으로 계획하여야 한다. 대표적인 강화제의 종류는 다음과 같다(부산광역시 교육청, 2014).

〈표 5-1〉 물리적 특성에 따른 정적강화제의 분류

강화제 종류	설명	강화제의 예
음식물 강화제	먹을 수 있는 것	과자, 사탕, 초콜릿, 젤리, 음료수 등
감각적 강화제	시각, 청각, 후각, 촉각에 대한 자극제	음악, 동영상, 향수, 치약이나 비누, 비닐, 종이, 회전의자 등
구체물 강화제	아동이 좋아하는 물건	장난감, 학용품, 책, 인형 등

활동 강화제	아동이 좋아하는 활동이나 특권 주기	우유 가져오기, 칠판 지우기, 종이접기, 알림장 정리하기 등
사회적 강화제	아동을 인정해주는 것	칭찬하기, 미소 짓기, 손뼉 치기, 악수하기, 등 두드리기, 상장 수여 등

2) 부적강화

부적강화란 아동이 바람직한 행동을 할 때 싫어하는 일이나 불쾌한 것을 제거해주는 것이다. 부적강화는 처벌과는 엄격히 다르며, 정적강화와 함께 조합하여 사용하면 바람직한 행동을 증가시킬 수 있다. 예를 들어, 수업 중에 떠들고 수업을 방해한 아동이 정숙하게 수업에 집중하며 청소벌칙을 취소해주는 것이 부적강화에 해당된다.

3) 행동형성법

행동형성이란 현재는 나타나지 않은 새로운 행동을 가르치는 것으로 행동조성, 또는 점진접근법을 사용한다. 행동형성의 절차는 목표행동을 정하고 이를 달성하기 위해 현재 아동이 할 수 있는 그 목표행동과 근접한 중간 행동을 결정하고, 출발점 수준의 행동에서 점차 한 단계씩 밟아나가 최종목표에 도달하는 것으로 다소 쉬운 행동에서 출발하여 어려운 행동이나 연속적인 행동을 하도록 하는 것이다.

4) 행동연쇄법

행동연쇄는 단위 행동을 하나씩 연결하면 하나의 행동 사슬이 된다는 개념으로, 새로운 행동이나 복잡한 기술을 가르칠 때 효과적이다. 이를 위해 목표행동에 도달하기 위한 수행과제를 분석하고 순차적으로 교수하는 전진연쇄법과 역으로 교수하는 후진연쇄법이 있다. 아동에게 외투를 입는 방법을 순서대로 지도하거나 외투를 입혀주고 마지막 단계인 지퍼 올리기를 아동이 하도록 하는 방법이다. 행동연쇄법의 목표행동을 선정하면 그 행동을 구성하는 단위행동을 분석하는 단계인 과제분석이 우선 이루어져야 한다. 과제분석은 아동이 어려움 없이 과제를 완수하고 다음 단계로 넘어갈 수 있도록 단계를 나누는 것이 중요하므로 아동의 능력을 객관적으로 파악하는 것이 기본조건이다.

5) 용암법(fading)

용암법이란 어떤 특정 행동이 다른 상황에서도 발생할 수 있도록 조력(보조 활동)을 점차적으로 제거하는 방법을 말한다. 처음 이 닦기를 지도할 때 직접적이고 적극적으로 조력했던 것을 조금씩 줄여서 아동 스스로 닦을 수 있도록 유도하는 방법이다.

6) 토큰강화

토큰강화는 아동이 바람직한 행동을 하면 토큰을 받아 나중에 아동이 원하는 강화제와 교환해주는 방법으로 토큰은 아동이 직접 다루기 쉬운 스티커, 도장, 동전 등으로 사용한다. 토큰은 그 자체에 가치가 없지만 토큰으로 바꿀 수 있는 교환 강화제는 개별적인 아동에게 가치가 있는 것들로 선정한다. 토큰강화 실행 절차는 다음과 같다.

① 토큰강화를 적용할 목표행동을 선정하고 토큰의 양을 결정하기

② 무엇을 토큰으로 사용할 것인지 결정하기

③ 모은 토큰을 보관하는 방법과 토큰의 양을 기록하는 방법을 정하기

④ 교환 강화제를 무엇으로 할 것인지 결정하고 종류별로 메뉴판을 만들어 게시하기

⑤ 아동에게 토큰 제도를 가르치기

⑥ 토큰강화를 실행하고 목표행동이 향상되면 강화계획을 수정하기

나. 바람직하지 않은 행동을 감소시키는 방법

1) 차별강화

차별강화는 바람직한 행동에는 강화를 제공하고 바람직하지 못한 행동에는 강화를 제공하지 않는 차별을 실시하여 바람직하지 못한 행동을 감소시키는 중재방법이다. 차별강화는 타행동 차별강화와 저빈도 행동 차별강화, 상반행동 차별강화, 대체행동 차별강화로 구분된다.

- 타행동 차별강화: 일정 시간 동안 문제행동이 일어나지 않으면 그 시간동안에 일어난 다른 모든 행동들에 강화하는 것
- 저빈도행동 차별강화: 문제행동의 발생빈도가 감소되었을 때 강화하는 것

- 상반행동 차별강화: 문제행동과 동시에 수행할 수 없는 상반된 행동을 강화하는 것으로 문제행동에 상반되는 다른 행동을 찾아 좀 더 강력히 강화하여 바람직하지 않은 행동을 감소시키는 방법이다. 예를 들어 자리를 이탈하는 행동 대신에 자리에 앉아 있는 행동을 강화하는 방법이 여기에 속한다.
- 대체행동 차별강화: 문제행동 대신 바람직한 행동(대체행동)을 할 때 강화를 제공하는 것으로 대체행동의 기능은 문제행동의 기능과 동일해야 한다.

2) 소거

소거란 바람직하지 못한 행동을 지속시키는 강화를 제거함으로써 문제행동을 감소시키는 방법이다. 부적절한 행동이 정적강화, 부적강화 등에 의해 유지되고 있을 때 적용하는 것으로 문제행동의 기능분석을 통해 문제행동이 유지되게 하는 후속결과(강화요인)를 찾아내는 것이 우선되어야 한다. 예를 들어 아동이 요구사항이 있을 때 울면서 떼를 쓸 때마다 부모가 달래주고 요구사항을 들어주면 이것은 부모가 아이의 문제행동을 강화해주는 것이 된다.

3) 벌

벌이란 야단이나 매, 처벌과 같은 부적강화물을 줌으로써 문제행동을 감소시키는 방법으로 바람직하지 못한 행동을 감소시키는 방법이다. 벌은 이론적으로 처벌을 유발하는 바람직하지 못한 행동 출현을 감소시키게 되어 있지만, 실제로는 그렇지 못한 경우가 많고, 효과가 빠르고 즉각적이며 간편하게 사용할 수 있다는 장점은 있지만 교사와의 관계가 악화될 수 있고 공격적 행동이나 위축행동 등이 나타날 수 있는 단점이 있다는 사실에 유념하여야 한다.

4) Time-out(타임아웃)

타임아웃이란 문제행동이 발생했을 때 아동이 정적강화를 받지 못하도록 일시적으로 다른 장소에 잠시 격리시켜 두는 방법이다. 타임아웃은 일종의 무시하기나 소거와 같이 정적강화물을 제거하는 방법으로 바람직하지 않은 행동을 감소시키는 데 그 목적이 있다. 격리되는 시간은 아동의 좌절을 일으키지 않을 만큼 짧은 시간이어야 하고, 장소는 정적강화가 제공되지 않는 곳으로 정하여야 한다.

2. 문제행동 중재 절차

앞장에서 설명한 응용행동분석과 긍정적 행동지원 체계를 기초로 하여 문제행동을 효과적으로 중재하기 위한 절차를 설명하고자 한다.

가. 문제행동의 발견 및 정보수집

문제행동을 위한 중재 계획을 수립하기 위한 첫 번째 절차는 아동의 행동 중 목표행동이 되는 문제행동을 무엇으로 규정하고 집중적으로 중재할 것인가를 결정하는 것이다. 이렇게 아동의 문제행동을 인식하고 발견하게 되면, 다음으로 아동에 대한 정확한 정보를 수집하고 문제행동에 대한 구체적인 정보를 다양한 방법으로 모아야 한다.

나. 기능적 관점에서 문제행동 평가하기

두 번째 단계는 문제행동을 단지 제거해야 하는 행동으로 보는 것이 아니라 모든 행동에는 기능(이유 또는 목적)이 있다고 보고, 아동이 왜 그런 행동을 하는지에 대한 이유를 찾는 기능평가 과정이다.

기능평가 수행과정은 자료수집→기능분석→가설수립으로 진행된다.

1) 자료 수집: 문제행동의 이유를 파악하기 위해 다양한 자료를 수집해야 한다. 수집 방법은 관찰, 면담 등으로 실시하고, 수집 절차에서 문제행동은 구체적이고 관찰 가능한 용어로 진술해야 하고, 문제행동과 관련된 배경사건과 문제행동을 유발하는 선행사건을 고려하여 수집하도록 한다. 명확하고 구체적인 자료를 수집하여야 문제행동에 대한 가설을 세우고 중재 계획을 수립하는데 유용한 자료로 활용될 수 있다.
2) 기능 분석: 아동에 대해 수집한 자료를 바탕으로 문제행동의 기능을 분석하는 절차

이다. 행동의 기능은 문제행동의 후속결과에 따른 아동의 행동특성(반응)으로 판단할 수 있다. 예를 들면, 교사가 책상 위에 있는 미술도구를 치우라고 지시했는데(선행사건), 간식을 먼저 달라고 울며 소리를 지르면(문제행동) 교사가 책상 위를 치워 주고 간식을 주었다(후속결과). 이러한 아동이 보여준 행동(울고 소리 지르는 행동)의 기능을 어떻게 분석할 수 있는가? 아동의 문제행동의 원인을

① 간식이 너무 먹고 싶어서(획득)

② 책상 위를 치우기 싫어서(회피)

③ 두 가지 경우에 다 해당되는 경우로 가정해볼 수 있다.

3) 가설 수립: 선행사건, 문제행동, 후속결과에 대한 기능분석을 토대로 가설을 수립한다. 위의 경우를 예로 들면, '아동은 책상 위를 치우기 싫어서(행동기능) 울며 소리를 질렀고, 교사가 대신 책상 위를 치워 주어 책상 위 정리하기를 회피하였다.'라고 가설을 세울 수 있겠다.

다. 행동지원 계획 수립

수립한 가설을 통해 아동에게 적용할 중재 방법을 정하고 실행 계획을 세우는 중요한 단계이다.

1) 목표행동 및 대체행동 선정

목표행동은 부정적인 표현보다는 긍정적인 표현으로 기술하도록 한다. 예를 들면 '지우는 수업시간에 다른 활동을 하고 싶을 때 울면서 바닥에 눕지 않고 바르게 앉아서 교사에게 원하는 활동을 허락해달라고 요구한다(대체행동)'.

2) 중재 방법 선정

▶ 선행사건 중재 방법

문제행동이 선행사건(배경사건)의 영향을 받았거나 원인이 될 때 적용하는 것으로, 물리적 환경을 수정하거나 규칙과 절차를 명확히 지도하고, 과제의 난이도나 과제량, 흥미도를 고려하여 과제를 적절히 조정한다.

▶ 후속결과 중재 방법

후속결과 중재 방법은 앞장에서 설명한 '행동수정에 대한 중재방법'들이 해당된다. 후속결과 중재는 바람직한 행동을 강화하여 행동을 증가시키고 바람직하지 못한 행동을 감소시키는 것이 목적이다.

라. 행동지원 실행

행동지원을 실행하기 위해서는 아동과 부모, 교사, 전문가, 보조원들로 구성된 협력적 팀 접근이 필요하다. 팀 구성원들은 행동지원을 위해 각자의 역할과 책임에 대해 협의하고, 아동에게 중재계획을 일관성 있게 적용하여야 한다.

마. 행동지원에 대한 평가

계획에 따른 중재 실시 후 팀 구성원은 아동의 행동변화와 중재과정에 대한 전반적인 평가를 실시한다. 문제행동 지원의 종합적인 평가를 통해 문제행동의 기능이 정확히 분석, 평가되었는지, 중재 방법이 적절하였는지, 아동의 요구에 적절한 강화를 하였는지, 아동과 부모의 요구가 반영된 중재였는지 등을 파악하고 수정한다.

Ⅲ. 문제행동 중재 시 유의사항

아동의 부모와 특수교사, 특수교육 실무사, 활동보조원 등 특수아동의 교육과 지도를 담당하고 있는 교육 구성원들은 특수아동이 행하는 다양한 문제행동을 직접 보고 접하게 된다. 교육 구성원들은 교육하는 환경과 범위, 내용이 다를 수 있으나 특정아동의 특정한 문제행동을 중재하는 방법을 포함한 동일한 중재지원 계획을 공유하여 일관성 있고 지속적으로 실행하여야 한다.

가. 일관성 있는 지원

특정아동에 대한 문제행동 중재는 아동의 교육을 대체적으로 주관하고 있는 특수교사의 지도하에 일관성 있게 계획되고 실행되어야 한다. 이에 교육 구성원들은 강화 계획이나 소거 방법 등을 잘 숙지하고 일관성 있게 적용해야 한다. 그렇지 않으면, 아동에게 바람직한 행동과 바람직하지 않은 행동을 판단하는데 혼란을 줄 수 있고, 잘못된 강화로 긍정적인 행동을 형성하는데 어려움을 줄 수도 있고, 바람직하지 않은 행동이 강화되어 더 심각한 문제 행동으로 발전시킬 수도 있다. 가정에서는 부모 또는 주양육자가, 학교에서는 교사와 특수교육실무사가 외부활동 시 활동보조원이 동일한 방법으로 행동중재를 하여야 극대화된 중재효과를 거둘 수 있다.

나. 개별화된 행동지도

보기에 같은 문제행동이라 하더라도 각각 원하는 목적이 다를 수 있기 때문에 특정아동에게 적용되는 중재 전략도 개별적으로 계획되어야 한다. 같은 유형의 강화제가 어떤 아동에게는 강화가 되지만 또 다른 아동에게는 벌이 될 수도 있기 때문이다. 의자에 올라가서 서 있는 행동이 특정아동에게는 벌이 되지만 높은 곳에 올라가는 것을 좋아하는 아동에게는 신나는 놀이이며 강화가 되므로 벌로써의 효과는 없다.

다. 사회적으로 수용 가능하고 타당한 지도방법 사용

문제행동을 지도하기 위해 신체적인 체벌을 하거나 식사를 안 주거나 하는 등의 아동의 인권을 침해하는 중재 방법을 사용하여서는 안 되고 사회적으로 수용 가능한 방법으로 실행되어야 한다. 또한, 청소년기 학생에게 장애 정도가 심하다고 해서 어린아이처럼 대하거나 강화제나 활동을 유아 수준의 것으로 사용하는 것은 바람직하지 않다.

연구과제 

1. 문제행동 발생 원인별 중재전략을 세워 봅시다.

2. 문제행동 지도를 위한 전문가·보조인력·학부모간 협력방안에 대하여 토의하여 봅시다.

참고문헌

김미선(2007). 긍정적 행동지원의 이해-진단을 중심으로 한 접근. 한국육영학교.

김진호, 김미선, 김은경, 박지연 공역(2010). 긍정적 행동지원. 시그마프레스.

김형준(2015). 장애학생 문제행동중재 전문가 양성과정-문제행동 발생의 이해 및 지도방법. 경기도교육청.

박승희, 장혜성, 나수현, 신소니아 공저(2008). 장애관련종사자의 특수교육 입문. 학지사.

방명애, 최하영 공역(2009). 발달장애아동의 문제행동 중재. 시그마프레스.

부산광역시 교육청(2014). 장애학생의 문제행동 중재 매뉴얼. 부산광역시 교육청.

이소현, 박지연, 박현옥, 윤선아 공역(2014). 장애학생을 위한 개별화 행동지원. 학지사.

6 특수아동의 사회적 기술 지도

학습목표

- 사회성을 향상시키기 위한 사회적 기술을 이해한다.
- 특수아동의 사회성 기술의 특성을 이해한다.
- 특수아동의 사회적 기술 촉진을 위한 교수전략을 이해한다.

Ⅰ. 사회적 기술에 대한 이해

고대 그리스의 철학자 아리스토텔레스는 '인간은 사회적 동물'이라는 말로, 인간은 본성적으로 사회라는 집단 속에서 태어나고 성장하고 발전해 나가는 존재라는 것을 간단히 설명하고 있다. 사회성은 사회생활을 하려고 하는 인간의 근본적인 성질의 하나로, 사회에 적응하는 개인의 소질이나 능력, 대인 관계의 원만성 등을 뜻한다. 사회화는 인간이 그가 속한 공동체의 언어, 사고방식, 역사, 공동체 안에서의 생존과 발전에 필요한 생활습관과 다른 구성원들과의 관계를 규제하는 도덕적 규범들을 학습하고자 하는 심리적 성향 즉, 사회의 한 구성원으로 성장해 가는 과정을 말한다.

이러한 사회성 교육의 목적은 집단의 특성에 따라 차별화되지만 공동체 생활에 필요한 생활규범과 태도 함양, 긍정적 자아감 기르기, 올바른 대인관계의 기술을 익히는데 있다.

1. 사회적 기술

아동은 사회화 과정에서 사회적으로 허용된 방법으로 사회적 상황에 대처할 수 있는 능력을 갖추게 되는데 이는 사회적 기술의 습득을 통해 이루어진다. 사회적 기술은 인간관계 및 주어진 사회 환경에서 균형과 조화를 유지하는 데 필요한 기술로써, 생활적응 구성요소를 포함하는 개념으로 사회생활에 효과적인 것으로 입증된 반응들, 즉 상호 간에 긍정적인 효과를 산출하고, 유지하고, 증가시킬 가능성을 최대화하는 구체적인 행동기술을 의미한다. 따라서 사회성 기술은 일상생활에서 타인과의 관계를 형성하고 유지하는 데 필수적이라 할 수 있다. 대인 관계 관련 기술, 자신과 관련된 행동, 학업 관련 행동, 또래 수용, 대화기술, 자기주장의 요인 등이 사회성 기술에 포함될 수 있다(특수교육학 용어사전, 2009, 국립특수교육원).

사회복지학에서 사회적 기술은 개인이 지역사회나 직장에 통합되어 성공적으로 적응하는데 필요한 대인관계와 관련된 여러 가지 행동들로 구성되며 일반적으로 다음과 같은 특성을 가지고 있다고 설명하고 있다.

첫째, 개인이 다른 사람과의 상호작용에서 부정적인 반응을 피하고 긍정적인 반응을 이끌어 내는 사회적으로 통용될 수 있는 행동이다.

둘째, 다른 사람에게 현재 또는 미래에 어떤 영향을 미치기 위하여 표출되는 행동으로 목표 지향적이고 도구적이다.

셋째, 그 사회의 특수한 상황이 반영된 것으로 사회적 맥락에 따라 변화된다.

넷째, 관찰이 가능한 행동과 관찰되지 않는 의식적 감정적인 요소가 모두 포함된다.

2. 사회적 기술의 영역

McFall(1982)은 어떤 과제의 전반적인 수행에 대한 질 혹은 적정성을 사회적 유능성이라고 하고, 사회적 기술이란 과제를 제대로 수행하는 데 요구되는 구체적인 능력, 즉 행동이라고 하였다. 여기에 Gresham과 Elliott(1990)이 적응 행동이라는 개념을 추가하여 사회성에 대해 설명하고 있다. 다음의 〈그림 6-1〉은 영역별로 구체적인 행동들을 제시하고 있다.

〈그림 6-1〉 사회적 유능성, 적응 행동, 사회적 기술 구성요소 및 상호관계

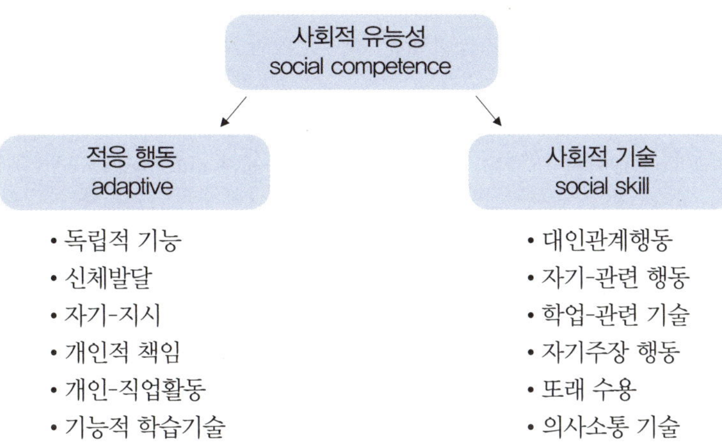

출처: Elksnin & Elsnin (1995)에서 재인용, p.4. (안동현 외 2004)

사회적 기술을 구체적으로 살펴보면(Elksnin & Elsnin, 1995),

① 대인관계행동(interpersonal behaviors)은 사회적 상호작용 동안에 사용하는 기술로, 친구

사귀는 기술(자기소개, 어울리기, 부탁하기, 도움 청하기, 칭찬하고 칭찬받기, 사과하기)과 듣기, 인사하기, 유머감각 등이 포함된다.

② 자기관련행동(self-related behaviors)은 상황을 파악하고 적절한 기술을 선택하고, 상황에 미칠 영향을 평가할 수 있는 자기조절행동과 스트레스를 처리하는 기술, 다른 사람의 감정 이해, 분노 조절, 결과 받아들이기, 감정 표현, 자기에 대해 긍정적인 태도, 자기 돌보기 등이 포함된다.

③ 학업관련행동(academic-related skill)은 학교에서 학업 성취와 관련된 사회기술들로, 교사의 말에 귀 기울이기, 학교 규칙 지키기, 지시 따르기, 학습활동에 집중하기 등이 해당된다.

④ 자기 주장적 행동(assertive behaviors)은 사회기술을 습득하거나 수행할 때 개인적인 요구사항을 표현하는 기술이다.

⑤ 또래 수용(peer acceptance)을 위해 필요한 사회적 기술은 인사하기, 물어보거나 가르쳐주기, 활동에 친구를 참여시키기 등이다.

⑥ 의사소통기술(communication skills)은 듣는 태도, 적절한 대답, 대화 유지 능력, 말하는 사람에 대한 반응 등으로 사회적 유능성에 중요한 영향을 미치는 요소이다.

Gresham과 Elliott(1991)은 사회기술평정체계(Social Skills Ratting System; SSRS)에 근거하여 사회적 기술을 협력(cooperation), 자기주장(assertion), 책임(responsibility), 공감(empathy), 자기통제(self-control)의 5개 영역으로 나누었다. 〈표 6-1〉에서 5개의 기술 영역과 이에 대한 하위 영역과 이를 습득하기 위한 구체적인 목표를 기술하고 있다.

〈표 6-1〉 사회기술훈련 기록지

이름 ______________　　　　학년 ________________

치료자 ______________　　　　치료일 ________________

기술영역, 하위영역, 구체적 목표	경과기록				
협 력	가르쳐야 할 기술체크	변화 없음	호전됨	해결됨	일반화됨
학습 및 놀이 기술					
1. 주위의 소란스러움을 무시	____	____	____	____	____
2. 학습이나 놀이를 이행함	____	____	____	____	____
3. 자유시간 이용	____	____	____	____	____
교실 내 상호작용 기술	____	____	____	____	____
1. 시간 내 과제를 끝냄	____	____	____	____	____
2. 책상 및 물건 정리	____	____	____	____	____
3. 옳은 일을 함	____	____	____	____	____
4. 주목하고 지시에 따름	____	____	____	____	____
5. 기다릴 때 시간을 적절히 사용함	____	____	____	____	____
자기 주장	가르쳐야 할 기술체크	변화 없음	호전됨	해결됨	일반화됨
대화 기술					
1. 인사하기	____	____	____	____	____
2. 자기 소개	____	____	____	____	____
3. 자신에 대해 긍정적으로 표현	____	____	____	____	____
4. 대화 시작	____	____	____	____	____
5. 부당한 것에 대해 어른에게 말하기	____	____	____	____	____
참여 및 봉사기술					
1. 활동에 참여	____	____	____	____	____
2. 친구들을 도움	____	____	____	____	____
3. 활동에 참여하도록 유도	____	____	____	____	____

책 임	가르쳐야 할 기술체크	변화 없음	호전됨	해결됨	일반화됨
1. 어른들에게 도움 청하기	_____	_____	_____	_____	_____
2. 말하는 사람에게 주목하기	_____	_____	_____	_____	_____
3. 부당한 요구 거절하기	_____	_____	_____	_____	_____
4. 걸려온 전화 응대하기	_____	_____	_____	_____	_____
5. 처음 본 사람에게 자기소개하기	_____	_____	_____	_____	_____
6. 물건 사용에 대해 허락 받기	_____	_____	_____	_____	_____
7. 외출에 대해 허락 받기	_____	_____	_____	_____	_____
8. 사고에 대해 적절한 사람에게 알리기	_____	_____	_____	_____	_____
9. 불공정하게 여겨지는 규칙에 대해 질문하기	_____	_____	_____	_____	_____
10. 인사에 대해 응대하기	_____	_____	_____	_____	_____

공 감	가르쳐야 할 기술체크	변화 없음	호전됨	해결됨	일반화됨
긍정적으로 대하는 기술					
1. 인정받은 것을 어른에게 표시함	_____	_____	_____	_____	_____
2. 훌륭한 것에 대해 칭찬하기	_____	_____	_____	_____	_____
3. 다른 사람 물건을 사용할 때 허락요청	_____	_____	_____	_____	_____
4. 몸짓 등으로 다른 사람 반기기	_____	_____	_____	_____	_____
능동적 경청기술	_____	_____	_____	_____	_____
1. 다른 사람에게 유감 표시	_____	_____	_____	_____	_____
2. 어른의 지시에 대해 경청	_____	_____	_____	_____	_____

자기-통제	가르쳐야 할 기술체크	변화 없음	호전됨	해결됨	일반화됨
갈등해결 기술					
1. 나와 다른 사람에 대한 수용	_____	_____	_____	_____	_____
2. 친구가 하자고 하는 제안 수용	_____	_____	_____	_____	_____
3. 친구와 협력하기	_____	_____	_____	_____	_____
4. 또래의 압력에 대해 적절히 수용	_____	_____	_____	_____	_____
5. 합의에 도달하도록 타협	_____	_____	_____	_____	_____

분노조절 기술	가르쳐야 할 기술체크	변화 없음	호전됨	해결됨	일반화됨
1. 괴롭힘에 대해 적절하게 반응	____	____	____	____	____
2. 어른과의 갈등에서 행동조절	____	____	____	____	____
3. 비판을 잘 받아들임	____	____	____	____	____
4. 또래와의 갈등에서 행동조절	____	____	____	____	____
5. 맞았을 때 적절하게 반응	____	____	____	____	____

출처: Elliott & Gresham (1991), pp.21-22. (안동현 외 2004)

3. 사회적 기술 선정

학생의 사회적 능력 및 사회적 기술에 관한 정보를 수집하고 아동의 주요 활동에 포함되어 있는 사회적 기능을 이해하고, 특정아동에게 필요한 사회적 기술의 순위를 파악하여 선정한다.

- 이 기술이 주요 활동을 수행하는데 꼭 필요한가?
- 이 기술은 또래관계를 향상시키는가?
- 이 기술은 몇 가지 상황과 활동에 필요한가?
- 이 기술은 사회적 행동을 보다 향상시킬 수 있는가?
- 이 기술은 아동의 미래상황에 접근할 수 있는 능력을 향상시키는가?

아동에게 가르칠 사회적 기술 목록을 선정하기 위한 기초선을 정하기 위해 우선 현재 아동의 사회성을 파악하는 것이 중요하다. 아래의 〈그림 6-2〉에서 제시한 사회성 체크리스트를 활용하여 조사해보도록 한다.

〈그림 6-2〉 사회성 체크리스트

친구 사귀고 유지하는 기술	자주	때때로	드물게
1. 새로운 사람에게 자신을 소개한다.	□	□	□
2. 먼저 대화를 시도한다.	□	□	□
3. 대화를 적절하게 끝맺는다.	□	□	□

4. 물건, 생각, 정보를 적절하게 교환한다.	□	□	□
5. 다른 사람을 기꺼이 도와준다.	□	□	□
6. 잘못을 인정하고 사과한다.	□	□	□
7. 또래나 친구에게 칭찬의 표시를 한다.	□	□	□
8. 칭찬을 즐겁게 받아들인다.	□	□	□

학교에 적응하는 기술	**자주**	**때때로**	**드물게**
1. 경청한다.	□	□	□
2. 적절한 시기에 도움을 요청한다.	□	□	□
3. 도움을 받으면 고맙다고 말한다.	□	□	□
4. 교사의 지시를 잘 듣고 따른다.	□	□	□
5. 질문을 적절히 한다.	□	□	□
6. 수업시간에 잘 참여한다.	□	□	□
7. 제시간에 과제를 끝마친다.	□	□	□

감정을 조절하는 기술	**자주**	**때때로**	**드물게**
1. 다양한 감정을 알고 있다.	□	□	□
2. 감정을 나타내는 단어를 사용한다.	□	□	□
3. 또래 및 성인에게 감정을 통제한다.	□	□	□
4. 두려움은 적절하게 조절한다.	□	□	□
5. 자신에게 긍정적인 것들을 말한다.	□	□	□

자기를 통제하는 기술	**자주**	**때때로**	**드물게**
1. 폭발하지 않고 마음을 가라앉힌다.	□	□	□
2. 놀림에 대처할 수 있다.	□	□	□
3. 타인의 물건을 사용하기 전에 허락을 구한다.	□	□	□
4. 실수를 인정하고 결과에 승복한다.	□	□	□
5. 억울한 일에 차분하게 대처한다.	□	□	□

책임 있는 행동에 필요한 기술	**자주**	**때때로**	**드물게**
1. 부당하다고 생각되어질 때 적절하게 불만을 이야기한다.	□	□	□
2. 친구들에게 상처받은 감정을 잘 다룬다.	□	□	□
3. '싫어' '안돼'를 받아들이고 다른 대안을 찾는다.	□	□	□
4. 부당한 요구를 거절한다.	□	□	□
5. 갈등을 피하고 적절한 문제해결방법을 찾는다.	□	□	□

출처: 한국아동상담센터

II. 특수아동의 사회적 기술 특성

1. 특수아동의 사회적 기술

사회적 기술이란 대인 관계 및 사회적으로 수용되기 위해 필요한 사회적 지식을 이해하고 이를 실제 상황에 적용하고 응용하는 기술을 말한다. 사회성은 모든 아동의 발달과정 중에서 일어난다. 일반 아동들은 일상 속에서 자연 발생적인 상황을 통해서 사회적 기술을 익히게 되나 특수아동의 경우에는 인지 언어능력, 신체발달, 정서적 반응, 장애별 특성에 따라 사회적 기술을 습득하는데 지체를 가져오게 된다. 이는 대부분의 특수아동들이 성공적으로 사회에 적응하는데 어려움을 갖게 하고, 이러한 사회적 능력의 결함은 삶의 모든 영역에 부정적인 영향을 미치게 된다. 이처럼 다른 사람과 사회적인 관계를 형성할 때 적절한 방법을 잘 모르고 자기중심적인 생각으로 적절하지 않은 행동을 보이게 되고, 다른 사람들과 우호적인 관계를 유지하지 못하거나 불쾌감을 주는 경우로 인해 장애나 또는 특수아동 개인에 대한 부정적인 이미지를 가지게 할 수도 있다.

2. 사회적 기술 결함의 원인

특수아동의 언어발달 미숙으로 의사소통에 문제가 있는 경우 자신의 의사를 정확하게 표현하지 못하여 상대방과 상호작용을 원활히 하는데 한계를 느끼게 되고, 신체적인 장애로 이동이 원활하지 못할 때 다른 사람이나 다양한 환경을 접하는데 제한적이므로 폭넓은 사회적 행동을 전개하기가 어렵다. 또한, 정서적인 문제로 타인의 정서와 의도를 이해하는 사회인지 능력의 질적 수준도 낮고 친구들과의 접촉빈도가 적으며 친구들과 사귀거나 관계를 유지하는데 어려움이 있다. 이처럼 특수아동이 사회적 기술을 습득하는데 어려움을 보이는 원인을 지적 능력의 문제, 정서적인 문제, 주의력 결핍 및 산만, 공격적이고 반항적인 행동, 양육환경의 문제로 볼 수 있다.

사회적 기술의 결함은 사회적 행동을 수행할 단서나 기회의 부족, 사회적 행동의 습득이나 수행을 방해하는 문제행동 발생, 사회적 지식의 부족, 사회적 기술 행동에 대한 강화 부족 등으로 인하여 발생되는 것으로 보고 있다(정대영 외, 1994).

첫째, 사회적 지식의 부족

사회적 기술을 통해 목표행동을 습득하는데 필요한 행동과 실행방법에 관한 지식이 부족하며, 실행방법의 적절성을 파악하는데 어려움이 있다.

둘째, 연습과 피드백의 부족

대부분의 특수아동들은 새롭게 습득한 사회적 기술을 충분히 연습할 기회를 갖지 못하는 경우가 많고, 사회적 기술을 향상시킬 수 있는 피드백을 받지 못하여 사회적 기술 능력에 결함을 갖게 된다.

셋째, 단서 및 기회의 부족

일부 아동은 적절한 단서와 충분한 기회를 제공받지 못하여 사회적 기술을 수행하는데 어려움을 겪는다.

넷째, 강화의 부족

특수아동들은 자신의 행동에 대해 주변 사람들로부터 긍정적이고 적절한 강화를 받는 경우가 드물어 사회적 기술을 유지하는데 한계를 느낀다.

다섯째, 문제행동의 발생

대부분의 특수아동들에서 보이는 여러 유형의 문제행동(공격행동, 방해행동, 우울감, 낮은 자존감 등)으로 인해 사회적 기술을 습득하거나 행동을 수행하는데 방해를 받게 된다.

Ⅲ. 사회적 기술 촉진을 위한 교수전략

아동의 사회화는 교육의 결과이다. 아동이 속해 있는 사회공동체의 언어, 사고, 감정, 습관, 행동, 지식 등을 익히고 인성, 동기, 가치관, 태도, 신념을 형성하여 바른 사회생활을 할 수 있는 성인으로 성장하는 것이다. 사회성 발달 촉진을 위한 프로그램은 특수아동의 사회적 기능에 대한 정확한 진단과 평가가 선행되어야 한다. 사회적 능력의 진단과 평가는 사회적 기술 측정을 위한 표준화 검사와 점검표, 교사, 부모, 또래 및 아동과의 면담, 자연적인 사회적 상황에 반응하는 아동의 행동에 대한 직접관찰 등으로부터 얻어진 정보와 자료에 근거해 포괄적으로 이루어져야 한다. 사회적 기술 평가항목은 ① 기본적인 신변처리기술(자조기술 Self-care skills) ② 일상생활기술 ③ 사회성 기술과 대인관계 ④ 사회적 상황에 대한 대처능력으로 선정하고 구체적으로 검사한다. 사회적 기술 수준을 평가하는 방법은 평정도구에 의한 평가(사회성숙도 검사, 적응행동평가)와 Sociometric에 의한 평가, 행동관찰에 의한 평가 등이 있다.

사회성과 사회적 기술 수준을 진단하는 대표적인 평가도구인 사회성숙도 검사의 검사문항은 곧, 사회적 기술 교수를 통하여 특수아동이 습득하여야 할 목표행동이며 내용이라고 이해할 수 있다. 사회성숙도 검사의 문항은 다음과 같다.

1) 자조

① 일반(self-help general)

② 식사(self-help eating)

② 용의(self-help dressing)

2) 이동

기어 다니는 능력부터 어디든 혼자 다닐 수 있는 능력까지의 수행 수준

3) 작업

단순한 놀이에서부터 고도의 전문성을 요하는 직업에 이르는 다양한 능력

4) 의사소통

동작, 음성, 문자 등을 매체로 한 수용과 표현에 관한 수준

5) 자기관리

금전의 사용, 경제적 자립 준비와 지원, 기타 책임 있고 분별 있는 행동

1. 사회적 기술의 지도방법

가. 모델링

일상생활이나 학교 교육에서 많이 사용되는 방법으로써, 목표행동을 수행하는 다른 사람을 관찰함으로써 행동기술을 학습하는 방법이다. 모델링 기법의 적용지침은 다음과 같다(정대영 외, 2007).

1) 사회적 기술 학습의 필요성 확인: 사회적 기술을 이용할 때와 하지 않을 때 일어나는 결과를 비교하여 학습의 필요성을 인식시킨다.
2) 사회적 기술의 요소 확인: 사회적 기술을 수행하는데 가장 중요한 행동 목록을 결정한다.
3) 모델링 실시: 적절한 순서에 따라 각 단계를 수행할 때 잘 관찰하도록 한다.
4) 기술의 시연: 지도 대상아동이 다른 아동에게 모델링을 해보도록 지도한다.
5) 피드백 제공: 정확한 기술을 수행했을 시 그 행동을 강화한다.
6) 일반화: 현장학습을 통해 사회적 기술을 적절히 수행할 수 있는 여러 상황을 제시하고 다양한 방법을 지도한다.

나. 행동시연

행동시연(behavioral rehearsal)은 역할극과 같이 보호적 상황에서 사회적 기술을 반복적으로 연습하는 것이다. 행동시연에는 ① 사회적 기술을 수행하는 장면을 상상하며 어떻게 행동할지를 생각해 보게 하는 사고적 시연과 ② 사회적 기술 단계를 순서에 맞게 말해보도록 하는 언어적 시연과 ③ 역할극에 참여하여 맡은 역할을 수행하며 사회적 기술을 습득하는 행동적 시연이 있다.

다. 코칭

코칭(coaching)은 언어적 지시로 사회적 기술을 지도하는 방법이다. 코칭은 사회적 기술을 행동으로 보여주는 모델링과 달리 아동의 인지 능력과 언어 능력을 이용한다(정대영 외, 2007). 코칭은 ① 사회적 개념과 규칙 제시하기 ② 사회적 행동의 연습이나 시연 기회 제공하기 ③ 아동의 행동 수행에 관한 피드백 제공하기의 단계에 따라 지도한다.

2. 사회적 기술의 촉진 전략

Stephens(1992)의 사회적 기술훈련 프로그램은 4개의 영역을 포함하고 있다. 첫째, 자신에 관련된 기술은 감정표현을 적절하게 하고, 자신에 대한 긍정적 태도를 가지며, 자신의 행동에 따른 결과를 수용하는 것 등이 포함된다. 둘째, 과제에 관련된 기술은 질문하고 대답하고, 교사의 지시에 따르고, 토의에 참여하는 것 등이 포함된다. 셋째, 환경에 관련된 기술은 환경을 보호하고 응급상황에 대처하는 것 등이 포함된다. 넷째, 대인관계에 관련된 기술은 인사하고 도와주고, 권위를 수용하고 갈등을 극복하는 것 등을 포함한다. 국립특수교육원에서 개발한 사회적 기술훈련 프로그램은 협동, 자기주장, 책임감, 공감, 및 자기통제의 다섯 개 영역을 포함하고 있다(정대영 외, 1994).

가. 직접 교수

사회적 기술은 교사의 촉진이나 강화를 통해서 직접적으로 교수될 수도 있고, 아동의 사고전략을 변화시킴으로써 행동을 향상시키는 인지적 행동교정 방법을 사용할 수도 있다. 교사 주도의 직접교수 방법을 사용할 경우에, 먼저 교사는 평가된 아동의 사회적 능력의 결함에 근거하여 교수가 필요한 특정의 사회적 기술을 선정해야 한다. 기술을 선정할 때에는 기술훈련이 끝난 후에도 자연적인 상황에서 또래들이나 어른들에 의해서 강화되고 지속적인 상호작용을 촉진시킬 확률이 높은 사회적 행동들을 선택해야 한다. 가르치고자 하는 사회적 기술이 선정되면 시청각자료를 이용하거나 직접 행동시범을 보이고, 행동시범이 제시된 후에 교사는 아동에게 관찰한 기술에 대해서 질문하고 행동을 수행하기 위해서 필요한 단계들에 대해서 함께 이야기 한 후에 아동이 직접 기술을 수행하도록 기회를 제공해야 하며, 교사는 아동의 기술습득을 위해 촉진, 칭찬, 교정적 피드백을 적절하게 제공해야 한다(Henley, Ramsey, & Algozzine, 1999: 방명애, 재인용).

나. 인지적 전략 교수

사회적 학습전략 교수는 사회적 능력을 발휘할 사회적 상황에 대해 새로운 인지적 전략을 학습시킴으로써, 기존에 아동이 실행하였던 사회적 반응을 변화시키는 것이다. 인지적 교수방법의 구체적인 단계는, 먼저 특정한 상황에 처하면 상황에 반응하기 전에 상황을 인지하게 하고, 다음으로 여러 대안적인 행동 중 가장 바람직한 사회적 반응을 연습해 보고, 그 결과를 상상해 보는 단계를 거쳐 다음에 행할 사회적 행동을 미리 계획 세우는 단계로 이루어진다.

사회적 기술 교수의 효과적인 방법으로써 인지적 행동교정 프로그램은 자기점검법, 자기강화법 그리고 자기교수법을 포함한다. 자기점검법(self-monitoring)은 아동으로 하여금 사회적 행동의 빈도에 대해 기초선 자료를 기록하게 하고, 기초선 자료에 근거해 적절한 수행 목표를 세우고 행동이 발생할 때마다 기록하게 하는 것이다. 자기강화법(self-reinforcement)은 아동이 목표로 세운 수행 수준을 성취했을 경우에 스스로 강화하는 방법이다. 자기교수법(self-instruction)은 내적 언어를 강조하여 아동이 스스로 말해 가면서 사회적 행동을 향상시키도록 하는 것이다.

다. 사회성 발달을 위한 구체적 학습활동

교사가 아동의 사회적 능력을 촉진하기 위해 사용할 수 있는 구체적인 학습활동을 Lerner(1993)의 제안을 중심으로 정리한 교수방법은 다음과 같다.

1) 타인에 대한 민감성 향상시키기

① 여러 감정 상태를 전달하는 얼굴 표정을 그리거나 묘사해보기

② 다양한 동작의 의미를 익히기

③ 유인물이나 책, 영화에 나오는 인물들의 표정과 행동에 관하여 이야기하기

④ 녹음기에서 나오는 음성을 듣고, 억양에서 느껴지는 화자의 감정을 묘사하기

2) 신체 이미지 인식하기

① 신체 각 부위의 명칭과 기능에 대해 알기

② 그림에서 제시하는 동작을 묘사하기

③ 몸의 구조에 대한 조각 맞추기

④ 아동의 성장 과정이 담긴 사진, 가족이나 반려동물 사진, 자기가 좋아하거나 싫어하는 것들에 대한 스크랩북 만들기

3) 의사소통 기술을 향상시키기

① 자신을 소개하기

② 대화를 지속하기 위해 공동주제를 선택하기

③ 적극적으로 듣기

④ 대화의 흐름에 적절한 질문을 하고 대답하기

⑤ 칭찬하기

⑥ 감사의 표현하기

4) 그룹 토의 활동에 참여하기

교사와 아동이 한 그룹이 되어, 그날에 느껴지는 자신의 감정이나 생각을 나누게 한다. 이러한 그룹 활동은 아동의 소속감을 향상시키고, 능동적으로 듣게 하고, 자신이나 다른 사람의 감정(느낌)에 관심을 갖고 중요시 하게 하며, 다른 사람을 관찰할 기회를 부여하여, 결과적으로 아동의 사회적 상황에 대한 이해를 높이게 된다.

5) 그 외 사회성 발달을 촉진할 수 있는 활동들

① 부모들과 지역사회의 도움을 받아 주말 프로그램을 운영하기

② 아동 스스로 간단한 여행, 생일 파티, 모임 등을 계획하고 실시해 보기

③ 윤리적 결정을 내려야 하는 가상의 사회적 상황을 설정해 그룹으로 문제해결하기

④ 아동이 특정 장소에 혼자 가 보거나, 물건을 혼자 사 보기

⑤ 사회적 판단을 요하는 미완성 이야기를 읽고, 이야기의 종결부분을 예상해 보기

⑥ 현실과 가상의 상황을 구별하기

⑦ 오전, 오후, 밤에 하기에 알맞은 활동들을 이야기 해보기

⑧ 다양한 활동을 수행하기에 소요될 시간을 예측해 보기

⑨ 일과표에 지시된 순서에 따라 활동에 참여하기

⑩ 음악, 미술, 춤, 게임 등의 창조적인 매체를 사회적 상호작용에 사용하기

1. 구체적인 사회적 기술을 지도하기 위한 교수전략을 구상해 봅시다.
2. 특수아동의 사회성을 촉진하는 방법을 구상해 봅시다.
3. 사회적 통합의 관점에서 사회적 상호작용을 촉진하기 위한 구체적인 방법을 구상해 봅시다.

〈부록 1〉

행복한 기분 슬픈 기분 구별하기

이름 ____________ 날짜 ____________

여러분이 어떻게 느끼는지 내게 보여주세요.

행복한 얼굴 / 슬픈 얼굴 막대 인형

출처: 응용발달심리연구센터 역(2006)

〈부록 2〉

과제 완수하기

날짜 ____________

가족에게

저는 저에게 주어진 일을 끝까지 잘 해냅니다.

집에서 제가 할 일을 알려주시고 잘 할 수 있도록 도와주세요.

예: 1. 신발을 정리한다.

2. 숟가락을 가지고 온다.

3. 책을 정리한다.

제가 일을 잘 마치면 이 편지를 선생님께 다시 드릴 수 있도록 서명해주세요.

감사합니다~

이름 ________________

부모님 _______________

참고문헌

박승희, 장혜성, 나수현, 신소니아 공저(2008). 장애관련종사자의 특수교육 입문. 학지사.

안동현, 김세실, 한은선 공저(2012). 주의력결핍 장애아동의 사회기술훈련. 학지사.

유희정(대표 역자) 외 공저(2013). 부모와 함께하는 자폐스펙트럼장애 청소년 사회기술훈련. 시그마프레스.

응용발달심리연구센터 역(2006). 바로 사용할 수 있는 사회적 기술 향상프로그램(유아용). 시그마프레스.

정대영, 한경임(2008). 발달장애 아동의 사회적 기술 훈련. 양서원.

Elksnin, L. K., & Elsnin, N. (1995). *Assessment and Instruction of Social skills* (2nd ed.), San Diego. Singular Publishing Group, Inc.

Gresham, F. M., & Elliott, S. N. (1990). *Social skills Ratting system Manual*. Circle Pines, MN, American Service

Lerner, J. W. (1993). *Learning disabilities : Theories, diagnosis, and teaching strategies*. Boston : Houghton Mifflin.

7 국어과 기초 학습 방법 지도

Ⅰ. 특수교육 대상학생 국어과 교육

Ⅱ. 표준발음으로 바르게 읽기

Ⅲ. 국어과 지도의 실제

학습목표

- 장애아동을 위한 국어과 지도 내용을 안다.
- 한글 어문 규정에 맞게 한글을 바르게 읽는다.
- 문자 해득이 되는 장애아동의 연령과 발달 단계에 맞는 국어과 지도 내용을 안다.
- 문자 해득이 되지 않은 장애아동의 연령과 발달 단계에 맞는 국어과 지도 방법을 안다.

Ⅰ. 특수교육 대상학생 국어과 교육

1. 2015 특수교육 기본 교육과정 국어교과의 성격

국어는 대한민국의 공용어로서 사고와 의사소통의 도구이자 문화 창조와 전승의 기반이다. 학습자는 국어를 활용하여 자아를 인식하고 타인과 교류하며 세계를 이해한다. 또한 다양한 국어 활동을 통해 문화를 이해·향유하며 새로운 문화의 발전에 참여한다.

국어과는 국어를 정확하고 효과적으로 사용하여 일상생활에서 자기주도적인 국어 생활을 할 수 있는 능력과 태도를 기르는 교과이다. 학습자는 국어과의 학습을 통해 국어과에서 추구하는 역량인 의사소통 역량, 자기관리 역량, 대인관계 역량, 창의·융합사고 역량, 정보 활용 역량, 심미적 감성 역량을 기를 수 있다.

국어과에서 추구하는 의사소통 역량은 상황에 적합한 언어, 상징, 텍스트를 사용하여 자신을 표현하고, 타인의 말과 글을 올바르게 이해하는 능력이다. 자기관리 역량은 자신의 삶, 학습, 건강, 진로에 필요한 기초적 능력을 계발·관리하여 사회에 유연하게 대처하는 능력이다. 대인관계 역량은 다양한 사람들과의 원만한 관계를 형성·유지하여 협력적으로 상호작용하는 능력이다. 창의·융합사고 역량은 수렴적 및 발산적 사고를 통해 의미 있는 결과나 아이디어를 산출해 내고, 다양한 상황에 적용할 수 있는 능력이다. 정보 활용 역량은 다양한 자료와 정보에 내재된 의미를 올바르게 파악하고 효과적으로 처리할 수 있는 능력이다. 심미적 감성 역량은 다양한 가치에 대한 개방적 태도를 바탕으로 삶의 질 향상에 적극적으로 동참할 수 있는 능력이다. 이들 역량은 미래 사회에서 필요한 핵심적인 요소로서, 국어과에서는 이를 신장하기 위해 의미 있는 목표를 설정하고 적정한 성취기준 및 효과적인 교수·학습과 평가 방법을 체계적으로 제시하였다.

국어과의 하위 영역은 듣기·말하기, 읽기, 쓰기이다. 학습자는 이들 영역에 대한 기본 지식을 갖추고, 각 영역의 수행에 필요한 기능과 태도를 기름으로써 국어과 목표를 달성할 수 있다. 이를 위하여 국어과 핵심개념을 언어의 이해와 표현을 위한 원리, 일상생활에서의 언어 활용의 실제, 의사소통 과정에서의 태도로 나누어 제시하였다. 원리는 듣기·말하기, 읽기, 쓰기 등을 통해 우리말과 글의 구성 원리를 파악하고 의사소통 능력의 기초 개념을 습득하는 것을 의미한다. 실제는 실생활 속에서 이루어지는 언어활동으로 말과 글을 이해하고 표현하는 의사소통 활동을 말한다. 태도는 말이나 글로 상대방과 의사소통하는 행위방식으로 공감과 배려를 통해 바람직한 의사소통 문화를 형성하는 것을 의미한다. 국어과 하위 영역의 또 다른 영역인 문법은 언어의 원리에 제시하였으며, 문학은 언어 활용의 실제와 태도에 포함하였다.

국어과는 다른 교과의 학습 및 비교과 활동과 범교과적으로 연계된다. 국어과는 범교과적 내용을 담은 담화나 글을 듣기·말하기, 읽기, 쓰기의 활동 자료로 활용함으로써 학습자의 사회통합에 기여할 수 있다. 그러므로 국어과의 교수·학습 및 평가는 학습자가 다양한 차원의 사회적 상호작용과 통합적 활동을 통하여 일상생활에서 자기주도적인 국어 생활을 할 수 있는 능력을 기르도록 하는 데 중점을 두어야 한다.

2. 국어교과의 목표

가. 교과 목표

국어 활동을 총체적으로 이해하고, 언어 사용 능력을 길러 원만한 의사소통을 하며, 일상생활에서 자기주도적인 국어 생활을 할 수 있는 능력과 태도를 기른다.

1) 원만한 의사소통을 위하여 듣기·말하기, 읽기, 쓰기에 대한 기본적인 지식을 익힌다.
2) 다양한 언어 경험을 통하여 일상생활에서 필요한 담화와 글을 이해하고 상황에 따라 적절하게 표현한다.
3) 말과 글에 흥미를 가지고 자신의 생각과 느낌을 표현하는 능동적인 태도와 습관을 지닌다.

나. 학교 급별 목표

1) 초등학교 목표

국어 학습에 흥미와 자신감을 갖고, 일상생활에서 자주 사용하는 말과 글을 이해하고 표현하며, 기초적인 의사소통 능력과 태도를 기른다.

가) 일상생활과 관련된 낱말 또는 문장의 의미를 이해하고, 자신의 의사를 간단하게 표현한다.

나) 글자를 인식하고 글자와 낱말의 짜임을 익혀 친숙한 낱말을 읽고 그 의미를 이해한다.

다) 글자의 구성 원리를 이해하고, 글자와 낱말에 관심을 가지고 바른 자세로 쓴다.

2) 중학교 목표

생활 중심의 국어 활동을 바탕으로 일상생활과 관련된 다양한 낱말과 문장을 이해하고 표현하며, 의사소통을 생활화할 수 있는 능력과 태도를 기른다.

가) 상황과 상대방에 맞게 정보와 자신의 생각을 전달하고, 대화 규칙을 지키며 상대방과 의견을 주고받는다.

나) 문장이나 문단의 내용을 파악하며 의미가 잘 드러나도록 바르게 읽는 습관을 가진다.

다) 문장의 구성 원리를 이해하여 정확한 의미전달이 되도록 글을 쓰고, 다양한 매체를 활용하여 글을 쓰는 태도를 기른다.

3) 고등학교 목표

일상생활에서 사용하는 담화와 글을 이해하고 표현하며, 자기주도적인 국어 생활을 할 수 있는 능력과 태도를 기른다.

가) 대화의 중심 내용과 세부 정보를 이해하고, 대화 목적과 상황에 맞게 자신의 생각을 전달한다.

나) 일상생활과 관련된 친숙한 주제에 대한 글을 읽고 필요한 정보나 내용을 파악하는 습관을 가진다.

다) 짧은 글과 생활 서식에 맞게 글을 쓰며, 예절에 맞는 글쓰기 태도를 기른다.

Ⅱ. 표준발음으로 바르게 읽기

1. 표준 발음법

표준 발음법은 ① 표준어의 실제 발음을 따르되, 국어의 ② 전통성과 ③ 합리성을 고려하여 정함을 원칙으로 한다(표준 발음법 제1항).

2. 표준 자모음 발음 익히기

가. 표준 발음에서 인정되는 자음의 종류

〈표 7-1〉 자음의 종류

	입술소리	혀끝소리	(경)구개음	연구개음	목청소리
예사소리	ㅂ	ㄷ, ㅅ	ㅈ	ㄱ	ㅎ
거센소리	ㅍ	ㅌ	ㅊ	ㅋ	
된소리	ㅃ	ㄸ, ㅆ	ㅉ	ㄲ	
비음	ㅁ	ㄴ		ㅇ	
유음		ㄹ			

나. 표준 발음에서 인정되는 모음의 종류

〈표 7-2〉 모음의 종류

	전설		후설	
	평순	원순	평순	원순
고모음	ㅣ	ㅟ	ㅡ	ㅜ
중모음	ㅔ	ㅚ	ㅓ	ㅗ
저모음	ㅐ	ㅏ		

1) 단모음 읽기

'ㅏ, ㅐ, ㅓ, ㅔ, ㅗ, ㅚ, ㅜ, ㅟ, ㅡ, ㅣ'는 단모음으로 발음한다. 다만 'ㅚ, ㅟ'는 이중 모음으로 발음할 수 있다.

2) ㅓ의 발음

표준 발음에서 /ㅓ/는 길게 날 때와 짧게 날 때 소리 값에 차이가 있다.

3) 이중 모음 읽기

'ㅑ ㅒ ㅕ ㅖ ㅘ ㅙ ㅛ ㅝ ㅞ ㅠ ㅢ'는 이중 모음으로 발음한다.

3. 소리의 장단을 구별하여 읽기

가. 긴소리로 발음하는 경우와 그렇지 않은 경우

1) 모음의 장단을 구별하여 발음하되, 단어의 첫 음절에서만 긴소리가 나타나는 것을 원칙으로 한다. 다만, 합성어의 경우에는 둘째 음절 이하에서도 분명한 긴소리를 인정한다.

2) 긴소리를 가진 음절을 짧게 발음하는 경우 긴소리를 가진 음절이라도, 단음절인 용언에 모음으로 시작된 어미가 결합되는 경우, 용언 어간에 피동, 사동의 접미사가 결합되는 경우 등은 짧게 발음한다.

4. 받침의 발음

가. 홑받침의 발음

받침소리로는 'ㄱ, ㄴ, ㄷ, ㄹ, ㅁ, ㅂ, ㅇ'의 7개 자음만 발음한다.

나. 겹받침의 발음

국어에는 ㄳ, ㄵ, ㄶ, ㄺ, ㄻ, ㄼ, ㄽ, ㄿ, ㄾ, ㅀ, ㅄ 등과 같이 11개의 겹받침이 있다. 겹받침은 두 자음을 다 발음하는 것이 아니라 두 자음 중 하나만을 선택하여 발음한다.

1) 첫 번째 자음이 발음되는 경우

'ㄳ, ㄵ, ㄼ, ㄽ, ㄾ, ㅄ'은 단어의 마지막 위치에 있거나, 이들 음절 뒤에 자음으로 시작하는 조사나 어미가 오게 되면 첫 번째 자음만이 발음된다.

2) 두 번째 자음이 발음되는 경우

겹받침 'ㄺ, ㄻ, ㄿ'은 단어의 마지막 위치에 있거나, 이들 음절 뒤에 자음으로 시작하는 조사나 어미가 오게 되면 두 번째 자음만이 발음된다.

3) 받침 ㅀ, ㄶ의 발음

'ㄶ', 'ㅀ'의 경우 이들 음절 뒤에 자음으로 시작하는 조사나 어미가 오게 되면 첫 번째 자음인 'ㄴ'과 'ㄹ'이 발음된다. 다만 두 번째 자음 'ㅎ'의 영향으로 'ㄱ, ㄷ, ㅈ'이 결합되는 경우에는 뒤 음절 첫소리와 합쳐서 〔ㅋ, ㅌ, ㅊ〕으로 발음한다.

4) 받침 ㅎ의 발음

받침 'ㅎ' 뒤에 'ㄱ, ㄷ, ㅈ, ㅅ'이 결합되는 경우 〔ㅋ, ㅌ, ㅊ, ㅆ〕으로 발음한다. 그리고 받침 'ㅎ' 앞에 'ㄱ, ㄷ, ㅂ, ㅈ'이 결합되는 경우에도 〔ㅋ, ㅌ, ㅍ, ㅊ〕으로 발음한다.

5. 연음과 절음

받침으로 쓰인 자음이 그대로 다음 음절의 첫소리로 발음되는 것을 연음이라 하고, 받침으로 쓰인 자음이 대표음으로 바뀐 뒤 다음 음절의 첫소리로 발음되는 것을 절음이라 한다.

6. 소리의 변화

가. 구개음화

1) 받침 'ㄷ, ㅌ(ㄾ)'이 조사나 접미사의 'ㅣ'와 결합될 때의 발음

받침 'ㄷ, ㅌ(ㄾ)'이 조사나 접미사의 모음 'ㅣ'와 결합되는 경우에는 〔ㅈ, ㅊ〕으로 바꾸어서 뒤 음절 첫소리로 옮겨 발음한다.

'이' 이외에 '히'가 결합될 때에도 받침 'ㄷ'과 합하여 〔ㅊ〕으로 구개음화하여 발음한다.

나. 자음동화

1) 장애음의 비음화

장애음은 비음 앞에서 비음에 동화되어 비음으로 바뀐다. 즉 받침 'ㄱ(ㄲ, ㅋ, ㄳ, ㄺ), ㄷ(ㅅ, ㅆ, ㅈ, ㅊ, ㅌ, ㅎ), ㅂ(ㅍ, ㄼ, ㄿ, ㅄ)'은 'ㅇ, ㄴ, ㅁ' 앞에서 〔ㅇ, ㄴ, ㅁ〕으로 발음하는 경우를

'장애음의 비음화'라 한다.

2) ㄹ의 비음화

'ㄹ'은 'ㅁ'과 'ㅇ' 뒤에서 'ㄴ'으로 발음된다.

'ㄴ, ㄹ'을 제외한 모든 자음 뒤에서 ㄹ은 〔ㄴ〕으로 발음된다.

3) 유음화

'ㄴ'은 'ㄹ'의 앞이나 뒤에서 〔ㄹ〕로 발음한다. 첫소리 'ㄴ'이 'ㅀ', 'ㄾ' 뒤에 연결되는 경우에도 이에 준한다. 다만 ㄴ으로 끝나고 독립성이 있는 2음절 한자어에 ㄹ로 시작된 일음절 접미사가 결합된 다음과 같은 예들은 ㄹ을 〔ㄴ〕으로 발음한다.

다. 경음화

1) 받침 'ㄱ(ㄲ, ㅋ, ㄳ, ㄺ), ㄷ(ㅅ, ㅆ, ㅈ, ㅊ, ㅌ), ㅂ(ㅍ, ㄼ, ㄿ, ㅄ)' 뒤에 연결되는 'ㄱ, ㄷ, ㅂ, ㅅ, ㅈ'은 된소리로 발음한다.
2) 어간 받침 'ㄴ(ㄵ), ㅁ(ㄻ)' 뒤에 결합되는 어미의 첫소리 'ㄱ, ㄷ, ㅅ, ㅈ'은 된소리로 발음한다. 다만, 피동, 사동의 접미사 '-기-'는 된소리로 발음하지 않는다.
3) 한자어에서, 'ㄹ' 받침 뒤에 연결되는 'ㄷ, ㅅ, ㅈ'은 된소리로 발음한다.
4) 관형사형 '-(으)ㄹ' 뒤에 연결되는 'ㄱ, ㄷ, ㅂ, ㅅ, ㅈ'은 된소리로 발음한다.
5) 표기상으로는 사이시옷이 없더라도, 관형격 기능을 지니는 사이시옷이 있어야 할(휴지가 성립되는) 합성어의 경우에는, 뒤 단어의 첫소리 'ㄱ, ㄷ, ㅂ, ㅅ, ㅈ'을 된소리로 발음한다.

Ⅲ. 국어과 지도의 실제

1. 한글의 특성

첫째, 한글은 음소문자이다. 음소문자란 글자의 가장 기본 단위가 음소로 이루어져 있는 문자를 말하며 이 음소들이 모여서 음절과 단어를 형성한다(이익섭, 2000).

둘째, 한글은 음절단위로 모아쓰기를 한다. 음소문자는 보통 옆으로 나열해서 풀어쓰기를 하는 것이 원칙이나 한글은 음소문자이면서도 음절문자처럼 자음과 모음을 묶어서 한 글자로 쓰는 모아쓰기 방식을 취하고 있다.

셋째, 한글은 뛰어난 표음문자이다. 한글은 모든 언어에서 나타나는 거의 대부분의 소리를 한글의 자음과 모음 글자를 가지고 소리 나는 대로 표현할 수 있다.

넷째, 한글은 표기상 표의주의를 취하고 있다. 표의주의란 언어를 발음 나는 대로 표기하는 것이 아니라 그 단어의 뜻을 밝히기 위해서 기본 형태소의 원형을 그대로 둔 채 분절하여 표기하는 것을 의미한다.

위의 특성들을 통해 살펴본 한글은 언어적으로 이중적인 양면성을 가진 매우 독특한 성질의 언어이다.

2. 읽기의 개념과 특성

가. 읽기의 개념

읽기의 의미는 학자마다 견해가 다양하다. 서울대학교 국어교육연구소에서 펴낸 국어교육학 사전(1999)에서는 읽기를 글과 독자가 만나는 과정에서 독자가 자신의 배경 지식과 경험을 바탕으로 새로운 의미를 재구성하는 행위이며, 사고적인 면, 사회적인 면, 언어적인 면 등이 통합적으로 작용하는 고도의 역동적인 인지적 행위로 정의하고 있다. 그러나 읽기는 단어재인(word recognition)과 독해(comprehension)의 두 가지 기능적 활동으로 구분하여 이해하는 것이 가장 보편적인 읽기의 의미라고 할 수 있다. "오늘의 세계는 읽어야만 하는 세계이다. 오늘의 세계에 살기 위해서는 읽지 않고는 살 수가 없다."라는 G. L. Bond의 말처럼 대중매체와 정보산업이 발달한 현대 사회에서는 글을 접하는 경우도 많아지고 읽기를 통해 정보를 수집해야 하는 상황이 빈번해지고 있다. 이처럼 폭발적으로 증가하는 정보와 지식의 습득을 필요로 하는 정보화 시대에서는 나에게 필요한 정보를 가려내기 위해 읽기 능력이 중요한 생존능력으로 작용한다. 또한 읽기는 기본적으로 도구적 성격을 지니므로 읽는 방법을 터득하는 것은 다른 종류의 학습을 효과적으로 할 수 있고 높은 수준의 사고력을 기르는데 필요하다.

나. 읽기의 특성

1) 글자의 해독에서 나아가 내용을 독해하는 과정이다.

2) 읽는 이가 머릿속에서 글쓴이와 의미를 주고받는 의사소통의 과정이다.

3) 읽는 이의 배경 지식과 가치관에 따라 이해의 폭과 깊이가 달라진다.

4) 글의 의미를 정확하게 구성하는 과정에서 만나는 여러 가지 문제를 해결해 나가는 문제 해결 과정이며 사고의 과정이다.

다. 읽기의 원리

1) 글의 내용에 대한 확인과 머릿속의 의미를 재구성하는 일이 동시에 이루어져야 한다.

2) 글자나 단어, 문장의 의미 파악 단계를 넘어 글 전체의 구조에 대한 이해까지 이르러야 한다.

3) 맥락을 고려하고, 배경 지식을 적극 활용하여 글쓴이와 대화하듯 읽어야 한다.

4) 글을 읽는 목적과 글의 종류에 따라 읽기 방법을 달리해야 한다.

3. 읽기 능력 발달 단계

읽기 능력은 독자의 자연적 성숙과 교육에 따라 발달한다. 읽기 능력의 주요한 구성 요소인 배경 지식은 각자의 인생 경험에 따라 모두 다르므로 엄밀히 말하면 모든 사람의 읽기 능력은 각기 다르다고 할 수 있다. 읽기 능력의 발달은 개인차가 많아서 어떠한 단계로 구분하는 것은 적절치 못한 측면도 있다. 그러나 읽기 능력의 발달을 구분하는 것은 교육의 목적에서 긍정적 측면도 많다. 읽기 능력의 개인차도 다른 심리적 특성과 마찬가지로 정상분포를 이룰 것이기 때문에 정상적인 발달 단계를 보이는 학생을 위한 각 단계의 읽기 발달 특성을 규명하여 둠으로써 학생의 발달 수준에 맞는 적절한 지도 및 평가의 내용을 구성할 수 있으며, 교재 개발의 근거로 사용될 수 있다. 또한 발달이 늦은 학생과 빠른 학생에 대한 진단과 지도의 목적으로 활용할 수 있다.

읽기 능력의 발달 단계에 대한 견해도 다양하다. 하나의 단어를 이해하는 수준에서조차도 다양한 발달 단계가 설정되기도 한다. Ehri(1991)의 연구에서는 단어 이해 곧 해독 능력은 그림 지각 단계(logographic phase), 과도기(transitional phase), 문자 인식 단계 (alphabetic phase), 철자 인식 단계(orthographic phase)로 발달한다고 한다. 이에 비해 Chall(1996)은 다음과 같이 학년급과 연령을 주로 참고하여, 읽기 능력의 발달을 6단계로 구분하였다. Chall의 견해는 이 방면의 고전적 저작으로 인정받고 있다.

Chall(1996:11)은 읽기 발달 단계가 인지 발달 단계와 유사하다는 가정을 취하고 있다. 삐아제의 인지 발달 이론처럼, 읽기 발달 단계는 독자가 환경에 적응하기 위해 동화와 조절의 과정을 겪은 결과이며, 각 단계는 다른 단계와 질적으로 구별되는 특별한 구조와 특성이 있는 것으로 보고 있다. 그러나 Chall(1996)이 구분한 읽기 발달 단계는 각 단계를 1단계, 2단계 등 아라비아 숫자 중심으로 구분하였기 때문에 각 단계가 읽기 발달에 있어서 어떤 특성을 보이는지 의사소통에 불편하다. 이를 반영하여 천경록(1999)에서는 Chall의 견해와 우리나라의 10년 공통 교육과정 등을 고려하여 읽기 능력 발달 단계를 다음과 같이 구안하여 제시한 바 있다.

발달 단계를 구분하는 주요 준거는 읽기를 구성하는 하위 능력의 발달과 교육과정의 학교나 학년급 등을 주로 고려하였다. 그리고 읽기 발달은 정상적인 발달과 함께 발달이 부진(不進)하거나 속진(速進) 현상도 나타난다. 여기서는 읽기 발달 부진 현상도 함께 제시한다.

읽기 발달 부진을 함께 제시하는 것은 읽기 발달 부진아에 대한 교육의 근거로 활용할 수 있기 때문이다. 표에 제시된 각 단계별 주요 특징을 살펴보면 다음 〈표 7-3〉과 같다.

〈표 7-3〉 읽기 단계별 특징

단계	시기	주요 특징
읽기 맹아기	유치원 시기까지	· 음성 언어 시기·읽기 이전 시기 · 하향식 모형
읽기 입문기	초등 저학년	· 문자 지각·해독·자소-음소 관계파악 · 낭독 · 읽기 학습의 시기·기초 기능 발달 · 상향식 모형
기초 기능기	초등 중학년	· 기초 기능 발달, 낭독(朗讀) · 음독과 묵독의 과도기 · 학습 읽기의 시작 · 주로 상향식 모형과 하향식 모형 보조
기초 독해기	초등 고학년	· 기초 기능 숙달 · 묵독 · 기초 독해 기능 · 학습 읽기의 시기 · 의미 중심의 글 읽기 · 하향식 모형과 상향식 모형
고급 독해기	중학 1-2학년	· 추론 · 글 구조 파악 · 작가의 관점 파악 및 비판 · 상호작용 모형
읽기 전략기	중3-고1년	· 초인지 읽기 전략 구사 · 독자와 작자와의 사회적 상호작용임을 이해 · 상호작용 모형
독립 읽기기	고등학교 2학년 이후	· 교양, 학문, 직업 세계의 읽기 · 상호작용 모형

읽기 맹아기는 글을 읽기 이전 단계로, 주로 음성 언어를 사용하는 단계이다. 아동이 태어나서 유치원을 다닐 때까지의 시기가 이 시기에 해당한다. 이 단계의 읽기 발달에서 부모의 역할이 매우 중요하다. 부모는 가정의 문식력(文識力) 환경을 적극적으로 조성해야 한다. 이를 위해 아동과 함께 아동의 직접 경험과 간접 경험에 대하여 이야기하고, 단순한 사실에서부터 추상적인 이야기까지를 인과 관계에 유의하여 할 수 있어야 한다.

읽기 입문기는 음성 언어에서 문자 언어로 나아가는 단계이다. 주로 초등학교 1~2학년인 저학년 시기에 해당한다. 아동은 말뿐만 아니라 글로도 의사소통할 수 있다는 것을 깨닫는 시기이다. 이 시기에는 아동은 글자를 배우며, 글자와 소리의 관계를 인식한다. 그리고 단어를 소리내어 읽을 수 있는 단계이다. 이 단계의 읽기에서는 음독(音讀: oral reading) 활동이 중요하다. 글자를 소리내어 읽는 것은 아동이 글을 읽고 있다는 증거이다.

기초 기능기는 해독에서 독해로 나아가는 기간으로 읽기의 기초 기능을 익히는 시기이다. 이 단계는 초등학교 중학년에 해당하는 3~4학년 시기에 해당한다. 아동은 긴 문장을 의미 중심으로 끊어 읽기 시작한다. 글을 유창하게(fluent) 소리내어 읽을 수 있어야 하며, 글을 읽을 때 문자에 안구가 고착되는 것으로부터 점점 자유로워지는 시기이다.

기초 독해기는 초급의 사고 기능을 익히는 단계로 볼 수 있다. 초등학교 5~6학년이 이 시기에 해당한다. 해독보다 독해에 더욱 큰 비중을 두고 글을 읽게 되며 묵독(默讀: silent reading)이 강조된다. 이 단계에서는 사실과 의견을 구별하기, 정보를 축약하기, 생략된 정보를 추론하기, 이어질 내용 예측하기, 비유적 표현의 의미 이해하기, 표현의 적절성 판단하기 등과 같은 기초 독해 기능을 기르는 단계이다. 이 단계가 앞 단계와 구별되는 것은 묵독 중심으로 글을 읽으며, 의미 중심으로 글을 읽는 시기라는 점이다.

고급 독해기는 고급한 사고 기능을 발휘하는 시기이다. 주로 중학교 1~2학년 시기(7~8학년)에 해당한다. 이 시기에는 글쓴이의 의도나 목적을 파악하며 글을 읽기, 내용의 통일성을 생각하며 글 읽기, 글의 구조를 파악하기, 글의 일관성을 평가하기, 추론하기, 읽은 내용의 신뢰성과 타당성 판단하기 등 작자의 관점·태도·글의 동기 등에 대하여 비판적 시각으로 글을 읽게 된다. 이 단계부터는 하향식 모형과 상향식 모형을 종합하여 상호작용 모형에 근거하여 읽기를 하게 된다.

읽기 전략기는 중학교 3학년과 고등학교 1학년 시기(9~10학년)에 해당한다. 이 시기는 독해 기능을 구체적인 읽기 목적에 맞추어 자기의 읽기 상황을 점검하고 조정하면서 전략적으로 읽기를 한다. 독자는 앞 단계에서 배운 읽기 기능을 실제 읽기 상황에서 적용할 수 있어야 하며, 유연하고 융통성 있게 각자의 읽기 목적에 맞게 읽기 상황을 조절하면서 글을 읽을 수 있어야 한다. 또한 이 시기는 읽기가 독자와 작자가 글이라는 매개체를 통해 의사소통하고 서로 의미를 타협하고 중재하는 과정이라는 것을 깨닫는 시기이다.

독립 읽기기는 고등학교 하반기부터 대학생과 사회인 시기에 해당한다. 이 시기는 능숙한 읽기(proficient reading) 단계이다. 독자가 각자의 교양, 학문이나 직업의 필요에 따라 전문적인 상황에서 필요한 책과 글을 스스로 선택하여 자발적으로 글을 읽는 시기다. 이전까지의 시기가 남의 도움을 받아 책을 읽는 시기였다면 이 시기는 독립된 독자로서 책을 읽는 단계이다.

4. 초등 1, 2학년(연령) 국어과 지도

가. 초등 1~2학년의 읽기 능력의 특성

초등 1~2학년은 읽기 발달 단계에서 읽기 입문기(beginning reading)에 해당한다. 이 단계의 읽기 특징은 음독(音讀) 현상을 보인다. 이 단계의 주요 읽기 발달 특징을 '해독, 한글 학습, 음독'으로 나누어 설명하면 다음과 같다. 이 단계는 '문자→소리'의 단계라고 할 수 있다.

1) 해독

해독(解讀: decoding)은 한 단어의 의미를 이해하기 위해 글자를 지각하고, 글자의 자모유형을 파악하고, 글자가 모인 덩어리를 하나의 단어로 인식하게 되는 과정을 말한다. 정상적인 읽기의 과정에서 독자는 글자나 단어를 수천 번 해독해야 한다. 사람들의 해독 속도는 서로 다르다. 능숙한 독자가 되기 위해서는 해독이 자동화되어야 한다.

2) 한글 학습과 한글 해독

한글 학습은 문자와 소리의 대응을 가르치는 일로 한글 해독을 말한다. 이에 비해 한글로 쓴 글의 내용을 파악하는 것은 읽기 중의 이해 과정에 해당한다. 한글로 쓴 글을 이해하는 과정은 문자와 소리의 대응, 소리와 의미의 대응이라는 두 가지 과정으로 분할할 수 있는데 앞의 것만 한글 학습에 해당된다(최영환, 2008). 글자는 자소(grapheme)에 해당하며, 소리는 음소(phoneme)에 해당한다. 한글 글자에 한글 소리를 대응하는 과정이 곧 한글 학습이며 이것이 한글 해독에 해당한다.

3) 음독

가) 음독의 개념과 낭독 및 묵독과의 관계

음독은 소리 내어 읽기를 말한다. 인류는 처음에 음성 언어의 시기를 보냈다. 그러다가 문자를 발명하면서 문자 언어의 시기가 시작된다. 문자 언어 시대의 초기에는 읽기는 모두 음독을 뜻했다. 글을 쓴다는 것은 그 글이 소리 내어 읽히기를 의도하였다. 그러나 문자 언어의 영향력이 매우 커진 오늘날 대부분의 국가에서 음독은 단지 초기 읽기 단계에서만 지도된다.

음독, 낭독, 묵독은 읽기 발달에서 서로 유기적으로 관련되어 있다. 읽기를 음성화의 있고 없음에 따라 구분하면 크게 소리 내어 읽기와 소리 없이 조용히 읽기의 두 가지로 나눌 수 있다. 소리 내어 읽기에는 음독과 낭독이 있는데, 음독은 소리를 내서 읽어 나가는 것으로서 문자화된 언어를 충실하게 음성화하는 단계에 주력하는데, 주로 초기 읽기 단계에서 강조된다. 이에 비해 낭독(朗讀: fluent reading)은 문자를 음성화하는 점에서 음독과 같으나 보다 능숙한 읽기 발달 단계에서 이루어진다. 낭독은 초등 3~4학년 단계인 기초 기능기 단계에서 보이는 주요 특징이다. 한편, 묵독(默讀: silent reading)은 소리 없이 눈으로만 읽으며 의미를 중시한다. 정상적인 읽기 발달을 보이는 독자에게는 묵독은 기초 독해기에 해당하는 초등학교 고학년(5~6학년) 단계에서 보편화된다. 아동의 읽기 발달은 크게 소리 내서 읽는 음독에서 소리 없이 조용히 읽는 묵독의 방법으로 발달해 간다. 그 과도기에 낭독이 나타난다.

나) 음독 지도의 유형

음독 지도는 다음과 같은 세 가지 유형이 있다.

(1) 짝 읽기(buddy reading): 교사와 학생이 한 짝이 되거나, 2명 이상의 학생이 짝이 되어 서로 번갈아 가면서 읽는다.

(2) 모두 함께 읽기(choral reading: 합창독, 일제독) : 교사와 학생이 다 같이 읽는다. 합창을 하듯이 글을 소리 내어 읽는다. 교사가 읽는 속도를 조절하고 나중에 읽기에서 빠진다.

(3) 모방 읽기: 교사가 읽고 학생들은 교사를 따라서 읽는다.

나. 초등 1~2학년의 읽기 흥미 발달 특성

학생들의 발달 단계에 따라서 즐겨 읽는 읽을거리들이 달라진다. 아동의 읽기 능력의 발달과 관련하여 학생들의 읽기 흥미도 역시 발달한다. 이 중에 초등 1~2학년(7세~8세) 단계는 '환상 동화의 시기'에 해당한다. 이 시기의 아동은 옛이야기의 심성은 유지되나 실제 생활이 사회적으로 확대되기 때문에 새로운 생활 장면에서의 행동의 규범에 관심을 가지게 되는 단계이다. 따라서 왕성하게 가치 판단을 구하며 도덕과 윤리를 내포한 설화를 선호한다. 글을 읽기 시작하지만 그림의 보조가 필요하다. 우화와 환상 동화의 등장인물의 행동을 평가한다. 선과 악, 진실과 허위, 현명함과 우둔함 등 도덕적 가치관을 명백히 하고, 환상적인 동화를 선호한다. 글의 구조는 서사체(narrative text) 텍스트가 주류를 이룬다. 이야기체란 등장인물이 나타나고, 배경, 사건, 행동, 플롯 구성 등이 나타나는 텍스트를 말한다. 환상 동화의 시기에 아동의 읽기 흥미도와 관련된 발달 특성은 다음과 같다.

① 판타지를 읽는다. 이 시기의 아동들은 거짓말을 잘 한다. 아동들의 상상력이 최고조에 이르기 때문이다. 환상 동화는 인간을 부드럽고 유연하게 하는 연골과 같은 역할을 하고 미래를 꿈꾸게 한다.

② 쉬운 단편 동화를 많이 읽는다. 아동의 읽기 훈련을 위해서는 쉽고 길이가 짧은 단편 동화가 좋다.

③ '짝 읽기'로 읽기를 즐긴다. 상대방이 읽는 소리로 정확한 발음, 읽기의 속도, 숨쉬고 붙여 읽는 곳 등을 배우게 되고 읽기에 흥미를 갖게 된다.

④ 이야기(story)를 다른 사람에게 전달한다. 아동이 이야기를 남에게 전달함으로써 남에게 무엇인가 전달한다는 성취감을 맛본다. 이것은 읽기의 기쁨을 배가시킨다.

⑤ 감상을 그림일기나 그림으로 그린다. 그림일기처럼 그림 밑에 한두 줄 쓰는 아동의 감상은 후에 글짓기 발달의 기초를 이룬다.

⑥ 혼자서 읽기를 시작한다. 초등학교 2학년부터는 혼자서 읽기를 즐기기 시작하는데,

읽기의 기쁨을 본격적으로 느끼기 시작하는 때이다.

다. 1~2학년 읽기 지도 권장 모형

1) 사고 중심 읽기 학습(DRTA) 모형

사고 중심 읽기 학습 모형은 교사 안내 중심의 읽기 지도 모형에 속하는 세부 모형이다. 교사 중심 읽기 학습(DRA)이 교사가 주도하는 교수 학습 방법이라면, 사고 중심 읽기 학습(DRTA: Directed Reading Thinking Activity)은 학생 중심이면서 교사 중심 읽기 학습의 변형이라고 할 수 있다. 교사 중심 읽기 학습에서 학생의 활동이 많은 것은 사실이나 이 활동은 교사 지도하에 이루어진다. 그러나 사고 중심 읽기 학습은 학생 스스로 질문을 만들고, 예측하고, 글을 읽은 후 예측이 맞는지 확인하며, 글을 읽는 목적을 스스로 정하고, 거기에 맞추어 읽으며 자신이 이해하고 있는지를 확인하는 등의 활동을 하기 때문에 학생 중심의 교수 학습 방법이라고 할 수 있다.

사고 중심 읽기 학습 방법은 학생이 글을 읽을 때 예측을 하고 그 예측이 맞는지를 확인하면서 학생 스스로 '생각하도록' 지도하는 것이다. Stauffer(1969)는 텍스트를 단락별로 읽음으로써 예측하기를 배울 수 있다고 제안했다. 학생들이 읽기 전에 예측하기, 예측이 맞는지 확인하며 읽기, 그리고 그 예측을 입증하기 위해 읽기를 한다. 먼저 학생들에게 읽기 전에 예측한 것을 칠판에 쓰게 한다. 그리고 학생들은 그 부분을 읽은 후에, 자신의 예측이 적절했는지 그렇지 않은지 토의한다. 교사는 그들의 예측에 대한 내용이 활성화되도록 토의에서 학생들을 격려한다. 이러한 활동은 학생들의 예측하기를 촉진한다.

2) 사고 중심 듣기 학습(DLTA) 모형

사고 중심 듣기 학습(DLTA: The Directed Listening-Thinking Approach)은 사고 중심 읽기 학습 모형을 기초로 한 것이다. 각 단계는 제목을 읽고 난 후 멈추기 → 한두 단락 읽은 후에 멈추기 → 이야기의 극적이고 가장 흥미 있는 부분에서 멈추기 → 이야기의 결말 바로 전에서 멈추기 → 이야기를 다 읽고 난 후 멈추기이다.

〈사고 중심 듣기 학습 모형의 예측하기 질문 예〉

『늑대가 들려주는 아기돼지 삼형제 이야기』

[준비하기]

이야기를 읽어주기 전에 이미 알고 있는 이야기일지라도 미리 읽어보면서 이야기를 읽어주다가 멈출 부분을 정한다.

[동기유발]

어떤 이야기를 좋아하는지, 왜 좋아하는지를 질문한다. 이야기에 등장하는 돼지 인형과 같은 소품을 이용하여 흥미를 갖게 한 다음 책을 소개하기도 한다. 예를 들어 숫자 3, 지푸라기, 무, 벽돌, 늑대, 돼지 그림 카드를 보여주면서 어떤 이야기가 생각나는지 질문한다.

[1단계] 제목을 읽은 후 멈춘다. 그리고 다음과 같은 질문을 한다.

"이 제목을 보고 이 이야기가 무엇에 관한 이야기일 거라고 생각하는가"

"왜 그렇게 생각하지" "제목을 왜 이렇게 정했을까"

[2단계] 동화 겉표지의 그림을 보여준다.

"이 그림에 안경을 쓰고 양복을 입고 빨간 나비넥타이를 한 인물은 누구일까?"

[3단계] 한~두 단락을 읽은 후에 멈춘다.

- 1쪽을 읽어 준 후 "이 그림에 나오는 것은 무엇인가"
- 2쪽을 읽어 준 후 "알은 지금 어디에서 이야기해주고 있는 걸까"
- 8쪽을 읽어 준 후 "알이 어디로 갈 것 같은가"
- 15쪽을 읽어 준 후 "알이 아기 돼지를 어떻게 했을까? 아직도 설탕을 얻지 못한 알은 어디로 갈까"

[4단계] 가장 재미있거나 극적인 부분에서 멈춘다.

- 19쪽을 읽어 준 후 "알은 이 늑대를 어떻게 할까? 늑대는 설탕을 얻기 위해 어디로 갈 것인가"
- 23쪽을 읽어 준 후 "할머니의 욕을 들었을 때 알의 기분은 어떠했을까"

[5단계] 이야기의 결말 바로 전에서 멈춘다.

- 24쪽을 읽어 준 후, "돼지네 집에 달려온 사람들은 누구일까"
- 27쪽을 읽어 준 후, "알은 지금 어디에 있을까"

[6단계] 이야기를 다 읽고 난 후 질문한다.

- 28쪽을 읽어 준 후, "알에게 설탕 한 컵을 줄 사람은 누구니? 그리고 알은 다음에 어떻게 되었을까"

라. 1~2학년 읽기 자료의 선정

1) 정보의 획득과 이해를 위한 읽기

가) 읽기 자료

- 그림책, 아동용 사전, 백과사전, 교실의 전시물, 차트, 포스터, 그림지도, 설명적인 글, 전자 문서나 책

나) 읽기 활동

- 정보를 획득하기 위한 참고 자료 이용 방법 익히기
- 자료, 아이디어, 사실 등을 알아내기 위하여 정보를 전달하는 글 읽기
- 그림, 도표, 전자 문서에 제시된 정보 해석하기
- 일상생활에서 흔히 접하게 되는 기호나 상징물 이해하거나 해석하기
- 이야기를 담은 글과 정보 전달을 위한 글 구별하기
- 새로운 자료, 사실 등을 이해하기 위하여 자신의 경험 활용하기
- 정보를 찾는 데 필요한 책 고르기

2) 문학 작품의 이해와 감상을 위한 읽기

가) 읽기 자료

- 그림책, 개념을 설명하는 책, 동시, 동화, 전자 문서로 된 동시·동화

나) 읽기 활동

- 상상을 위주로 한 인쇄 자료나 영상 자료를 이해하고, 해석하기

• 다음과 같은 활동을 통하여 읽기에 몰두하기
  - 자신의 흥미와 관심에 부합되는 읽기 자료 선정하기
  - 이야기의 내용과 개인의 경험을 연결 짓기
  - 이야기의 내용과 그림 자료를 연결 짓기
  - 다음에 이어질 이야기의 내용 추측하기
  - 이야기의 결말 도출하기
  - 이야기에 나오는 인물, 배경, 사건 식별하기
  - 이야기의 내용 말하기
  - 사실적인 내용과 상상적인 내용 구별하기
• 인형극이나 역할 놀이를 통하여 이야기의 내용 보여주기

3) 비판적 분석과 평가를 위한 읽기

가) 읽기 자료

• 그림책, 개념을 설명하는 책, 동시, 간단한 기사문, 포스터, 전자 문서나 책, 광고문, 경험담을 기록한 글

나) 읽기 활동

• 읽기 자료에 제시된 주제, 경험 등을 식별하고 설명하고 평가하기
• 다음과 같은 활동을 통하여 읽기에 몰두하기
  - 학생들이 관심을 지니고 있는 어떤 구체적인 내용, 주제, 이야기 등에 관하여 무엇을 알고 있으며, 무엇을 원하며, 무엇을 알게 되었는지 식별하기
  - 글의 내용을 이해하거나 다음에 이어질 내용을 예측하기 위하여 그림 자료나 영상 자료 활용하기
  - 어떤 이야기나 기사의 다음에 이어질 내용과 그 결말을 예측하기
  - 서로 다른 결말을 이끌어내기 위하여 이야기 속에 나오는 사건의 순서를 바꾸어보기
  - 이야기나 기사에 나오는 인물을 자신이 알고 있는 유사한 인물과 비교해 보기
  - 이야기에 나오는 사건과 자신의 경험한 사건의 차이점에 관한 의견 제시하기

- 선생님의 안내에 따라 각자 선택한 동화, 동시, 영상 자료에 대한 자신의 의견 제시하기
- 이야기에 나오는 인물의 역할을 파악하기
- 서로 다른 두 이야기를 읽고 짜임이 어떻게 다른지 파악하기

4) 사회적 상호작용을 위한 읽기

가) 읽기 자료

• 그림책, 알림장, 일과표, 일기, 편지, 노트, 엽서 등

나) 읽기 활동

• 다음과 같은 활동을 통하여 읽기에 몰두하기
  - 친구, 부모님, 선생님과의 개인적 관계를 잘 유지하기 위하여 읽기 경험을 공유하기(함께 낭독하기, 함께 묵독하기)
  - 글을 쓴 사람의 나이, 성, 사회적 지위, 문화적 특성 등을 존중하기
  - 사회적 의사소통을 위해 일상적으로 사용되는 표현 이해하기(만날 때의 인사말, 헤어질 때의 인사말 등)

마. 소리 내어 읽기와 띄어 읽기

1) 소리 내어 읽기

언어적 발달 단계에 따르면 1~2학년은 묵독보다 음독이 더 익숙하고 효율적이다. 그리고 이 시기의 아동들은 읽기보다는 듣기 이해도가 높아서 1학년은 묵독보다는 음독이나 낭독을 많이 하는 것이 좋다.

소리 내어 읽기의 경우 가장 중요한 것은 시범이다. 초등학생의 수준에서는 비록 문법적인 원리는 모르더라도 실제적인 발음을 정확하게 하면 된다. 그러므로 교사가 발음의 원리를 잘 알고 정확한 발음으로 시범을 보여야 한다.

2) 띄어 읽기

띄어 읽기는 띄어쓰기와 관련이 있다. 띄어쓰기가 되어 있는 모든 곳에서 띄어 읽기를

하면 정보가 지나치게 분석적으로 되어 독해의 효율성을 떨어뜨린다. 따라서 적절한 언어 단위로 묶어서 정보를 처리하는 것이 효율적이다. 언어 단위는 독자마다 다를 수 있다. '낱자 중심, 구절 중심, 문장 중심, 문단 중심'의 띄어 읽기가 모두 가능하다.

띄어 읽기는 문장 부호를 중심으로 띄어 읽는 방법, 의미를 중심으로 띄어 읽는 방법, 시나 동화와 같이 띄어 읽는 방법 등이 있다.

가) 문장 부호를 살펴요

사람들은 글을 쓸 때 뜻을 더 잘 나타내기 위해서 문장 부호를 사용한다. 그리고 문장 부호가 사용된 글에서 글의 뜻을 더 잘 전달하기 위하여 문장 부호가 있는 곳에서 띄어 읽는다. 문장 부호를 중심으로 띄어 읽는 것은 띄어 읽을 곳이 눈으로 보이기 때문에 지도하기가 수월하다. 반면에 의미 단위를 제대로 반영하지 못할 수도 있다는 단점이 있다. 문장 부호가 있는 문장을 띄어 읽을 때는 반점 뒤에서는 조금 쉬어 읽고, 온점, 물음표, 느낌표 뒤에서는 조금 더 쉬어 읽는다.

나) 누가 무엇을 했는지 살펴요

의미를 중심으로 띄어 읽는 것은 의미 단위를 제대로 반영하여 실제적인 띄어 읽기 지도가 가능하다는 이점이 있다. 반면에 의미 단위를 파악하기가 쉽지 않다는 단점이 있다. 시범독을 먼저 하여 문장 내에 있는 주어 다음 서술어 전에 잠깐 띄어 읽는다는 것을 알게 하고, 스스로 표시하는 활동으로 찾아 띄어 읽기를 하도록 지도해야 한다.

바. 그림 동화 지도하기

1) 그림의 의미 파악하기

가) 그림의 크기와 색이 말을 해요

(1) 인물의 심리 묘사

그림 동화에서는 그림의 크기와 색으로 인물의 심리를 나타내기도 한다. 그러므로 그림의 크기와 색에 따라 등장인물의 마음을 파악할 수 있다. 『지각대장 존』에서 '존'은 작게, '선생님'은 크게 그려져 있다. 그림의 크기로 '존'과 '선생님' 사이의 갈등을 알 수 있다.

또한, 그림은 공간의 적절한 사용으로 인물의 심리를 나타내기도 한다. 인물과 인물 사이의 거리 또는 인물과 배경 사이의 공간적 거리는 인물의 친소관계를 의미한다. 『까마귀 소년』에서는 주인공 치비가 교장과 동료 아이들이 무서워 어두운 공간에 숨어 있는 모습이 그려져 있다. 치비가 교실에 있을 때 그의 책상은 다른 친구들로부터 멀리 떨어져 교실의 한 구석에 있으며 교사가 서 있는 교단이나 칠판과도 아주 멀리 떨어져 있다. 이러한 공간 사용 그림은 소년의 고립감과 외로움을 효과적으로 표현한다.

(2) 환상 세계 표현

그림 동화에서는 그림의 크기로 현실 세계와 비현실 세계를 표현하고 있다. 또한 크기와 여백을 적절히 사용함으로써 긴장감의 고조를 표현한다. 『괴물들이 사는 나라』에서는 주인공 맥스가 욕구가 해소되지 않은 현실 세계에서 짓궂은 장난을 할 때는 그림이 작고 여백이 넓었다가 환상 세계로 가까이 갈수록 그림이 점점 커지고 여백은 줄어든다. 환상 세계에서 괴물들과 소동을 벌일 때는 지면 전체가 그림으로 채워진다. 그리고 글자 없이 그림만으로 세 장에 걸쳐서 제시되었던 괴물 소동이 끝난 후 맥스가 현실의 자기 방으로 돌아왔을 때도 그림의 크기가 줄어들지 않는데 이것은 환상계를 경험한 맥스의 내면 세계가 이전의 맥스와는 같지 않다는 것을 보여준다. 이러한 그림을 잘 파악하면 훨씬 더 쉽게 플롯 전개를 이해하게 된다.

『숲 속으로』는 컬러에서 흑백으로 이어지는 그림이 현실과 환상의 세계를 절묘하게 배합시켰다. 여기의 '숲 속'은 현실에서 환상의 세계로 넘어가는 길이다. 숲 속에서 주인공을 제외한 전 화면이 흑백처리 되는데, 이것은 주인공이 겪는 환상의 세계를 나타낸다. 숲 속의 세계는 모두 어두컴컴하게 그려져 있다. 오직 아이와 빨간 외투만이 칼라로 되어 있는데, 이는 아이의 불안하고 두려운 내면을 보여주고 있는 것이다. 그리고 할머니 댁에 도착하자 환한 모습으로 맞아주는 할머니의 모습이 밝은 색깔로 그려져 있는데, 이 부분부터의 그림은 따뜻한 느낌의 칼라로 되어 있다. 아이들의 마음을 안심시키는 따뜻한 결말로 끝이 난다.

[수업 개요]

* 수업 목표: 그림의 크기와 색이 나타내는 의미를 알 수 있다.

* 수업 대상: 1학년

* 준비물: 그림 동화책(교사)

[지도 절차]

1. 그림의 크기와 색에 따른 인물의 심리 알기

- 교사가 '지각대장 존' 그림을 보여준다.

T: 왜 아이는 작게 그려지고 선생님은 크게 그려져 있을까요

S: 선생님이 무서워서요. 아이가 선생님께 혼나고 있기 때문에요.

- 교사가 '까마귀 소년' 그림을 보여준다.

T: 혼자 멀리 떨어져 앉아있는 아이의 마음은 어떨까요

S: 슬플 것 같아요. 속상할 것 같아요. 외로울 것 같아요.

2. 그림의 크기와 색에 따른 환상 표현 알기

- 교사가 '괴물들이 사는 나라' 다음 그림을 보여준다

T: 맥스는 어떤 장난을 했나요? 어떻게 알 수 있나요

S: 화난 얼굴로 망치를 들고 벽에 못을 박으며, 천으로 텐트를 만들었어요. 그림을 보고 알 수 있어요.

T: 앞의 그림과 다음 그림은 크기가 다르지요. 그림의 크기가 왜 이렇게 다를까요?

S: 괴물들이랑 노는 것이 신나고 재미있어서요. 괴물나라에서 왕이 되어서요.

T: 다음 그림은 다시 집으로 돌아왔을 때의 그림이에요. 처음 그림보다 커졌는데 왜 그럴까요?

S: 괴물 나라에 갔다 와서 기분이 좋아서요.

T: 네. 그림 동화에서는 그림의 크기로 인물의 마음을 알 수 있습니다.

- 교사가 '숲 속으로'의 다음 그림을 보여준다.

T: 왜 아이만 색이 칼라일까요

S: 숲 속은 가짜 세계예요.

T: 네. 흑백은 상상의 세계예요. 숲 속으로 들어가는 것은 상상의 세계로 들어가는 거라고 볼 수 있어요.

[지도시 유의 사항]

- 그림의 크기와 색에 따른 의미는 모든 동화에서 나타나지 않으므로 모든 그림 동화를 이러한 방법으로 읽지 않도록 한다.
- 그림의 크기와 색에 따른 환상 세계 표현은 환상동화 중에서도 일부 동화에만 해당한다.

사. 그림 동화 감상 방법

1) 표지 그림과 제목이 중요해요

책을 읽기 전에 제일 먼저 훑어보는 것이 표지이다. 그러므로 표지는 책의 전체적인 주제와 인상을 요약적으로 제시하여 독자의 눈길을 사로잡아야 한다. 표지 그림이나 장정은 이야기의 기본적인 특질을 나타낸다.

『오소리네 집 꽃밭』의 표지에는 개구멍처럼 보이는 원 안에 뒷모습을 보이고 있는 오소리가 그려져 있는데, 표지에 그려진 이 그림을 보면 도대체 무슨 이야기가 펼쳐질까 궁금함을 느끼게 한다. 흔히 꽃밭이라는 제목이 붙으면 표지에 꽃 그림이 나오는 게 일반적인데 이 책의 표지 그림은 전개될 이야기의 내용에 대해서는 시치미를 뚝 떼고 있다. 그러다 보니 독자는 오소리가 도대체 뭘 들여다보고 있을까 일차적인 궁금증을 갖게 되고, 호기심을 잔뜩 갖고 책을 펼치게 된다. 표지가 책의 전체적인 이야기를 압축하거나 상징적인 것을 드러내는데 비해 이렇게 궁금증을 불러일으키게 하는 경우도 있다. 새로운 것을 알고 싶어 하는 독자의 호기심을 자극하는 장치로『오소리네 집 꽃밭』의 표지는 매우 성공적이다.

2) 책의 앞면지와 뒷면지에도 이야기가 있어요

그림 동화의 본문이 시작되기 전, 표지를 넘기자마자 바로 이어지는 앞면지와 본문이 끝나고 난 뒤에 제시되는 뒷면지도 책의 매력을 풍부하게 하는 데 한몫을 한다. 전에는 이 부분을 그저 비어 있는 채로 두거나, 그림의 색과 조화를 이루는 색으로 처리하는 정도로 그치는 경우가 많았는데 근래에는 이 면지도 본문의 내용을 강조하거나 주제를 암시하는 그림이나 글씨로 처리하여 책의 예술적 가치를 높이고 있다. 『무지개 물고기』의 앞면지에는 몸에 반짝이 비늘이 많은 물고기가 그려져 있으며, 뒷면지에는 자신의 잘못을 깨닫고 반짝이 비늘을 친구들에게 나눠 주고 반짝이 비늘 하나만 가진 물고기가 그려져 있다. 자기보다 못난 이웃을 깔보고 좋은 것을 혼자만 독차지하면 자기도 괴롭게 된다는 것을 가르쳐 준다. 우리나라의 옛이야기를 그림 동화로 구성한 『팥죽 할멈과 호랑이』의 앞면지에는 호랑이에게 위협을 당하며 무서워하는 할머니의 그림자를 그려놓았고, 뒷면지에는 자라와 밤톨, 쇠똥 등의 친구들과 호랑이를 물리치고 좋아서 춤을 추고 있는 듯한 모습의 그림자를 그려 놓아 책의 전체 주제를 암시하고 있다.

3) 글씨 크기도 살펴요

그림의 배치와 활자의 위치와 배열, 여백, 서체, 책의 테두리 등은 본문을 구성할 때 그림책 작가가 가장 주의를 기울이는 부분이다.

글자의 배열을 살펴보면 『작은 집 이야기』에서 활자는 마치 길의 곡선처럼 나선형으로 배열되어 있다. 『백만 달러를 벌어들인 맥스』는 시인인 개 맥스가 펼치는 재미있는 이야기가 나오는데, 맥스가 파리에 가는 꿈을 꾸면 이러한 꿈은 에펠탑 모양으로 인쇄된다.

서체와 글자의 크기에서 서체는 이야기의 분위기와 주제를 효과적으로 표현할 뿐만 아니라 책 전체의 디자인을 한층 돋보이게 하는 기능을 한다. 오늘날에는 컴퓨터의 발달로 다양한 글자체가 개발되어 서체의 종류만 해도 수백 가지는 될 것이다. 전통적인 서체이든 새로 창안된 서체이든 글씨체는 읽기 쉬우며, 내용을 효과적으로 전달할 수 있어야 한다. 글자의 크기는 그림의 크기나 한 페이지에 들어가는 글자의 분량, 대상 독자의 연령 등을 고려하여 결정된다. 때로는 글자의 크기에 변화를 주는 기법을 쓰기도 한다. 『곰사냥을 떠나자』에서는 의성어와 의태어가 반복될 때마다 글자의 크기를 점점 크게 하여 소리나 동작이 점점 커지는 상황을 표현하여 읽는 즐거움을 배가한다.

4) 단서나 숨은 그림을 찾아요

앞으로 일어날 사건에 대해 독자를 준비시키는 복선은 다음의 사건, 가능하면 이야기의 절정에 대해서까지도 힌트를 준다. 『괴물들이 사는 나라』에서는 그림으로 미래에 벌어질 사건의 단서를 제시한다. 맥스가 현실 세계에서 소동을 벌일 때 우표 딱지만한 크기로 제시된 괴물 그림이나, 빨랫줄 같은 기다란 줄에 매달린 인형, 줄에 걸쳐진 텐트 모양의 담요와 텐트 속에 놓여 있는 앉은뱅이 의자는 맥스가 환상 세계에서 경험할 괴물 소동의 복선 역할을 한다.

초등학교 저학년 학습자들은 환상적인 이야기의 경우 스스로 상징이나 은유를 이해하기 어려우므로 단서를 주도록 한다. 아동들은 『괴물들이 사는 나라』나 『숲 속으로』, 『터널』, 『돼지책』, 『동강의 아이들』을 읽을 때, 처음에는 전혀 관심을 갖지 못하다가 교사가 제공한 작은 단서로 나머지 상징들을 발견하게 된다.

아. 어휘 지도하기

1) 낱말의 유의 관계: 우리는 서로 비슷해요

우리가 사용하는 말 중에는 뜻이 서로 비슷한 낱말이 많다. 문장이나 글에서 서로 바꾸어 사용하여도 뜻이 통하는 낱말을 비슷한 낱말이라고 한다. '동무', '친구'처럼 서로 비슷한 뜻을 가지고 쓰이는 낱말을 다른 말로 유의어라고 한다. 낱말의 유의 관계를 지도할 때는 그림을 제시해주고 그림과 낱말을 보며 뜻이 비슷한 낱말을 찾아보게 하는 것이 좋다.

비슷한 관계에 있는 낱말을 이용한 '짧은 글짓기'를 통해 어휘력을 신장시킬 수 있다. 먼저 학생들에게 그림과 문장을 제시해주고 빈 칸에 들어갈 말을 찾아보도록 한다. 그런 뒤 짝과 비교해 보거나 전체 앞에서 발표해 보게 하여 낱말 확장을 경험해 보도록 한다.

2) 낱말의 반의 관계: 우리는 서로 달라요

우리가 사용하는 말 중에 '차갑다', '뜨겁다'처럼 서로 반대되는 뜻을 가지고 쓰이는 낱말을 '뜻이 반대되는 낱말'이라고 한다. 다른 말로 반의어라고 한다. 낱말의 반의 관계를 지도할 때는 그림을 제시해주고 그림과 낱말을 보며 뜻이 반대되는 낱말을 찾아보게 하는 것이 좋다.

반대되는 관계에 있는 낱말을 이용한 '짝꿍 찾기 게임'을 통해 어휘력을 신장시킬 수 있다. 먼저 학생들에게 반대되는 낱말들을 제시해주고 낱말 카드를 만들게 한다. 그런 뒤 짝이나 모둠별로 게임을 해 봄으로써 낱말 확장을 경험해 보도록 한다.

3) 낱말의 포함관계: 우리는 위아래가 있어요

우리가 사용하는 말 중에는 다른 낱말의 뜻을 포함하는 낱말과 다른 낱말의 뜻에 포함되는 낱말이 있다. '장미, 개나리, 진달래, 국화'는 다른 낱말에 뜻이 포함되는 낱말이고, '꽃'은 다른 낱말의 뜻을 포함하는 낱말이다. 이러한 낱말의 관계를 포함 관계 또는 상하 관계라고 한다. 포함하는 말을 찾게 할 때에는 해당 낱말들에 바로 근접한 상위어를 찾게 해야 한다. 예를 들어 사과, 배, 오렌지, 귤을 모두 포함하는 말은 과일로 지도해야 하며, 음식은 그보다 더 상위의 낱말임을 알게 해야 한다. 포함 관계에 있는 낱말을 이용한 낱말 사전 만들기 활동을 통해 어휘력을 신장시킬 수 있다. 먼저 학생들에게 주제어를 주고 그에 관한 낱말들을 적어 보게 한다. 그런 뒤 짝과 비교해 보거나 전체 앞에서 발표해 보게 하여 낱말 확장을 경험해 보도록 한다.

의미 구조도 그리기는 하나의 주제를 중심으로 관련된 낱말들의 의미상 유사점과 차이점을 도식화해 봄으로써 각 낱말의 개념을 정확하게 파악하게 하는 어휘 지도 방법이다. 이때의 도식은 위계나 차례에 따라 시각적으로 개념을 쉽게 인지할 수 있도록 그리는 것이 좋다.

자. 글의 내용 상상하기

1) 주인공 상상하기: 주인공을 소개합니다

문학 작품, 특히 서사 갈래나 극 갈래에서 인물은 매우 중요하다. 인물의 말이나 행동을 통하여 나타난 인물의 특성을 파악하는 데 중점을 둔다. 동화를 듣거나 읽고, '주인공은 어떠하며 어떤 특성을 가지고 있는가?', '주인공은 어떤 모습일까?', '주인공은 어떤 사람인가?' 등 역할 놀이를 통하여 상상한 것을 이야기하도록 지도할 수 있다. 인물의 모습 상상하기, 작품 속 등장인물을 이전에 주변의 인물과 관련짓기, 인물의 미래 예측하기 등을 지도할 수 있다.

2) 중간에 들어갈 내용 상상하기: 앞 뒤 이야기를 이어줘요

앞, 뒤 이야기의 흐름을 고려하여 중간 부분을 상상하여 이야기를 꾸미는 것이다. 특히 중간 부분에 들어갈 내용을 상상할 때에는 인과 관계를 고려하여 쓸 수 있어야 한다. 앞 뒤 이야기의 사건과 시간을 고려하여 적절한 내용을 상상하는 데 필요한 다양한 학습 경험을 하도록 한다. 작품의 한 부분이나 앞, 뒤 이야기의 실마리를 통하여 이야기를 꾸미는 능력을 기르는 데 중점을 둔다.

3) 이어질 내용 상상하기: 이야기가 달라졌어요

이야기의 흐름을 고려하여 다음에 이어질 내용을 상상하는 활동을 통하여 상상력과 이야기를 꾸미는 능력을 기를 수 있다. 이어질 내용을 상상한다는 것은 무조건적인 반전이 아니라 등장인물이나 사건, 배경 등과 밀접한 연관이 있다. 인과 관계, 사건의 흐름, 인물의 성격 등을 고려하여 근거 있는 상상이 반영된 이야기 이어쓰기가 되도록 지도한다.

이어질 이야기를 상상하기 위해서는 여러 가지 단서를 활용하도록 안내한다. 제목, 인물, 사건, 배경 등의 단서를 활용하여 그것을 토대로 여러 가지 예측하는 활동을 함으로써 이어질 이야기를 상상하는 능력을 함양하는 데 도움을 줄 수 있다. 또한 이러한 단서는 상상하는 활동에서 학생들이 지나치게 엉뚱한 상상을 하지 않고 정교한 활동을 할 수 있도록 한다. 그렇지만, 저학년의 경우 이러한 단서들이 활발한 사고 활동에 제약을 줄 수도 있다. 그러므로 '행복하게 끝나는 경우'와 '슬프게 끝나는 경우' 등의 단서를 주는 것도 한 방법이다.

차. 쓰기 발달

쓰기 발달의 단계는 긁적거리기 단계, 한두 개의 자형이 우연히 나타나는 단계, 자형이 의도적으로 한두 개 나타나는 단계, 글자의 형태가 나타나지만 가끔 자모의 방향이 틀린 단

계, 단어 쓰기 단계, 문장쓰기의 6단계로 발달한다고 보았다.

5. 한글의 특성에 적합한 읽기, 쓰기지도의 방향

이차숙(2003)은 효율적인 한글 읽기, 쓰기 교육을 위해서는 한글의 문자적인 양면성을 고려하여 다음의 4가지 지도 원리와 방법을 제시하였다.

첫째, 한글의 읽기, 쓰기 지도는 음운 인식에 앞서 음절 인식을 위한 지도가 선행되어야 한다.

둘째, 한글은 단어의 구성요소인 글자 중심의 해독지도를 해야 한다. 글자 중심의 해독지도는 특별히 동일한 글자는 그것이 어느 단어에 나오든지 혹은 어떤 위치에 나오든지 항상 같은 발음을 내야 한다는 것을 알게 하는 것이다.

셋째, 음절인식이 가능하고 아는 글자를 중심으로 해독이 가능해지면 음운인식을 위한 지도를 해야 한다. 음운인식은 자모체계에 대한 지식을 가지고 말소리의 최소단위인 음소를 결합하고, 분절하고, 빼고, 삽입하고, 대체할 줄 아는 능력이다.

넷째, 음운인식을 발달시키기 위해 지도해야 할 것은 자소가 지닌, 즉 낱자의 음가를 직접적이고 명시적인 방법으로 가르치는 일이다. 받침있는 글자들을 받침 빼고 발음하기, 같은 소리로 시작하는 단어 말해보기 등의 활동들은 특별히 한글의 구조적 특징에 맞는 음운인식 지도가 될 것이다.

6. 쓰기 지도

바람직한 쓰기 지도 방법은 마음껏 써 볼 수 있는 자유와 기회를 제공하며, 개별화 및 협동적 쓰기 지도, 비지시적 쓰기 지도, 총체적 쓰기 지도, 통합적인 쓰기 지도, 기능적(functional)인 쓰기 지도, 사고력을 강조하는 쓰기 지도를 제안한다. 이에 따른 쓰기 지도의 실제 방안으로 교육현장에서 실행할 수 있는 방법을 살펴보면 다음과 같다.

가. 내가 잘 아는 노래, 동시 등 쓰기

아동들이 좋아하는 노래를 신나게 부르며, 가사를 써 보도록 한다. 물론 부모님께서 써 주고, 아동이 보는 것도 아주 바람직한 쓰기 지도라 할 수 있다.

나. 책을 읽고 가장 기억에 남는 장면 독후감 쓰기

책을 읽고 난 다음에 자신의 생각을 담아서 표현하는 기회를 갖는다. 강압적으로 지시하여 활동한 것이 아니라, 격려하며 상호작용하는 가운데 자유롭게 표현하도록 분위기를 조성한다.

다. 그림보고 말주머니 완성하기

그림 장면에 말풍선을 그려주고, 그 말풍선에 알맞은 말을 쓰도록 지도한다. 정답이 없음을 강조하며, 자신이 생각하여 말한 것에 많은 격려를 해 주어 자신감을 갖게 한다.

라. 주인공, 작가에게 편지보내기

아는 것도 중요하지만, 더 중요한 것은 아는 것을 실천하는 것이다. 독후화를 작가 선생님 또는 출판사에 보낸다. 주소는 책의 출판사에 전화를 하면 친철하게 알려준다. 만약 어린이들이 작가로부터 답장을 받는다면 그것은 잊지 못할 좋은 추억거리가 될 것이다.

마. 두 권의 책을 읽고 밴다이어그램 그리기

같은 작가가 쓴 두 작품 비교하기, 같은 제목의 그림이야기 책 비교하기, 신데렐라와 콩쥐팥쥐 비교하기 등 두 권의 책을 읽고 서로 닮은 점과 다른 점을 이야기 나누며 쓰기 활동을 한다.

바. 앨범 꾸미기

견학, 가족 여행 등을 기념하는 사진에 설명을 써 넣는 것이다. 물론 아동이 말로 설명하고, 어른이 받아서 써 놓아도 좋고, 아동 스스로 편집장 역할을 하며 사진을 보고 글을 꾸며

써도 좋다.

사. 낱말을 이용한 이행시, 삼행시 짓기

자신의 이름, 친구의 이름을 가지고 삼행시를 짓거나, 과일, 동물, 사물 등의 이름을 이용하여 삼행시 짓기를 해도 좋다. 말한 것을 글로 써서 오래 간직하도록 격려해준다.

아. 책표지, 광고 만들기

책표지 및 광고 만들기는 아동들에게 표현력을 신장시킬 수 있는 독후 활동의 좋은 방법이다. 책표지는 단순히 그리고 색칠하는 것뿐만 아니라, 표현 문구, 표현의 아이디어, 다양한 소재를 사용하는 것이 바람직하다.

자. 작은 책 만들기

창의적인 작품이 나올 수 있도록 소재나 그림도구에 제약을 가하지 않고 마음껏 쓰고 그리도록 지도한다. 간단한 접기를 통하여 책을 만드는 방법을 알려주어 쓰기 활동을 자발적으로 할 수 있도록 배려한다.

차. 주인공 분석하기

책 속의 주인공 마음이나 감정을 표현해 보도록 한다. 예를 들어 "상냥하다, 친절하다, 용감하다…" 등 알맞은 수식어구를 붙이거나, 주인공의 별명 지어 보는 활동도 재미있다.

카. 내가 만든 흉내말 그림책

"참새가 (   ) 날아가요"에 들어가는 알맞은 낱말을 써 보도록 한다. 예를 들어 포르르, 나폴나폴, 훨훨 등 특별히 지정된 정답없이 자유롭게 표현하도록 분위기를 조성한다.

타. 낱말 기차가 칙칙폭폭!

동화 속에 나오는 여러 단어를 조합하여, 새로운 문장을 만들어 보는 놀이다. 이 놀이를 통하여 글자에 관심을 갖고 어휘력, 표현력을 기른다. 예를 들어 "신데렐라는 착해 - 착하면 콩쥐 - 콩쥐는 귀여워 - 귀여우면 토끼 - 토끼는 빨리 뛰어 - 빠른 것은 비행기…" 등 이야기를 꾸미며 써 본다.

파. 색 모래를 이용한 쓰기 상자

상자에 색 모래를 한 줌 넣어, 손가락을 이용하여 글자를 써 본다. 색 모래 대신 좁쌀을 이용하여도 좋다. 친구 또는 부모님과 함께 게임을 하며 글자 맞추기 놀이를 해도 더욱 좋다.

하. 무엇으로 쓸까?

종이, 색연필, 크레파스, 연필, 사인펜, 볼펜, 샤프, 매직, 분필, 붓펜, 매니큐어, 립스틱 등 다양한 쓰기 도구 등을 이용하여 마음대로 글자 쓰기를 할 수 있도록 한다. 글자를 쓰면서 느낀 각각의 쓰기 도구의 특성과 주의할 점 등에 대하여 이야기한다.

거. 알록달록 글자 점찍기

면봉에 물감을 묻혀 글자를 따라 점찍기 놀이를 하면서 다양한 색글씨를 만든다. 물감 외에 사인펜 속심, 작은 스탬프를 이용하여 점찍기 활동을 할 수도 있다. 아동들이 집중하며 재미있게 쓰기 활동을 할 수 있다.

너. 읽기통장, 읽기기록장, 읽기저금통

책을 읽고 난 후에 책의 제목을 쓰거나, 가장 기억에 남는 장면을 그리고 설명쓰기, 주인공 그리기 등 읽기활동을 한 다음 다양한 기록 활동을 한다.

더. 모래 글자(사포) 베껴서 단어 만들기

글자 모양으로 오려진 사포를 준비한다. 사포로 만들어진 글자를 모르는 아동이 사포 위에 있는 종이를 크레파스로 문질러서 글자를 찾은 후, 그 글자를 다른 종이, 칠판 등에 바르게 써 보는 활동이다. 게임식으로 진행하면 더욱 재미있다.

7. 청각장애아의 쓰기 지도

가. 청각장애 아동의 쓰기 특성

1) 표현

청각장애 아동의 쓰기는 중심 내용이 명확하지 않고, 행동의 결과만을 나열하며, 배경 묘사, 감정 표현, 설명적 기술이 부족하다. 초등부 1학년에서 고등부 3학년까지의 청각장애 아동의 작문을 분석하여 보면 자기중심적이고, 이유가 불분명한 감정 표현이 많으며, 구상 면에서는 저학년은 흥미 중심적이며, 고학년은 나열적이고, 중등부 이상에서는 나열적이나 조직적인 면도 나타나며, 주제 파악은 초등부에서는 특정 단어나 문장에 의존하는 자연 발생적이고, 중등부에서는 주관적으로 파악하려는 경향이 강하고 논리적으로 파악하려고 하는 것은 고등부에서 나타나며, 고등부에서도 문장 중에 회화체가 거의 사용되지 않는다는 점을 지적하고 있다.

초등부 5~6학년의 작문을 비교하면, 일반 아동의 문장 내용은 자기중심적 경향에서 가정과 가족으로 관심이 변화하는 반면, 청각장애 아동은 발달의 순서성이 나타나지 않는다고 보고하고, 쓰기 능력의 발달을 자연 발생적 단계, 일반지식의 획득의 단계, 관점 및 사고의 발달 단계, 비교 및 비판 단계의 4단계로 구분하고 있다.

2) 어휘

초등부 3~6학년을 대상으로 주어진 그림을 보고 이야기를 쓰도록 하고 그 작문을 분석한 결과를 보면, 어휘 수는 학년이 높아지면 증가하는 경향이 있으나, 정확성은 그다지 향상되지 않는다고 하였고, 그 외 여러 학자들은 청각장애 아동은 일반 아동에 비해 짧고 단순한 문장을 사용하며, 사용되는 어휘는 주로 명사, 동사, 형용사이며, 관사, 조동사, 전치사, 접속사 등의 기능어는 사용 빈도가 낮고, 어휘의 대치, 생략, 첨가 등의 오류가 빈번히 발생한다고 보고하고 있다.

3) 통사

청각장애 아동에게 주어와 술어의 연결 문제를 제시하여 구문력을 측정한 결과 저학년에서는 조사를 무시하고 좌우의 단어를 단순히 연결하는 경향이 있으며, 문맥에 따른 적절한 어휘의 선택이 어렵다고 지적하고 있다. 그 외 여러 학자들은 청각장애 아동은 접속사, 복수형, 복수형과 관련된 관계사의 사용에 어려움을 나타내며, 3~5학년을 대상으로 조사한 결과 주술 관계의 오류가 가장 많고, 수식 관계나 접속 관계의 오류는 학년이 높을수록 많이 나타난다고 지적하고 있다.

나. 청각장애 아동의 쓰기 지도 이론

1) 쓰기와 쓰기 지도의 의의

청각의 장애로 쓰기 능력의 형성에 상당한 곤란을 나타내고 있으며, 청각장애인의 사생활에서 필담이 보다 객관적이고 정확한 의사 전달 수단이 되는 경우도 빈번히 발생한다. 요즘 통합 교육과 조기 교육의 필요성 및 효과에 대한 의식이 인식되고 있어, 청각장애 아동이 일반 사회의 구성원으로서 생활을 영위하기 위한 수단으로 쓰기가 요구되며 교육에서도 쓰기 지도를 중시하고 있다.

2) 쓰기 지도 시 주의점

가) 일반사항

(1) 흥미를 느낄 수 있도록 지도해야 한다.

(2) 아동 개개인에게 적합하게 지도해야 한다.

(3) 생활 경험을 중시한다.

(4) 쓰기가 끝난 후에도 충분한 지도를 한다.

3) 문자 도입 시기

일반 아동은 문장을 들음으로써 모국어의 통사 규칙을 습득하지만, 청각장애 아동은 듣는 능력이 제한되어 있기 때문에 청각만을 사용해서는 충분한 통사 규칙을 습득할 수 없으므로 쓰기를 통해 문장을 습득하도록 하는 방법이 통사 규칙을 지도하는 유효한 방법이 될 수 있다고 한다.

그 외 여러 학자들의 조사 결과를 살펴보면, 문자 언어는 음성 언어가 충분히 습득되지 않아도 획득이 가능하고 음성 언어와 동일시기에 학습할 수 있으며, 획득된 문자 언어는 청각이나 독화에 의한 음성 언어의 발달을 촉진하므로, 1세 전부터 문자를 도입해야 한다고 강조하고 있다.

다. 청각장애 아동의 쓰기 지도 방법

저학년에서는 그림일기, 말에 의한 작문 혹은 시청각 교재를 사용하여 쓰기를 지도하고, 고학년에서는 다른 교과 시간, 특별 활동 시간, 학교 행사 등을 활용하여, 다양한 문장으로 표현하는 기회를 제공하여 폭넓게 쓰기 지도를 하도록 한다.

1) 쓰기 지도의 기초

일상생활에서 가능한 한 많은 경험을 하도록 하며, 회화 지도를 통해 말로 생활 경험을 발표하도록 하며, 읽는 습관을 길러야 한다.

쓰기 지도를 하기 전에는 다른 아동의 표현 활동을 주의 깊게 관찰하는 직관력을 기르고, 쓰는 목적을 인식시키며, '말하고 싶다', '쓰고 싶다'는 욕구를 불러 일으켜야 한다.

2) 문장 지도

① 그림일기를 쓰도록 한다.

② 구두로 발표한 것을 써 보도록 한다.

③ 아동의 구두 발표를 정확한 문장으로 시각화하여 지도한다.

④ 글을 쓰면 편리하다는 것을 알도록 한다.

⑤ 일상생활에 관한 문장을 쓸 수 있는 기회를 늘린다.

⑥ 다른 아동의 문장을 읽힌다.

⑦ 사회 및 과학 시간에 설명문을 쓰는 기회를 많이 갖도록 한다.

⑧ 편지, 일기, 메모, 안내장 등 실용문의 쓰기에 중점을 둔다.

⑨ 고학년에서는 문학적 표현 지도도 한다.

그 외 청각장애 아동의 초기 쓰기 지도에는 그림 만에 의한 지도, 단일 그림을 이용한 그림과 문장에 의한 지도, 문자 표현을 신장시키기 위한 동적·입체적으로 표현된 의미 있는 그림을 사용하기도 한다.

3) 쓰기 과정에서의 지도

① 쓸려고 하는 내용의 주제나 요점을 개괄하여 쓰는 연습

② 아동이 자신의 생각을 주제별로 분류하여 가능한 한 논리적이고 명확하게 재 기술하는 초안 쓰기 단계

③ 일반적인 쓰기 지도에서 하는 철자법 지도, 문장 구성 등과 관련된 문법을 지도하는 편집 및 구성 단계

④ 이러한 과정을 거친 내용을 최종적으로 정리하여 쓰는 단계

이러한 지도 전략은 현재 초안 쓰기 단계에 머물러 있는 아동의 쓰기 지도에 효과적이다.

연구과제

1. 특수교육 대상학생의 장애 유형별 국어과 교육의 목표에 대하여 생각하여 봅시다.
2. 한글 해독이 되지 않은 학생에게 어떻게 국어과를 지도해야 할지 생각하여 봅시다.
3. 언어 표현이 되지 않는 중도·중복 장애학생을 위한 국어과 교육의 내용과 방법에 대하여 생각하여 봅시다.

참고문헌

곽춘옥 외(2009). 아동문학의 이해. 박이정.

모리스 샌닥(2002). 괴물들이 사는 나라. 시공주니어.

앤서니 브라운(2004). 숲속으로. 베틀북.

야시마 타로(1996). 까마귀 소년. 비룡소.

이경화(2001). 읽기 교육의 원리와 방법. 박이정.

존 버닝 햄(1987). 지각대장 존. 비룡소.

천경록(1999). 읽기 교육과 읽기 평가. 읽기연구5호, 한국읽기학회.

최영환(2008). 한글 학습의 개념 및 내용에 관한 연구. 읽기연구19호, 한국읽기학회.

한국어문교육연구소(2006). 읽기교육사전. (주) 교학사.

8 수학과 기초 학습 방법 지도

Ⅰ. 수학과 교육과정의 이해

Ⅱ. 수학과 교수 · 학습 방법의 이해

Ⅲ. 장애학생의 수와 연산 영역 학습지도

Ⅳ. 장애학생의 도형 영역 학습지도

학습목표

- 수학과의 교육과정을 이해한다.
- 수학과의 전반적인 교수 · 학습방법을 이해한다.
- 수학교과 수 영역의 내용과 지도 방법을 안다.
- 수학교과 연산 영역의 내용과 지도 방법을 안다.
- 수학교과 도형 영역의 내용과 지도 방법을 안다.

Ⅰ. 수학과 교육과정의 이해

1. 수학과의 성격

가. 수학과의 실용성

수학은 우리의 일상생활 곳곳에 존재한다. 아침에 일어났을 때 알람시계를 활용하는 것부터 승강기를 이용하는 일, 물건을 구입하거나 교통수단을 이용하는 일 등 많은 일이 수학과 관련되어 있다. 우리가 일상생활에 적응하며 살아가기 위해서는 수많은 숫자, 기호, 모양, 통계자료 등의 수학적 개념을 알고 있어야 한다. 이렇듯 우리가 가정생활에서부터 학교생활, 지역사회생활, 여가생활, 직업생활 등의 모든 생활 속에서 다양한 모습으로 존재하는 수학의 기초적인 개념, 원리, 법칙을 이해하고 실생활에서 부딪히는 여러 가지 문제를 합리적으로 해결하도록 돕는 교과가 수학이다.

인간이 사회에서 독립적인 일상생활을 영위하기 위해서는 반드시 수학적 지식이나 기능이 필요하다. 수 개념, 연산 능력, 시간 개념, 화폐 개념 등의 수학적 개념이나 원리를 익히지 못한다면, 자립적인 일상생활을 영위하는 데에 많은 어려움을 겪을 것이라 예상할 수 있다. 이는 특수아동도 일상생활에 필요한 수학적 개념을 배우고 활용할 수 있어야 함을 의미한다.

수학이 일상생활과 밀접한 관련이 있다는 것은 수학과의 성격이 실용성을 지니고 있다는 것을 의미한다. 이에 가르치는 장면에서 수학의 실용성을 최대화하여 일상생활과 관련지어 수학을 지도하는 것은 특수아동들의 실생활 적응을 돕는 데 큰 역할을 할 것이다.

나. 수학과의 추상성

추상성이란 어떤 구체물들의 모임에서 각각이 가지는 특성 가운데 이질적인 속성을 버리고 동질적인 속성만을 추출하여 만든 표상을 이상화하여 얻어지는 개념을 말한다. 눈에 보이는 다양한 겉모양에 주의를 기울이지 않고, 눈에 보이지 않는 공통적인 속성을 찾는데 주의를 기울여야 하기 때문에 수학이 어렵게 느껴지기도 한다. 하지만 추상성은 다양하고 복잡한 겉모양을 보는 데에서 벗어나 본질적인 요소만을 고려하여 새로운 형태로 단순화시킴으로서 최적의 사고를 가능하게 해 주는 요소가 된다. 예를 들어 책, 문, 칠판, 상자 등의 구체물에서 색깔이 다르고 크기가 다르다는 이질적인 속성은 버리고, 동질적인 속성으로 점, 선, 면으로만 구성된 이상적이고 단순화된 사각형이라는 개념을 얻을 수 있다. 결국 학생들에게 사각형이라는 개념을 가르치는 것은 추상적으로 사고하는 힘을 가르치는 것이라 할 수 있다.

이렇듯 추상성은 수학이 사고력, 즉 생각하는 힘을 길러 주는 교과라고 할 수 있는 근거가 되며, 이러한 추상적인 수학과 교육은 구체적이고 다양한 조작활동과 경험을 통해 이루어질 수 있다.

다. 수학과의 계통성

계통성은 어떤 기초적인 내용을 토대로 하여 그 토대 위에 다른 내용을 더 첨가하여 발전되고 통합된 새로운 내용을 일관성 있게 이어나가는 체계를 의미한다. 수학과는 어느 교과보다도 계통성이 명백하기 때문에 학생의 발달 수준에 따른 위계적 접근이 필요한 것이 사실이며, 학습 내용의 순서를 정할 때에도 논리적 연결성을 가지고 학습이 단계적으로 이루어질 수 있도록 해야 한다. 또한 학생들이 수학적 지식을 이해하도록 돕기 위한 최선의 방법은 그들이 이미 알고 있는 여러 가지 지식을 새로운 지식과 연결지을 수 있도록 안내하는 것이며, 이것이 수학의 계통성을 바탕으로 한 효율적인 교수·학습 방법의 하나로 볼 수 있다.

이러한 수학의 계통성을 이유로 발달 수준이 낮은 특수아동의 수학학습은 기초적인 내용에만 머무르며, 더 나아갈 수 없다는 잘못된 판단을 할 수도 있다. 하지만 한 자릿수를 읽지 못하는 사람이 네 자릿수의 아파트 동 번호를 읽고, 연산의 원리를 모르는 사람이 계산기를 이용하여 물건을 구입하는 모습에서 수학학습이 반드시 계통적으로만 이루어지는 것이 아님을 보여준다. 결론적으로 수학의 계통성은 절대적인 학습 위계를 의미하는 것으로 생각되기보다는 효율적인 교수 위계를 안내하는 것으로 보는 것이 타당하다.

이렇듯 수학의 성격이라 할 수 있는 실용성, 추상성, 계통성 등을 바탕으로 한 기본 교육과정 수학과 교육의 성격은 다음과 같이 설명할 수 있다.

첫째, 수학의 실용적 성격을 반영하여, 특수아동들이 자립적인 일상생활을 영위하는데 필요한 수학적 지식이나 기능을 기르도록 한다.

둘째, 수학의 추상성을 반영하여, 특수아동들이 사고력을 기르도록 한다.

셋째, 수학의 계통성을 반영하여, 특수아동의 발달 수준에 따른 위계적 접근을 통해 학습이 단계적으로 이루어져야 한다.

2. 수학과의 목표 및 내용체계

가. 목표

2011 개정 특수교육 교육과정 수학과는 5개의 영역을 두고 각 영역별 난이도에 따라 5개의 학년군(초1-2, 초3-4, 초5-6, 중학교, 고등학교)으로 연속성 있게 내용이 구성되었다. 또한 전 영역에 걸쳐 기본 개념과 기능을 익히고, 이를 실생활에 활용할 수 있도록 기능적인 내용으로 구성되었다. 5개의 학년군에 따른 수학과 목표를 제시하고 있으며, 총괄목표는 아래와 같다.

생활 속에서의 다양한 경험을 통하여 수학의 기본 개념과 기초 기능을 습득하여, 주변의 사물과 현상을 수학적으로 관찰하고, 해석하는 능력을 기르며, 실생활의 문제를 합리적으로 해결하는 능력과 태도를 기른다.

1) 수의 종류와 자릿값을 이해하고 간단한 사칙연산을 한다.

2) 여러 가지 모양을 알고, 평면도형과 입체도형의 특성을 이해한다.

3) 시각과 시간 및 여러 가지 측정 단위를 알고 실생활에 활용한다.

4) 물체, 무늬, 수의 배열에서 규칙을 찾아 설명하고 수나 식으로 표현한다.

5) 사물들을 기준에 따라 분류하고, 분류한 자료를 표와 그래프로 나타낸다.

나. 내용체계

2011 개정 특수교육 교육과정 수학과는 공통 교육과정의 연계를 위해 '수와 연산', '도형', '측정', '규칙성', '확률과 통계'의 5개 영역으로 구성된다.

〈표 8-1〉 기본교육과정 수학과 내용체계

	초등학교			중학교	고등학교
	1~2학년	3~4학년	5~6학년	1~3학년	1~3학년
수와 연산	·변별하기 ·짝짓기 ·순서짓기 ·구체물 가르기와 모으기 ·화폐의 종류	·개수세기 ·개수 비교하기 ·한 자리의 수 ·9 이하의 수 가르기와 모으기 ·덧셈식과 뺄셈식 합이 9 이하인 덧셈 ·피감수가 9 이하인 뺄셈 ·화폐의 액면가	·두 자리의 수 ·세 자리의 수 ·합이 10인 덧셈 ·피감수가 10인 뺄셈 ·받아올림이 없는 두 자릿수 덧셈 ·받아내림이 없는 두 자릿수 뺄셈 ·받아올림이 있는 두 자릿수 덧셈 ·받아내림이 있는 두 자릿수 뺄셈 ·화폐의 교환	·네 자리의 수 ·다섯 자리 이상의 수 ·분수의 이해 ·받아올림이 없는 세 자릿수 덧셈 ·받아내림이 없는 세 자릿수 뺄셈 ·받아올림이 있는 세 자릿수 덧셈 ·받아내림이 있는 세 자릿수 뺄셈 ·곱셈의 이해 ·화폐의 계산	·소수의 이해 ·정수의 이해 ·나눗셈의 이해 ·자연수의 혼합 계산 ·화폐의 활용
도형	·공간의 이해 ·여러 가지 모양	·입체도형의 모양 ·평면도형의 모양	·평면도형과 그 구성요소 ·도형의 기초 ·평면도형의 이동	·원의 구성요소 ·여러 가지 삼각형 ·여러 가지 사각형	·다각형의 이해 ·직육면체와 정육면체 ·입체도형의 공간 감각
측정	·측정 가능한 속성 탐색 ·비교하기 ·일과 시간	·양의 비교 ·임의 측정 단위 ·시각과 시간	·길이 ·시간 ·달력	·길이 ·무게 ·들이	·각도 ·평면도형의 둘레 ·평면도형의 넓이
규칙성	·규칙 찾기	·규칙 찾기	·규칙 찾기 ·규칙적인 무늬 만들기	·규칙과 대응	·비와 비율
확률과 통계	·분류하기	·분류하기 ·표와 그래프	·자료의 정리	·가능성 ·자료의 표현과 해석	·비율그래프

Ⅱ. 수학과 교수 · 학습 방법의 이해

1. 특수아동의 특성

일반적으로 수학이 어렵게 받아들여지는 것은 수학이 숫자 또는 상징(기호)으로 이루어져 이를 표상하고 조작하는 데 어려움이 있으며, 수학에서 사용하는 언어가 일상생활에서 경험하는 언어와는 달리 이해하기 어렵고 복잡하기 때문이다.

수학과 교육에서 특수아동들이 겪는 공통적인 어려움은 아래의 〈표 8-2〉와 같다.

〈표 8-2〉 특수아동들이 수학 영역에서 겪는 어려움

장애	수학과 관련된 수행	
시지각	전경과 배경	- 책에 있는 문제를 읽어내지 못한다. - 복잡한 숫자를 읽는데 어려움을 느낀다. - 학습하고 있는 곳을 쉽게 찾지 못한다.
	식별	- 숫자들(예: 2와 5, 6과 9), 동전, 연산, 기호, 시계 등의 차이를 구별하기 어렵다.
	공간	- 도형이나 문제를 모사하는데 어려움을 겪는다. - 앞뒤나 방향개념에 혼란을 겪는다. - 종이에 그려진 선을 따라 글씨를 쓰는데 어려움을 겪는다.
청지각		- 입으로 연습하는데 어려움을 겪는다. - 구어로 지시되는 문제를 푸는데 어려움을 겪는다. - 순서대로 헤아리는데 어려움을 겪는다. - 수의 규칙성을 학습하는데 어려움을 겪는다.
운동		- 숫자를 쓰는 것이 느리고, 정확하지 않고, 알아보기 어렵다. - 작은 크기의 숫자를 쓰는 것이 힘들다.
기억	단기기억	- 수학적 사실이나 새로운 정보를 파지할 수 없다. - 연산을 할 때 단계를 잊어버린다. - 부호의 의미를 파지할 수 없다.
	장기기억	- 사실을 완벽히 이해하는 데 어려움을 겪는다. - 다단계 계산문제를 풀이할 때 끝 단계까지 완수하지 못한다.
	순차기억	- 시간을 말하는데 어려움을 겪는다. - 연산의 단계를 잊어버린다.
집중		- 문제에 집중하는데 어려움을 겪는다. - 수업에 집중하는데 어려움을 겪는다.

<table>
<tr><td rowspan="2">언어</td><td>수용</td><td>- 수학용어와 의미를 연관 짓는데 어려움을 보인다.
(예: 빼기, 더하기, 나누기)
- 복합적 의미를 가진 용어를 연관 짓는데 어려움을 보인다.
(예: 반올림, 받아내림)</td></tr>
<tr><td>표현</td><td>- 수학 어휘를 사용하지 못한다.
- 구두로 계산 연습을 하는데 어려움을 보인다.
- 용어 문제나 연산 문제를 해결할 때 그 단계를 언어화하는데 어려움을 보인다.</td></tr>
<tr><td>독해</td><td></td><td>- 수학용어 문제의 어휘를 이해하지 못한다.</td></tr>
<tr><td>인지와
추상적 추론</td><td></td><td>- 용어 문제를 푸는데 어려움을 보인다.
- 크기와 양을 비교할 수 없다.
- 수학적 기호를 이해하는데 어려움을 보인다.(예: 〈, 〉)</td></tr>
<tr><td>상위 인지</td><td></td><td>- 계산 문제나 용어 문제를 해결하기 위한 전략을 선택하거나 확인할 수 없다.
- 다단계 계산과 문장으로 된 문제 해결과정을 점검하는데 어려움을 보인다.
- 다른 상황에서 전략을 일반화할 수 없다.</td></tr>
<tr><td rowspan="4">사회적 정서적 요인들</td><td>충동적</td><td>- 계산에서 부주의한 실수를 한다.
- 구두로 수학 문제를 다룰 때 부정확하게 재빨리 반응한다.
- 문제를 다시 듣거나 보기를 요구받을 때 빈번히 틀린다.</td></tr>
<tr><td>주의집중
결핍과 산만</td><td>- 주어진 시간에 완성하지 못한다.
- 다단계 계산을 하는데 곤란을 느낀다.
- 문제를 끝내지 않고 다음 문제로 넘어간다.</td></tr>
<tr><td>수동적/학습
무기력</td><td>- 계산문제 및 용어문제를 생략한다.
- 무관심하다.
- 전략이 부족하다</td></tr>
<tr><td>자기존중불안</td><td>- 확신이 부족하고, 쉽게 포기한다.
- 수학시험기간에는 매우 불안해하며, 수학을 기피한다.</td></tr>
</table>

*출처: 특수교육 수학교육론, 남윤석 외, 교육과학사.

2. 수학과 교육의 방향

수학과 교육의 기본적인 방향은 특수아동 개개인의 능력과 수준을 고려하여 최대한의 학습 성과를 거두는 데 있다고 할 수 있으며, 이를 위해서는 보편적 학습설계의 원리로 언급되는 '도전과 지원의 균형' 즉 적합한 도전과제에 직면하도록 하고 그에 알맞은 지원을 제공하는 것이 중요하다. 특수아동에게 최대한 지원을 어떻게 할 것인지도 중요하겠지만,

이들에게 적합한 도전과제를 어떻게 제공할 것인가를 생각하는 것이 필요하다.

특수아동의 수학 학습 성과를 최대화할 수 있는 수학과 교육의 방향은 다음과 같다.

첫째, 수와 연산 영역뿐 아니라 수학과의 모든 영역에서 수학적인 도전과제에 직면할 수 있도록 해 주어야 한다. 흔히 수학을 대표하는 '수와 연산' 영역 이외에도 측정, 도형, 규칙성, 확률과 통계 등 다양한 영역이 존재하며, 이들 영역은 수학의 실용성 측면에서도 꼭 익혀야 하는 필수적인 영역이다.

둘째, 가정생활이나 학교생활과 같은 제한적인 생활 영역에서뿐만 아니라, 건강, 여가, 직업생활과 폭넓은 생활 영역에서 수학적 과제에 도전할 수 있도록 해 주어야 한다.

셋째, 기초적인 수학적 개념이나 원리를 이해하도록 하는 데에 그치는 것이 아니라, 일상생활의 여러 가지 문제를 합리적으로 해결하는 문제해결 능력에 도전하도록 해 주어야 한다.

〈그림 8-1〉 실생활 수학 지도의 예시

넷째, 과거 한두 가지 방법에 의존하던 수학 학습지도 방법은 이제 학습 내용의 성격이나 학습 상황에 따라 보다 다양화시킬 필요가 있다.

다섯째, 특수아동들의 수학 학습활동 전개는 주로 구체적 조작활동과 경험을 통하여 이루어진다는 점을 감안하여, 새로운 개념이나 내용의 학습지도 과정에서 가능한 구체적 조작활동을 할 수 있게 하거나 학생 스스로 탐구해 볼 수 있는 도구를 지원하는 것이 바람직하다.

3. 수학과 교수 학습 방법

수학과 교육과정 관련 자료(교육과학기술부, 2011; 2012)를 토대로 한 효과적인 수학과 교수 학습 방법을 제시하면 다음과 같다.

첫째, 모든 학생들에게 알맞은 개별화된 수학과 수업이 전개되어야 한다. 특수교육 기본교육과정을 적용하는 특수아동들은 지적발달 수준, 학업 능력, 교육적 필요, 사전 준비도 등에 있어서 각기 다른 특성을 지니고 있다. 이들이 나타내는 개인차는 개인 간 차이뿐만 아니라, 한 학생의 여러 가지 능력이나 특성 안에서도 그 격차가 심하게 나타난다. 이에 개별화된 수업을 전개하기 위해서는 학생 개개인의 현재 수행 능력을 파악하고 그에 맞는 장·단기 교육목표를 설정하고, 학생의 성취 정도에 따라 지속적으로 계획을 수정해야 한다. 또한 수학 학습과 관련된 학생의 강점을 파악하고, 이를 교수·학습 과정에서 적절히 활용해야 한다.

둘째, 구체적인 조작활동을 통한 수학과 수업이 이루어져야 한다. 피아제의 인지발달이론에 따르면, 학생들은 눈에 띄고 직접 만져볼 수 있는 다양한 구체물을 활용한 구체적 조작기를 거쳐서 형식적 조작기에 도달하게 된다. 이는 학생들이 형식적이고 추상적인 사고단계에 이르기 위해서는 구체적이고 조작적인 활동을 충분히 경험해야 한다는 것을 의미한다. 또한 학생들의 흥미와 관심을 끌 수 있는 다양한 구체물을 활용하는 구체적 조작활동은 학생들이 수학 학습에 적극적으로 참여할 수 있는 기회가 된다. 따라서 교사는 수학의 기본 개념이나 기초 기능을 구체적인 조작활동을 통해 경험하게 할 수 있는지, 어떻게 하면 구체적 조작활동을 사고활동과 연결시킬 수 있는지를 탐색하고 이를 수학과 수업에 적용해야 한다.

셋째, 다양한 표상 양식을 활용하여 수학적 의사소통의 기회를 제공하는 수학과 수업이 이루어져야 한다. 부르너는 동작적(실물의 행동화), 영상적(그림이나 도식), 상징적(기호나 문자식)의 세 가지 표상방법을 제안하였는데, 교사는 학생 개개인이 자신의 능력과 수준에 알맞은 표현 방식으로 수학적 의사소통을 할 수 있도록 다양한 표상방식을 활용해야 한다.

넷째, 실생활 중심의 학습활동이 전개되는 수학과 수업이 이루어져야 한다. 수학과는 학생들로 하여금 수학을 경험하고, 궁극적으로는 현실 속 수학적 문제를 해결하는데 의미가 있다. 이에 학습자들에게 현실적이고 상식적인 맥락에서 출발하여, 학습자들이 자신의 활동을 통해 일상생활의 주요 활동을 하는데 도움이 될 수 있는 실용적인 기술을 익힐 수 있도록 해야 한다. 특히 특수아동은 장애로 인하여 경험의 양이 부족하거나 제한적일 수 있기 때문에 이들에게 적합한 실생활 장면을 수학 학습 내용에 반영하여 제시하는 것은 경험의 폭을 확장시키는 효과를 가져 올 수 있다. 실생활 중심의 학습활동을 전개하기 위해서는 먼저 학생의 생활 범위를 고려하여 가정생활이나 학교생활과 같은 좁은 범위에서부터 사회생활이나 직업생활과 같은 폭넓은 범위에까지의 다양한 생활 장면을 경험할 수 있도록 해야 한다. 또한 수학을 중심으로 관련된 다른 교과의 지도내용과 통합하여 생활 교과로 전개할 수 있다.

다섯째, 학습의 결과보다는 사고과정을 중시하는 수학과 수업이 이루어져야 한다. 교사는 학생이 정확한 학습 결과를 산출하는 것에 치중하기보다는 어떤 사고의 과정, 문제 해결의 과정, 의미 구성의 과정을 거쳐서 학습하는가를 중시하여 학생이 스스로 발견하고 해결하는 기회를 충분히 제공하는 수학 수업을 해야 한다. 수학 수업에서 생각하는 힘을 키우기 위해서는 주어진 학습 과제를 어떻게 해결해야 할 것인지에 대해 계획을 세우고, 실행해 보고, 그 결과를 반성해 보는 사고과정을 거쳐야 한다.

또한 교사의 발문을 통해 학생의 사고과정을 표현할 수 있는 기회를 주고, 수업에서 학생의 실수를 허용하는 학습 분위기를 조성하도록 한다. 학생의 실수를 허용하고 개방적이고 자유로운 교수 학습 분위기로 조성한다면, 학생들이 자유롭게 생각을 펼쳐내고 다듬어 갈 수 있을 것이다.

여섯째, 학생의 문제해결 능력과 태도를 신장시키는 수학과 수업이 되어야 한다. 학생들이 문제해결 능력과 태도를 기르기 위해서는 자신이 배운 것을 실생활의 다양한 문제 상황에 적용해 볼 수 있는 기회를 갖는 것이 필요하며, 이를 위해 교사는 교실이라는 제한된 공간에서도 실생활의 다양한 문제 상황을 영상자료, 삽화, 문장제 문제 등을 이용하여 간접적으로 제시할 수 있다.

Ⅲ. 장애학생의 수와 연산 영역 학습지도

1. 수 영역

가. 수의 이해

1) 기수의 의미

물건의 개수를 나타내기 위해 '양'을 표시할 때의 수로서, 여러 가지 대상을 세고 분류하는데 사용된다(예 ●●, ★★ = 2).

2) 측정수의 의미

측정수는 측정값을 나타낼 때 사용하는 수로서 길이, 넓이, 부피, 체중, 시간 등 측정하는 양(연속량)을 말한다(예 키 180㎝, 몸무게 50㎏).

3) 서수의 의미

서수는 상대적인 위치나 물건의 순서와 같이 '위치'를 나타낼 때 사용하는 수의 의미이다(예 첫 번째 칸, 두 번째 집).

4) 이름수의 의미

양의 의미 없이 물건을 구별하기 위해서 수를 사용하는 것으로 물건을 범주화하고 코드화하기 위해 사용되는 수이다(예 이승엽 선수의 등번호 36).

나. 수를 세는 기술

1) 말로 세기

우리나라에서는 우리말 수세기(하나, 둘, 셋, …)와 한자어 수세기(일, 이, 삼, …)라는 이중구조를 가지고 있어 상황에 따라 선택하는데 어려움을 보일 수 있으며, 수 단어와 수세기의 학습에 있어 주의 깊은 지도가 필요하다. 이에 초기 수세기 지도는 인위적인 상황이 아닌 실제 상황을 통해 우리말 수세기와 한자어 수세기 중 어느 것이 적절한지 선택하도록 하는 것이 중요하다.

말로 세기를 기계적인 세기라고 부른다. 학생은 10까지는 기계적으로 암기해야 하지만 그 이후의 수를 세기 위해서는 패턴을 발견해야 한다. 100까지 세기 위해서는 다음의 기술이 필요하다.

- 일에서 구까지 한 자릿수의 기계적인 암기하기
- 구가 자릿값의 끝이므로 새로운 자릿값이 필요하다는 신호임을 인식하기
- 십, 이십, 삼십 등을 기계적으로 암기하는 것과 패턴을 익히는 과정 익히기
- '삼십+일, 삼십+이' 와 같이 몇 십에 한 자릿수를 조합하는 패턴 인식하기

위의 기술이 익숙해지면 일부터 세지 않고도 다음에 오는 수를 알 수 있으며, 학생은 세는 수열에 익숙해져서 앞에 오는 수도 재빨리 구할 수 있다. 이는 주어진 임의의 수에서 거꾸로 세는 활동의 준비 단계가 된다. 또한 학생은 점점 뛰어 세는 것도 습득할 수 있다. 둘씩 묶어 세는 것(이, 사, 육, 팔, 십, …), 다섯씩 묶어 세는 것(오, 십, 십오, …), 열씩 묶어 세는 것(십, 이십, 삼십, …)이 더 큰 묶음을 세는 데 유용하다는 것을 배우게 된다.

2) 물건세기

물건 바르게 세기 능력에는 다음의 기술이 있다.

- 세는 순서를 알기
- 물건에 하나의 수를 지정하기
- 센 물건과 셀 물건을 기억하기

학생이 묶음의 크기가 크고 아무렇게나 배열된 묶음을 셀 때 생기는 어려운 점은 자신이 센 것을 어떻게 기록하는지(예 위에서 아래, 왼쪽에서 오른쪽으로 체계적인 세기)를 모르는데서 비롯된다. 또한 기수 원리는 세는 과정에서 마지막 수가 마지막 물건의 위치를 정할 뿐만 아니라 묶음에서 물건의 총 개수를 나타내기 때문에 특별한 의미를 가진다는 것을 의미

한다.

정해진 크기로 묶음을 만든다는 것은 하나씩 세는 것보다 더 어렵다. 왜냐하면 학생이 묶음의 크기를 기억했다가 묶음 안에 들어갈 전체 대상의 수까지 세었을 때 그만두어야 하기 때문이다. 특수아동은 대상에서 정확하게 세어 묶는데 어려움을 가지는 경우가 많다.

다. 지도의 실제

1) 수의 이해

교사는 실생활 경험을 이용하여 학생이 수의 모든 의미(기수, 측정수, 서수, 이름수)를 경험하게 해야 한다. 즉 묶음을 양으로 나타내고(예 한 모둠이 몇 명인지 알기), 측정하고(예 물건의 길이 재기), 물건의 상대적인 위치나 순서를 발견하며(예 게임의 선호도 순으로 나열하기), 이름을 붙이는 데(예 사물함에 번호 붙이기) 수를 이용해야 하는 구체적인 활동에 학생을 능동적으로 참여시키는 것이 좋다. 학생들을 한 줄로 세우기, 놀이에서 우승자 정하기(예 1등, 2등), 심부름하기(예 세 번째 상자 가지고 오기) 등은 모두 서수의 의미이다. 또한 학생이 수의 여러 가지 의미를 명확하게 구분할 수 있도록 도와주어야 한다. 학생이 여러 가지 방법으로 수를 이용하게 되면, 기수의 의미(물건의 개수 말하기), 측정수의 의미(넓이가 얼마인지 말하기), 서수의 의미(물건의 위치 또는 순서 정하기), 이름수의 의미를 의식적으로 구분하는 활동을 제공하는 것이 필요하다.

2) 수 개념과 수세기

가) 손가락 수세기

손가락을 이용한 수세기는 인류의 수 개념 발달에서 결정적인 역할을 하였다. 특히 손가락 패턴의 인식이 중요하다. 교사가 사물의 개수만큼 손가락을 펴 보이며 개수를 세게 한다. 학생이 교사를 모방하며 손가락을 이용하여 수세기를 한다.

〈그림 8-2〉 손가락 수세기 교구, 교과서 예시 활동

◎ 손가락 끝에 붙임 딱지를 붙여봅시다

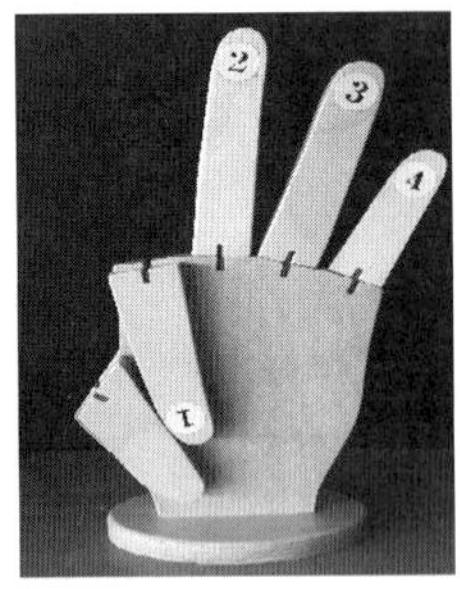

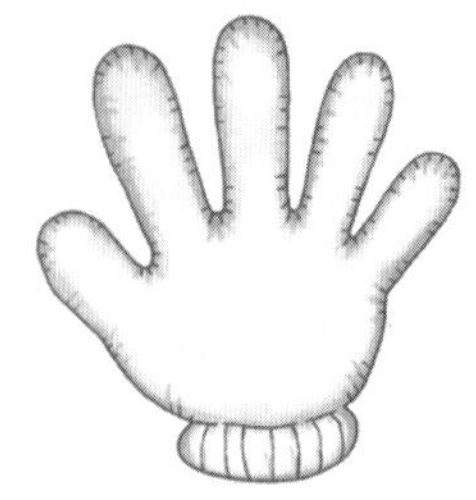

나아가 학생에게 10까지의 손가락 세기의 패턴과 그 수의 크기에 대해 손가락으로 직접 표현할 수 있도록 하는 것이 중요하다. 손가락 수세기와 관련하여 아래의 〈그림 8-3〉과 같이 5틀과 10틀을 이용하여 수를 5개씩 묶거나 10개씩 묶어서 생각할 수 있다.

〈그림 8-3〉 5틀과 10틀 이용한 수세기

5보다 하나 적은 4를 나타내는 5틀	5보다 하나 많은, 6을 나타내는 10틀	5보다 넷 많은 또는 10보다 하나 적은 9를 나타내는 10틀

*출처: 특수교육대상학생의 수학과 교수 학습지도, 국립특수교육원, 교원직무연수물.

나) 말로 세기

먼저 학생이 앞으로 세기에 익숙해지도록 도와주어야 하며, 이를 기초로 다음 수, 거꾸로 세기, 뛰어 세기 기술을 습득하도록 한다. 10까지 셀 수 없는 학생들을 위해서 수의 순서

를 기억하도록 집중적인 노력을 하며, 처음에는 19까지의 수 학습에 중점을 둔다. 십까지 수의 순서를 배운 학생에게 다음과 같은 수세기 패턴을 지도한다.

- 십 몇은 십과 한 자릿수를 조합하여 형성된다(예 십+육)
- 한 열은 항상 구로 끝난다.
- 십에서 구십까지 십의 자리의 수열은 일에서 구까지 수와 대응한다.
- 새로운 열은 일에서 구까지를 십의 자리와 결합한 수이다.

교사는 상황을 이용하여 세는 수의 범위를 확장해야 한다. 예를 들어 달력을 보면서 앞의 수와 뒤의 수를 학습할 수 있다. 그리고 시간을 재면서 거꾸로 세기를 이용할 수 있다.

3) 물건 세기

가) 하나씩 세기

특수아동들은 하나씩 셀 때 세었던 것을 또 세는 경우가 많다. 따라서 센 것과 세지 않는 것을 구분하는 방법을 찾도록 도와주는 것이 필요하다. 예를 들어 이동할 수 있는 물건이라면 센 것을 세지 않는 것과 분리하여 한쪽에 놓아두게 한다.

나) 묶음 만들기

학습 준비물 나눠주기, 접시에 과자 여덟 개씩 담기 등과 같은 일상적인 상황은 묶음을 만드는 실제적이고 자연스러운 상황이 될 수 있다.

4) 수 비교하기

수 비교에 대한 활동은 의미 있는 것이어야 한다.

같은 수, 더 큰 수, 더 작은 수에 관한 수업은 학생의 비형식적 경험과 세기를 기반으로 해야 한다. 학생이 아직 크기가 작은 수의 이름이나 수의 순서를 알지 못하면, 적은 수의 사물을 비교하는 구체적인 경험을 제공한다. 나이를 비교하는 것도 이러한 원리를 학습하는 중요하고 의미 있는 상황이 될 수 있다. 더 많은 수의 사물의 수를 비교할 때, 사물을 하나씩 세어보며 어떤 묶음의 것이 더 많이 세어야 하는지 알아보게 한다. 수직선을 사용하게 되면 학생이 수의 순서를 이해하는데 도움이 된다. 적절한 때에 학생들에게 바로 뒤의 수에 대한 지식을 활용하게 한다.

〈그림 8-4〉 교과서 예시-수직선을 이용한 수 지도

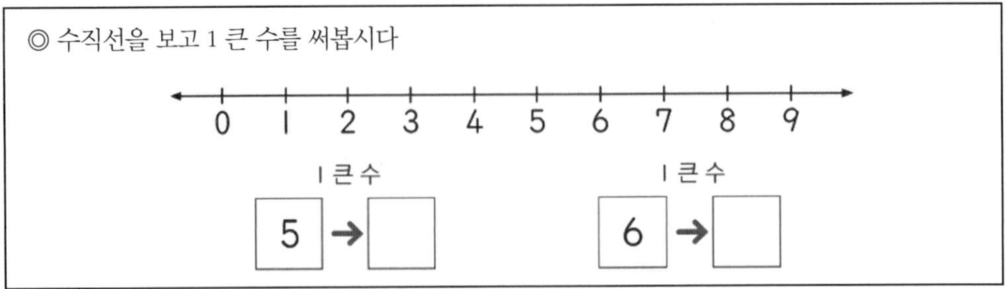

5) 숫자 쓰기

가) 숫자 보고 쓰기

숫자 쓰기 수업을 위해서는 먼저 학생들이 말로 세기와 사물 세기 기능을 숙달하고 난 다음 마지막으로 숫자 쓰기에 숙달하도록 한다. 숫자 보고 쓰기는 모델이 되는 숫자와 비슷하게 쓰는 것이다. 숫자 보고 쓰기를 하려면 숫자를 쓰기 전에 무엇을 해야 하는지 알아야 한다. 어떻게 써야 하는지 계획이 없이 잘못된 과정에 따라 쓴다면 숫자를 제대로 쓸 수 없다.

나) 숫자 쓰기

숫자 쓰기는 숫자에 대한 심상, 운동계획을 지녀야 한다. 즉 학생들은 숫자의 부분, 부분-전체 관계뿐만 아니라 정확한 왼쪽-오른쪽 방향을 알아야 한다. 어디에서 시작하고, 머리가 어떤 방향이고, 직선을 그릴 것인지, 호를 그릴 것인지, 언제 멈추고, 방향을 어떻게 바꾸어야 하는지를 알아야 한다. 예를 들어 7을 오른쪽에서 시작해 왼쪽으로 쓰게 되는 경우 교정해 주지 않으면 학생은 숫자를 잘못 썼다는 것을 알 수 없어서 같은 실수를 반복하게 될 것이다.

숫자 쓰기 지도를 위해서는 무엇보다도 기초를 튼튼히 해주도록 한다. 학생은 먼저 9까지 말로 세기와 사물 세기 기능을 숙달하고, 그 후 숫자 9까지 인식하고, 끝으로 숫자 쓰기를 숙달하도록 한다. 또한 학생이 수를 확인하고, 읽고, 기록할 필요가 있는 경험 속에서 숫자를 지도하고 연습시켜야 한다. 목적을 가지고 숫자를 인식하고 읽고 쓰는 학습 기회가 일상생활에 많이 있다(예 버스 번호 알기, 달력의 날짜 읽기, 전화번호 알기 등).

숫자를 인식하지 못하는 학생들을 위해 숫자를 구성하는 부분들이 어떻게 합쳐지는가에 대해 심상을 구성하도록 돕는다. 따라서 그리는 활동과 병행하여 지도하는 것이 좋다. 2와 5, 6과 9처럼 혼동되기 쉬운 숫자를 함께 제시하여 차이를 강조하고, 비유법을 활용하여 심상 형상을 돕는 것도 좋은 방법이다.

2. 연산 영역

가. 덧셈과 뺄셈의 이해

1) 덧셈과 뺄셈 상황의 여러 유형

가) 덧셈

- 첨가상황: 몇 개의 대상에 몇 개가 더해지면 원래 양이 늘어나는 상황을 첨가상황이라고 한다. 말 그대로 미리 있던 양에 뭔가를 더해서 양을 더 크게 변화시킨 것이다(예 빨간 구슬 4개에 2개를 더하면 얼마인가?).
- 합병상황: 물리적인 활동이 포함되지 않은 상황이다. 한 대상의 무리를 두 부분으로 나누면 전체는 이 두 부분의 합이 된다(예 소희는 알사탕 2개와 막대사탕 3개를 가졌다. 사탕은 모두 몇 개인가?).

나) 뺄셈

- 구잔상황: 몇 개의 대상 중 몇 개를 없애서(제거) 원래의 양을 감소시킨 상황이다(예 사과 5개에서 2개를 먹으면 몇 개가 남는가?).
- 등화상황: 두 양 사이의 차를 없애려는 상황이다. 즉, 더 많은 양과 같게 만들기 위해서 적은 양에 얼마를 더해주어야 하는지 또는 적은 양과 같게 만들기 위해서 많은 양에서 얼마를 빼야 하는지를 결정하는 것이다(예 소희는 연필을 4개 가졌고, 대희는 연필을 2개 가졌다. 대희가 연필을 몇 개 더 사면 소희와 같아지는가?).
- 구차상황: 단순히 두 양 사이의 차가 얼마인지를 결정하는 것으로 적은 양과 많은 양의 차는 얼마인가를 결정하는데 초점을 맞추는 상황이다(예 귤 6개와 사과 4개가 있다. 귤은 사과보다 몇 개 더 많은가?).

다) 문장제의 유형

문장제의 유형에는 5가지가 있으며, 이는 앞에서 설명한 덧셈과 뺄셈의 다섯 가지 유형에 해당한다. 다섯 가지의 문제 유형에서 결과(a+b=?, 또는 a−b=?), 변화(a+?=c, 또는 a−?=c), 초기 값(?+b=c, 또는 ?−b=c)이 미지수가 될 수 있다. 문장제는 문제를 해결하는데 이용되는 연산이 아닌 문제의 의미에 따라서 분류된다.

교사가 실생활에 존재하는 다양한 유형의 문제에 익숙해져 학생들에게 다양한 문제 상황을 제공해 주어야 한다.

나. 대상을 이용한 덧셈과 뺄셈

1) 덧셈과 뺄셈 문제 해결을 위한 비형식적 전략

형식적인 계산 수업 전에 비형식적인 지식을 이용해서 간단한 덧셈과 뺄셈 문제를 이해하고 그 의미를 나타낼 수 있다. 예를 들어 5에서 3을 빼는 문제를 해결할 때, 학생은 구체물을 이용한 제거전략을 이용하여 블록 5개를 세어 그중 3개를 제거하고 남은 2개를 센다. 이때 학생들에게 합과 차를 결정하는 효율적인 셈 전략을 지도할 필요가 있는데 보통의 학생들은 직접 배우지 않고서도 세기를 이용한 다양한 전략을 고안하여 덧셈과 뺄셈 문제를 해결할 수 있으나, 특수아동은 이러한 전략을 의도적으로 지도할 필요가 있다.

가) 구체적으로 모두 세기

〈그림 8-5〉 교과서 예시-구체적으로 모두 세기

① 구체물을 세어 첫 번째 양을 나타낸다.

1	2	3	4	5			
□	□	□	□	□			

② 두 번째 양을 나타내는 구체물을 만든다.

					1	2	3
□	□	□	□	□	□	□	□

③ 구체물을 모두 세어 답을 얻는다.

1 2 3 4 5 6 7 8

□ □ □ □ □ □ □ □

덧셈을 해 봅시다

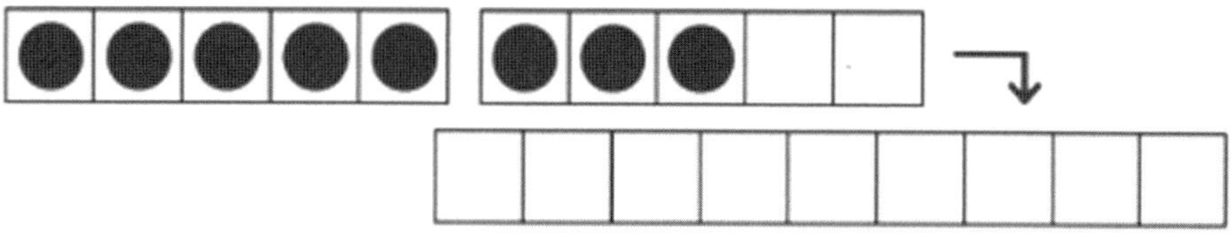

●●●●● ●●●□□ ↴

□□□□□□□□□

나) 구체물을 이용한 제거

① 구체물을 세어 첫 번째 양을 나타낸다.

1 2 3 4 5 6 7 8

□ □ □ □ □ □ □ □

② 문제에서 제시된 만큼을 제거한다.

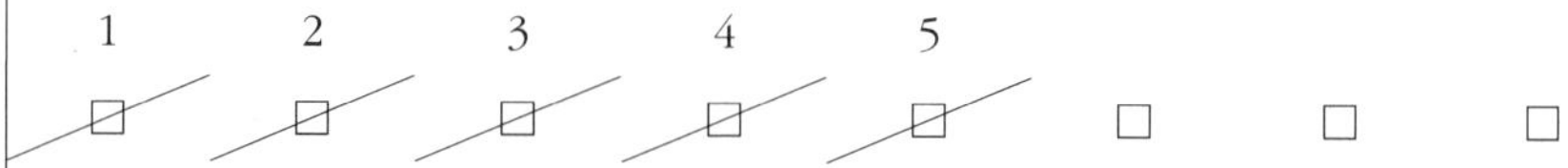

1 2 3 4 5

~~□~~ ~~□~~ ~~□~~ ~~□~~ ~~□~~ □ □ □

③ 남은 구체물을 세어 남겨진 양을 표현한다.

1 2 3

□ □ □

다) 구체물을 이용한 등화

① 구체물을 두 줄로 나란히 늘어놓아 두 양을 나타낸다.

□ □ □ □ □ □ □ □

□ □ □ □ □

② 두 줄에 놓인 양이 같아질 때까지 적은 쪽에 구체물을 더한다.

□ □ □ □ □ □ □ □

□ □ □ □ □ ■ ■ ■

③ 적은 양에 더해진 구체물의 수를 센다.

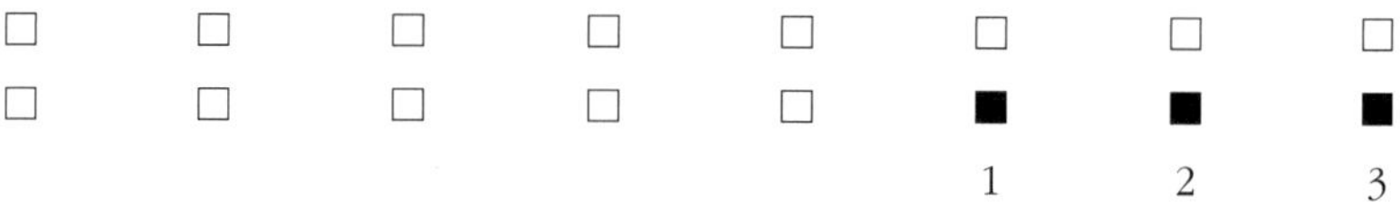

□ □ □ □ □ □ □ □

□ □ □ □ □ ■ ■ ■

1 2 3

라) 짝짓기

① 구체물을 두 줄로 나란히 늘어놓아 두 양을 나타낸다. □ □ □ □ □ □ □ □ □ □ □ □ □ ② 양이 많은 쪽의 구체물 중 짝이 없는 것의 수를 센다. 1 2 3 □ □ □ □ □ ■ ■ ■ □ □ □ □ □

〈그림 8-6〉 교과서 예시-짝짓기 전략으로 뺄셈하기

◎ 그림을 보고 뺄셈을 해 봅시다

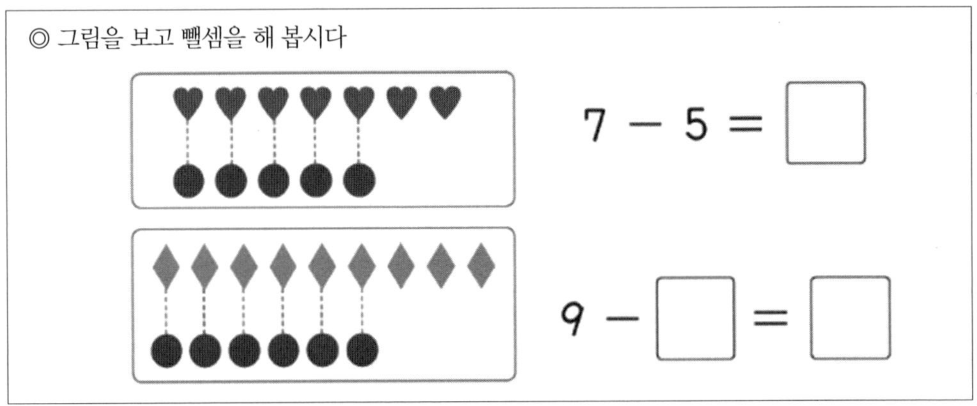

2) 확장된 전략

가) 모두세기

① 일부터 첫 번째 가수까지 세어 올라간다.

예 2+4 → '일', '이'

② 두 번째 가수만큼 계속해서 센다.

예 '삼'은 1 더 많고, '사'는 2 더 많고, '육'은 4 더 많다. → 합은 '육'이다.

나) 큰 수부터 세기

① 큰 가수를 먼저 센다.

예 2+4 → 큰 가수인 '사'

② 큰 가수에서 작은 가수만큼 계속 센다.

예 '사' 다음에 '오'는 1 더 많고, '육'은 2 더 많다. 따라서 합은 '육'이다.

다) 세어 내려가기

① 피감수에서 감수만큼 거꾸로 센다.

예 5-3: '오'에서 '사'는 1 적고, '삼'은 2 적고, '이'는 3 적다. 따라서 답은 '이'다.

라) 세어 올라가기

① 감수에서 몇 번 세었는지를 확인하면서 피감수까지 세어 올라간다.

예 5-3: '삼'에서 시작하여 '사'는 일, '오'는 이, 따라서 답은 '이'다.

3) 지도의 실제

학생들에게는 기호식보다 문장제가 더 의미 있기 때문에 문장제는 수업의 시작에서부터 수업의 핵심적인 구성 요소가 되어야 한다.

가) 일상적인 상황을 이용하여 덧셈과 뺄셈을 도입한다. 교실이나 운동장 또는 집에서 일어나는 여러 상황들이 덧셈, 뺄셈과 관련된다. 이런 일상적인 기회를 활용함으로써 교사는 학생들이 비형식적인 산술지식을 계획적이고 의미 있게 적용하고 확장하도록 도울 수 있다.

나) 다양한 문제 상황을 활용하여 덧셈과 뺄셈에 대해 폭넓고 체계적으로 이해하도록 해야 한다. 또한 다양한 문제를 제공함으로써 학생의 사고를 자극할 수 있다.

다) 덧셈, 뺄셈 문제를 비형식적으로 풀도록 격려하고, 학생들이 세기 전략을 활용하도록 격려한다. 학생들이 손가락이나 다른 대상, 계수표시, 그림 등을 활용하게 하고, 학생들이 만들어 낸 쉬운 방법을 표현해 볼 수 있도록 도와주어야 한다.

다. 기호를 이용한 덧셈과 뺄셈

1) 덧셈, 뺄셈 지도

덧셈, 뺄셈 지도에서는 학생들의 비형식적 지식을 활용하고 이를 확장시켜 주어야 한다. '더하기'와 같은 덧셈과 뺄셈의 형식적 용어, 5+3, 8-5=□ 또는 5+□=8과 같은 형식적인 식이나 방정식, 뺄셈 검산절차인 '거꾸로 더하기'와 같은 형식적인 절차를 학생들의 비형식적 지식과 관련짓는다.

학생들이 이해하고 있는 아이디어나 비형식적 모델을 간편하게 의사소통하려는 수단으로 기호를 도입한다. 연결단계에서는 학생이 구체물을 이용해서 문장제를 해결하도록 격려한 후 자신이 한 것을 기호로 나타내는 활동을 하게 한다. 먼저 자기 나름대로 나타내는 방법을 만들어보게 하고 형식적인 기호를 도입할 수도 있다. 이해를 돕기 위해서 학생들에게 5+1=□와 같은 형식적인 표현을 문장제와 구체적인 모델로 표현해 보게 할 수도 있다.

〈그림 8-7〉 교과서 예시-형식적인 표현을 문장제로 표현해보기

뺄셈 검산 방법인 '거꾸로 더하기'를 '역의 원리'와 관련짓도록 한다. 우선 학생이 3을 더하는 것은 3을 뺌으로써 원래대로 할 수 있다는 것을 인식하게 하여 3의 뺄셈 검산에 이 지식을 이용할 수 있다는 것을 발견하도록 안내하여 준다. 구체물을 이용해서 모델화하는 것이 도움이 될 수 있다.

등호를 '같은 수'로 보는 관계적 관점을 구성하는 것을 도와줄 필요가 있으며, 덧셈의 결합법칙과 교환법칙은 안내된 발견학습을 활용하여 지도한다. 예를 들어 수의 순서를 바꾸

어 제시한 문장제나 채워넣기 놀이는 '가수의 순서는 합에 영향을 주지 않는다.'는 것을 학생들이 발견할 수 있는 기회를 제공한다.

다양한 방법으로 전체를 만들 수 있고 또 다양한 부분으로 분해할 수 있다는 것을 학생들이 알도록 돕는 개념적 수준의 활동을 제시해 준다.

2) 기본 수 조합의 사고 전략

가) 0을 더하거나 빼는 조합

0규칙. 어떤 수에 0을 더하거나 빼도 그 수는 변하지 않는다. 예를 들어 6+0=6, 0+5=5이다. 학생들은 일반적으로 이 규칙을 빨리 발견한다.

나) 1을 더하거나 빼는 조합

앞뒤 수 규칙. 어떤 가수와 1의 합은 세기 계열에서 가수의 다음 수이다(예 6+1은 6의 다음 수인 7). 일반적으로 학생이 앞뒤의 수를 알게 되면 1을 더하고 빼는 것과 관련지어 이러한 조합에 대해서 빨리 답할 수 있다. 1을 더하거나 빼는 조합을 암기하는 것은 다음 수 관계를 학습할 때 이미 습득한 것이며, 이런 이유로 n+1과 n-1 조합은 가장 먼저 학습해야 하는 것 중 하나이다.

다) 2를 더하거나 빼는 조합

다음 수 건너뛰기 규칙. 가수와 2의 합은 가수의 다음다음 수이다. 예를 들어 우선 학생이 7+1의 합이 7의 다음 수라는 것을 알면, 7+2가 8 다음의 수인 9가 된다는 것을 생각해 낼 수 있다. 학생들은 다음 수 건너뛰기 규칙을 활용해서 세기 계열에 대한 표상을 개발해 낼 수 있다.

라) a+b와 b+a의 조합

교환법칙. 가수의 순서는 합에 영향을 미치지 않는다. 예를 들어 6+4가 10이면 4+6도 10이다. 일반적으로 학생들은 이 원리를 빨리 발견하며 학생이 6+4=10이라는 것을 숙달했다면, 4+6=10이 된다는 것을 조합을 연습하지 않고서도 빨리 생각해 낼 수 있다.

〈그림 8-8〉 교과서 예시-a+b와 b+a의 조합

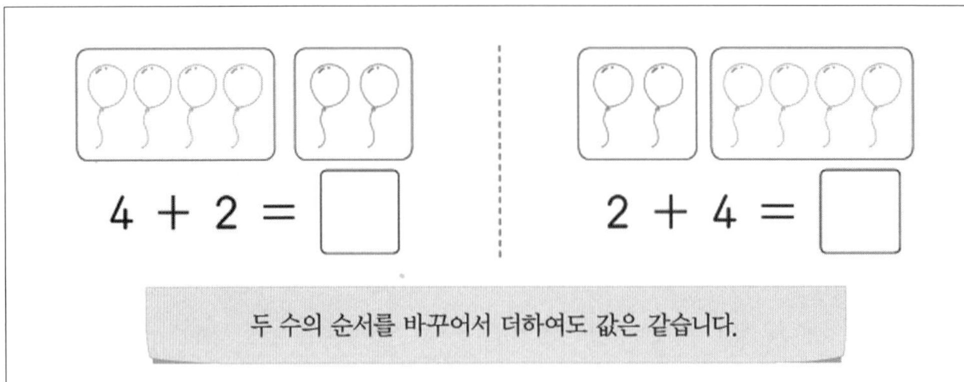

마) 두 배

4+4나 7+7과 같은 두 배의 합은 항상 짝수이고, 연속되는 수를 두 배하면 결과가 2씩 커진다. 따라서 이런 합은 2씩 건너뛰어 세는 수 계열(2, 4, 6, …)과 대응한다. 짝수나 홀수를 자기 자신과 더하면 항상 짝수이다. 5는 4보다 1 더 크기 때문에 5+5는 4+4보다 2가 더 많다. 같은 수를 두 번 더하는 것은 심리학적으로 특별한 의미를 가지고 있기 때문에 학생들이 생각보다 쉽게 학습할 수 있다(예 두 손의 두 손가락 2+2, 두 손의 다섯 손가락 5+5, 계란 6개씩 두 줄 6+6, 7일씩 두 주 7+7)

바) 8이나 9 더하기와 빼기

10을 만드는 조합으로, 9+4와 같은 조합은 좀 더 쉬운 10+4보다 1 작은 조합으로 변화시킬 수 있다. 마찬가지로 17-9와 같은 뺄셈 조합은 좀 더 쉬운 17-10보다 1 큰 조합으로 변화시킬 수 있다. 이렇게 변화시키기 위해서는 더해서 10이 되는 수와 10과 다른 수와의 합에 대해 알고 있어야 한다.

사) n-n

같은 수 규칙으로 어떤 수를 자기 자신에서 빼면 아무것도 남지 않는다.

아) 가까운 수 사이의 차

차가 1인 규칙으로 수 계열에서 이웃인 수를 빼면 차는 항상 1이다(예 7−6=1).

라. 연산 기초 형성

1) 가르기와 모으기

가르기와 모으기는 수의 분해와 합성이라는 기초개념을 형성하는 활동이며, 더 나아가 덧셈과 뺄셈 후속학습으로 이어지는 중요한 활동이다. 간혹 가르기를 분류하기와 혼동하기도 하지만 가르기는 기준에 따라 나누는 것이 아니라는 점에서 분류하기와 차이가 있다. 그러므로 가정 및 학교에서 볼 수 있는 구체물의 가르기와 모으기 활동을 충분히 하여 수의 분해와 합성과정을 눈과 손으로 익히게 한다. 이처럼 수의 성질과 수의 상호관계를 감각적으로 익혀 수 감각을 형성시키는데 중점을 두는 것이 중요하다.

가르기와 모으기는 받아올림과 받아내림이 있는 덧셈과 뺄셈에서 아주 유용하다. 〈그림 8-9〉와 같이 6+8과 같은 받아올림이 있는 덧셈에서 8에 대한 가르기 경험이 풍부한 학생은 다음과 같이 4와 4로 가르기 하여 문제를 해결할 수 있다.

〈그림 8-9〉 가르기를 이용한 받아올림이 있는 덧셈

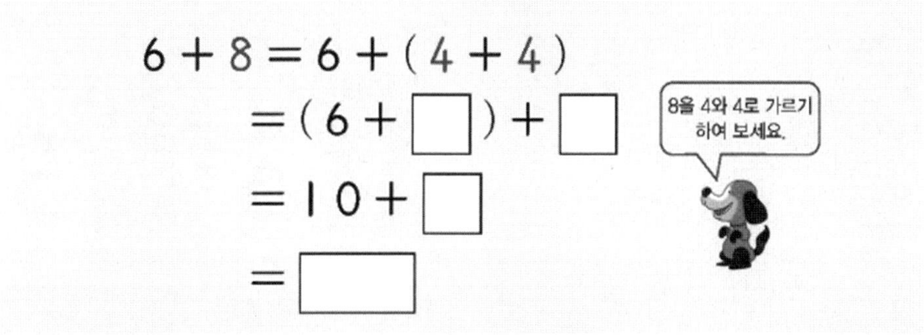

$$6+8=6+(4+4)$$
$$=(6+\square)+\square$$
$$=10+\square$$
$$=\square$$

8을 4와 4로 가르기 하여 보세요.

2) 10의 보수

10의 보수는 1부터 9까지의 수를 가지고 10이 만들어지는 짝꿍수를 만드는 것이다. 학생이 더하기는 곧잘 하는데 빼기를 싫어한다면 가장 큰 이유는 대부분 10의 보수가 잘 안되어서 그런 경우가 많다. 특히 받아올림, 받아내림을 할 때 10의 보수에 대해 정확히 아는 학생과 그렇지 않는 학생은 눈에 띄게 차이가 난다.

생활에서 구체물을 이용하여 10을 만드는 다양한 경우의 수를 찾아 모아보며, 이를 바탕으로 10을 만드는 경우의 두 수를 확인한다. 또한 자연스럽게 형성된 10을 만드는 두 수의 모아지는 과정을 구체물과 반구체물의 형태로 나타내어 최종적으로 수학적 기호와 식을 이용하여 10이 만들어지는 덧셈식과 10에서 빼는 뺄셈식으로 표현할 수 있도록 지도하는 것이 필요하다.

3) 자릿값

받아올림과 받아내림이 있는 계산에서는 자릿값을 확실하게 인지하고 있어야 정확한 계산을 할 수 있다. 이를 위해서는 수를 분해하는 법을 먼저 익혀야 한다(예 45=40+5). 수 모형을 가지고 조작활동을 하며 구체적으로 수를 분해하여 만들어보고, 자릿수에 맞게 수를 읽어보도록 한다.

가로식을 세로식으로 바꾸어 보고, 계산하는 법을 직접 지도하며 천천히 촉구를 줄여나가도록 한다.

〈그림 8-10〉 수 분해하기

Ⅳ. 장애학생의 도형 영역 학습지도

1. 공간 이해 지도

가. 공간의 이해

공간은 사람들이 사는 이곳 그 자체이며, 공간의 이해는 일상생활에서 나와 사물 간의 공간관계, 두 대상 간의 공간관계를 이해하고, 어떤 거리, 위치, 방향에 있는지 이해하는 것이다. 공간의 이해를 학습함으로써 나와 사물의 공간적 관계를 탐색하고, 놀이와 조작적 활동을 통해 공간적 거리감과 위치적 관계를 정확하게 인식하게 된다.

나. 공간 이해의 지도 실제

공간 이해의 주요 내용은 거리(가까운 것과 먼 것, 가장 가까운 것과 가장 먼 것), 위치(안과 밖, 위와 아래, 앞과 뒤, 옆, 가운데), 방향(안과 밖으로 움직이기, 앞과 뒤, 위와 아래, 옆으로 움직이기)으로 구성되어 있다.

공간의 이해를 지도하기 위해서는 일상생활에서 나와 사물 간의 공간관계뿐 아니라 두 대상 간의 공간관계를 이해하여, 다양한 놀이 및 조작활동을 통해 일상생활에서 공간을 효과적으로 활용하고 학습활동에서 익힌 공간적 개념을 일반화할 수 있도록 지속적으로 지도하는 것이 중요하다. 학생들이 감각 통합적인 방법으로 공간을 인식할 수 있도록 다양한 신체놀이나 놀이를 활용하고, 공간을 표현하는 어휘를 정확하고 분명하게 꾸준히 제시하여 자연스럽게 의사소통에 활용할 수 있도록 해야 한다.

거리 개념을 지도할 때에는 교실 안에서 가까운 곳에 있는 친구, 멀리 있는 친구를 찾는 활동이나 멀리뛰기 게임, 종이비행기 멀리 던지기 등의 활동을 할 수 있으며, 거리를 표현하는 어휘를 지속적으로 제시하여 학생들이 자연스럽게 개념을 이해하도록 한다.

위치 개념을 지도할 때에는 가방 안과 밖, 필통 안과 밖에 물건을 넣어보거나 빼기, 보물주머니 안의 물건 알아맞히기 게임 등의 활동 중심의 교육이 효과적이다. 친구들과 일렬로 줄을 서서 공을 머리 위로 옮겨 뒤로 보냈다가 다시 앞으로 옮기는 게임을 할 수 있으며, 기준선을 정하고 기준선보다 위에 있는 물건을 찾아보게 한다. 학생들이 위치를 익히는 활동을 하는 동안 교사는 지속적으로 안과 밖이라는 용어를 사용하여 자연스럽게 인식할 수 있게 한다.

또는 몸 또는 사물을 옆으로 움직이기, 옆으로 구르기 등 체육활동과 연계하여 활동을 할 수 있고, 수건돌리기 놀이처럼 사물을 옆으로 움직이는 놀이 활동을 할 수 있다.

〈그림 8-11〉 거리와 위치 개념 활동 예시

*출처: 특수교육대상학생의 수학과 교수 학습지도, 국립특수교육원, 교원직무연수물.

다. 공간 이해 지도 시 유의점 및 평가

공간 영역을 지도할 때에는 실생활과 연계하여 실제적인 위치와 방향을 익히게 하는 것이 중요하다. 학생들이 감각 통합적인 방법으로 공간을 인식할 수 있도록 다양한 신체활동이나 놀이들을 활용하여 학생 자신과 대상 간의 공간관계를 이해하게 한 후 사물-사물, 사람-사물, 사람-사람 등 두 대상 간의 공간관계를 이해하도록 한다. 또한 공간 영역을 지도할 때에는 학생들에게 친숙한 놀이감, 놀이, 율동 등을 활용하여 즐겁고 재미있는 수업이 되도록 하며, 위치 및 방향적 관계를 나타내는 어휘를 분명하고 지속적으로 제공하여 자연스럽게 개념을 익히게 한다.

공간의 이해 평가 시에는 학생들이 즐겁게 참여할 수 있도록 분위기를 조성하고, 지필검사뿐 아니라 관찰, 포트폴리오, 일과기록 등 다양한 평가방법을 활용하여 학생의 진보정도를 세밀하게 파악하도록 한다. 여러 가지 상황에서 충분한 시간과 기회를 제공하고 평가가 끝난 후에는 칭찬과 격려로 학생들이 긍정적강화를 받도록 한다.

2. 여러 가지 모양 지도

모양이란 겉으로 나타나는 생김새, 모습을 의미한다. 우리들은 눈을 뜨면 보이는 모든 곳에 모양이 존재한다는 것을 알고 있다. 따라서 모양을 탐색하여 특징을 알아보고, 분류하는 학습이 매우 중요하다. 여러 가지 모양에서는 생활 속에서 흔히 접할 수 있는 구체물을 활용하여 생김새와 특징에 따라 나누어 보고, 놀이 활동을 통해 다양한 모양을 만들어 보게 한다. 이러한 학습을 통해 학생들은 모양이 지니고 있는 특성을 체험하고 분류하여 도형 감각 및 공간 감각을 향상시키고, 실생활에서 여러 가지 모양을 다양하게 활용할 수 있다.

가. 여러 가지 모양 영역 지도의 실제

여러 가지 모양 지도의 주요 내용은 상자 모양 알기, 둥근기둥 모양 알기, 공 모양 알기, 여러 가지 모양 구별하기, 모양 놀이하기로 구성되어 있다.

여러 가지 모양은 일상생활에서 쉽게 접할 수 있는 구체물을 활용하여 상자 모양, 둥근기둥 모양, 공 모양의 생김새와 고유의 특성을 체험하는 것이 주된 학습 활동이 된다. 여러 가지 모양 지도를 위해서는 학생들이 주변에서 쉽게 접할 수 있는 구체물을 활용한 놀이 활동을 직접 체험하면서 여러 가지 모양의 생김새와 성질에 대하여 스스로 탐색하고 체득하게 하는 것이 중요하다. 또한 다양한 놀이 및 조작활동을 통해 일상생활에서 모양을 자연스럽게 접하여 보는 것이 중요하다. 이러한 활동은 학생들이 '수학은 어렵다', '수학은 복잡하다'는 부정적인 인식을 줄이고, 즐거운 수학 시간이 되도록 도와줄 뿐 아니라 스스로 탐색하여 도형에 대한 감각과 공간 감각을 향상시킬 수 있게 한다.

구체적으로 생활 주변에서 쉽게 접할 수 있는 빈 상자, 주사위, 큐브, 상자 모양 블록 등 상자 모양을 이용하여 주사위 만들기, 도미노 놀이하기 등의 여러 가지 활동을 할 수 있다. 보드게임 중 젠가 놀이도 상자 모양과 나무 블럭을 사용하는 놀이이다. 또한 점토, 모래, 밀가루 등 여러 가지 재료를 이용하여 자유롭게 원하는 모양을 만들고 서로 만든 결과물을 보고 어떤 모양들을 사용했는지 이야기 해 본다. 둥근기둥 모양의 캔을 활용한 캔 볼링 놀이도 학생들의 흥미를 이끄는데 좋은 활동이다.

〈그림 8-12〉 교과서 예시-캔 볼링 놀이

◎ 모양으로 여러 가지 놀이를 해 봅시다.

나. 여러 가지 모양 지도 시 유의점 및 평가

여러 가지 모양 지도 시 주변의 사물을 탐색하고 조작하는 경험을 통해 모양에 대해 직관적인 인식을 개발하고 이해를 형성할 수 있게 한다. 학생들은 다양한 놀이 활동을 통해 각각의 생김새, 특징을 체득할 수 있다. 학생들이 상자 모양, 둥근기둥 모양, 공 모양 등을 찾아보는 활동을 할 때는 뚜껑이나 장식품, 손잡이 등이 달려 있는 경우에도 인정한다. 하지만 교사가 제시하는 구체물, 그림 사진 등의 경우에는 완벽한 형태의 사물을 제시하는 것이 좋다.

평가 시 공간의 이해와 마찬가지로 여러 가지 상황에서 기회를 충분히 제공하고 문제를 해결할 수 있도록 한다. 또한 지필 평가뿐 아니라 수행평가, 학생행동 관찰 등 다양한 평가 방법을 적절하게 사용하는 것이 중요하다.

3. 입체도형과 평면도형 모양 지도

네덜란드의 수학교육자 반 힐레는 학생들의 연령에 따른 기하학 발달 단계를 연구하였으며, 0수준(시각화단계), 1수준(해석수준단계), 2수준(추상화단계), 3수준(연역단계), 4수준(엄밀화단계)의 순서로 발달한다고 밝혔다. 특히 0수준(시각화단계)은 도형의 전체 겉모습만을 보고 분류하는 것을 배우는 단계이며, 1수준(해석수준단계)은 각 도형의 공통적인 성질이나 관계를 기술하는 표현이 가능한 단계로서 우리나라의 초등학교에서는 1수준 정도의 교육을 실시하고 있다. 학생들이 기하 학습에서 어려움을 겪는 이유는 발달 단계에서 그들의 사고 수준보다 높은 수준을 가르치기 때문이다.

이에 의미 있는 도형교육이 되기 위해서는 위계적 수준에 따라 충분한 경험을 제공해야 하며, 학습자의 준비도 혹은 출발점 행동을 살펴보는 것이 필요하다. 또한 학습에 영향을 미치는 환경적 요인을 고려하여 학생 수준에 맞는 수업 자료, 교재, 교사의 지도를 통해 도형 학습 수준의 발달을 촉진시켜야 할 것이다.

가. 입체도형과 평면도형 모양 지도의 실제

입체도형과 평면도형의 주요 내용은 입체도형의 모양(직육면체, 원기둥, 구 모양 찾기, 쌓기나무를 이용하여 입체도형의 모양 만들기)과 평면도형의 모양(삼각형, 사각형, 원 모양 찾기, 평면도형의 모양 분류하기, 여러 가지 모양 꾸미기)으로 구성되어 있다.

입체도형과 평면도형에 대한 학습활동은 구체적인 놀이 활동을 중심으로 하는 것이 좋다. 단순히 학습지를 통해 모양을 알아보는 것이 아니라 직접 눈으로 보고, 손으로 만지고, 몸을 움직이는 조작활동을 하며, 친구들과 함께하는 신나는 놀이 활동을 통해 자연스럽게 입체도형과 평면도형에 대한 감각을 기를 수 있게 한다.

1) 입체도형 모양의 지도

생활 속에서 직육면체, 원기둥, 구 모양을 찾아 스티커를 붙이게 하고, 교실에서뿐만 아니라 운동장, 놀이터 등 범위를 확대하여 입체도형 모양의 물건을 다양하게 찾아본다. 전단지나 잡지 속에서 직육면체, 원기둥, 구 모양을 찾아보는 것도 좋다. 이때 아직 확인되지 않은 모양의 이름을 붙여 범주화하지 않게 한다. 직육면체는 상자 모양으로, 원기둥은 둥근기둥 모양, 구 모양은 공 모양으로 일상용어를 사용하여 표현하도록 한다.

쌓기나무 놀이 또한 활용하기 좋은 방법으로 쌓기나무를 탐색하기 전 학생들의 호기심을 유발하기 위해 생활 속에서 여러 가지 입체도형 모양의 물건을 찾아 쌓아보게 한다. 또는 교사가 먼저 쌓기나무로 입체도형 모양을 만들어 제시하고, 제시된 모양을 보고 어떻게 만들어야 할지 자유롭게 생각해본다. 쌓기나무를 이용하여 모양을 만들거나, 여러 가지 색깔의 쌓기나무를 이용하여 좀 더 다채로운 입체도형 모양 만들기 활동을 하여 입체도형에 대한 감각을 기를 수 있다.

2) 평면도형 모양의 지도

사각형, 삼각형, 원 모양의 여러 가지 구체물을 여러 개 제시하고 같은 모양끼리 직관적으로 파악하여 분류하게 한다. 구체물의 종류를 바꾸어가며 반복하여 활동하며, 구체물로 분류하기가 충분히 익숙해지면 구체물의 사진이나 그림카드, 패턴 블럭을 제시하여 분류하게 한다.

〈그림 8-13〉 패턴 블록

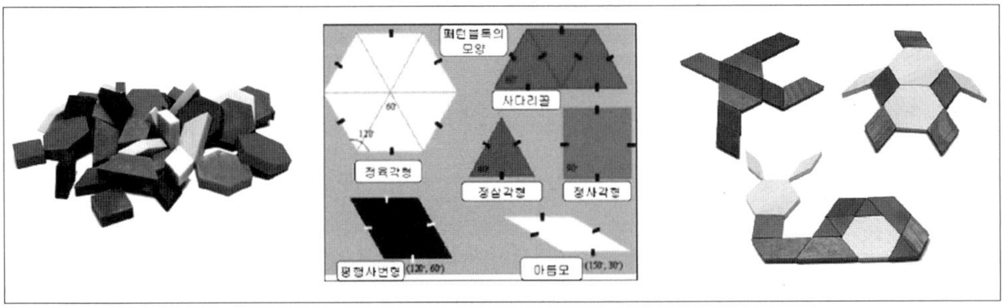

*출처: 2015 자격연수 자료집, 국립특수교육원.

또한 7개의 모양 조각으로 여러 가지 형태를 만들어보는 칠교놀이 또한 활용하기 좋은 방법이다. 칠교판을 이용하기 전 사전활동으로 2~3개의 도형 조각을 제시하고 모양을 꾸며본다. 점차 도형 조각의 개수를 늘려가며 모양을 꾸며보게 한다.

그리고 칠교판을 이용하여 여러 가지 모양을 자유롭게 꾸며보게 한다. 칠교조각을 어떤 형태가 되도록 도화지 위에 붙이고, 색연필 등을 이용하여 모양을 꾸며본다. 칠교놀이 프로그램을 활용하여 컴퓨터로 칠교놀이를 할 수도 있다. 칠교조각을 놓아야 할 부분을 선이나 색으로 단서를 제공한 도안을 제시하여 주어진 모양을 채우게 한다. 점차적으로 단서를 줄여가며 도안을 제시하고 모양을 채우는 활동을 반복한다.

〈그림 8-14〉 교과서 예시-칠교놀이

◎ 칠교놀이를 해 봅시다.

나. 입체도형과 평면도형의 모양 지도 시 유의점 및 평가

입체도형과 평면도형 모양 지도 시 입체도형과 평면도형 모양의 특징을 직관적으로 파악하여 분류하게 한다. 직관적으로 파악한다는 것은 경험, 추리, 판단 등에 의하지 않고 대상을 직접적으로 파악하는 것을 의미한다. 이전 단계인 여러 가지 모양 영역에서 다양한 방법으로 상자 모양, 둥근기둥 모양, 공 모양을 탐색하고 특징을 살펴보았던 경험을 살려 여러 가지 모양을 직관적으로 파악하고 분류할 수 있어야 한다. 이 수준에서는 여러 가지 구체물을 통해 외형적인 형태를 인지할 수 있는 다양한 기회를 제공하고, 이를 통해 인식하고 서로 다르다는 것을 구별하게 된다. 이때 확인된 모양의 이름을 붙여 범주화하지 않는다.

특수아동은 모든 면에서 개인차가 두드러지게 나타난다. 따라서 상대적 우열을 가리기 위한 평가가 아닌 목표 지향적인 개별 평가를 통해 개인별 성취수준을 평가해야 한다. 수학은 맞고 틀림이 비교적 정확한 교과이기 때문에 결과에만 초점을 두는 경향이 있으나, 문제를 해결하는 과정이나 절차를 중시하여 학습자의 오류를 파악하고 분석하여 적절한 교수전략을 마련하도록 해야 한다.

4. 평면도형과 도형의 기초 지도

가. 평면도형의 기초 지도의 실제

평면도형의 기초 지도의 주요 내용은 사각형·삼각형·원 이름 짓기, 사각형·삼각형·원

분류하기, 사각형·삼각형·원 모양그리기, 꼭짓점과 변 알기, 각 모양들의 공통점 찾아 오각형과 육각형 구별하기로 구성되어 있다.

평면도형과 도형의 기초를 지도하기 위해서는 실생활에서 볼 수 있는 구체적인 사례나 활동을 통해 실생활에서의 쓰임새와 관련하여 이해하게 한다. 이러한 활동을 통해 단순히 교실 안에서만 끝나는 수학이 아니라 실생활에서 부딪치고 경험하는 수학이 될 수 있다.

사각형, 삼각형, 원 모양의 구성 요소를 이해하기 위해서는 생활 주변에서 사각형, 삼각형, 원 모양의 구체물을 찾아 본뜨기 하는 방법을 적용할 수 있다. 단순히 평면도형을 그려 보는 것으로 끝내는 것이 아니라 자신이 그린 사각형, 삼각형, 원을 이용하여 재미있는 모양을 꾸며보게 할 수도 있다. 점판 위에 자를 대고 그려보거나, 선분을 1~2개 미리 그려 제시하고 나머지 선분을 그려 도형을 완성하게 할 수도 있다.

평면도형의 구성 요소를 지도하기 위해서 변과 꼭짓점의 개념을 지도하는 것이 중요하다. 사각형은 네 개의 곧은 선으로 만들어져 있고, 그 선들이 만나는 곳에 점이 생긴다는 것을 알게 한다. 사각형을 이루는 네 개의 곧은 선이 변, 선들이 만나는 곳에 생긴 점이 꼭짓점이라는 것을 알게 하고, 같은 방법으로 삼각형의 변과 꼭짓점도 찾아본다. 학습한 내용을 바탕으로 기하판에 고무줄을 끼워 평면도형을 만들 수 있다.

〈그림 8-15〉 기하판을 이용한 지도

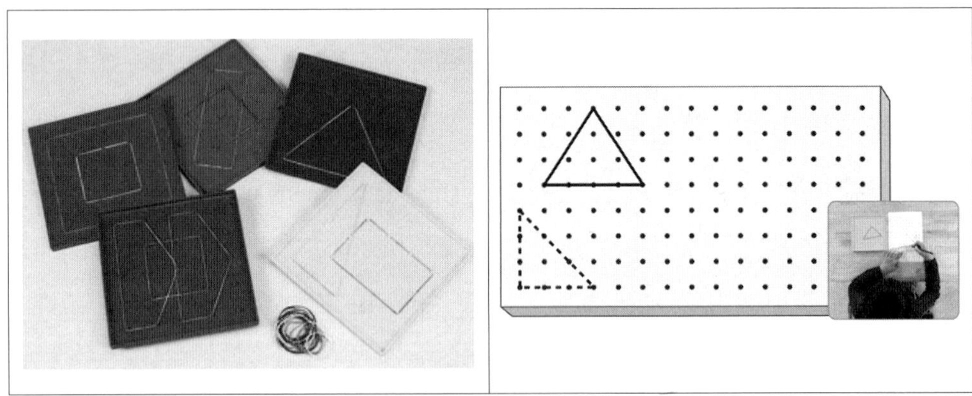

나. 도형의 기초 지도의 실제

도형의 기초 지도의 주요 내용은 직선 알기, 각과 직각, 예각과 둔각 알기, 수직, 평행 관계 알기로 구성되어 있다.

직선을 학습하기 전에 다양한 선들을 경험하게 한다. 곧은 선과 굽은 선이 그려져 있는 길을 따라 가보게 하거나, 생활 속 여러 가지 구체물을 통해 곧은 선, 굽은 선을 찾아보게 할 수도 있다. 선분과 직선을 지도할 때에는 두 개의 점을 잇고 곧은 선을 그려 선분임을 확인시킨다. 이 선분을 양쪽으로 끝없이 길게 늘인 곧은 선을 직선이라고 한다는 것도 함께 지도한다. 다양한 선을 제시하고 직선을 구별해보게 할 수도 있다.

각의 개념을 지도할 때에는 생활 속에서 모난 부분을 찾아 관찰하는 활동으로 시작한다. 뾰족한 모난 부분에는 두 개의 직선으로 이루어져 있다는 것을 알게 하고 이를 각이라고 이름지어 준다. 또한 팔이나 무릎을 구부리거나 실, 줄 막대 등을 이용하여 자유롭게 각을 표현해보게 한다.

〈그림 8-16〉 교과서 예시-주변에서 각 찾아보기

◎ 종이를 접어 생긴 각과 크기가 같은 각을 찾아봅시다.

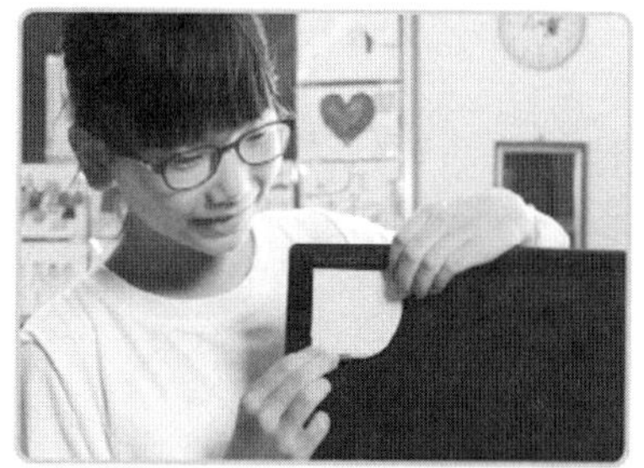

다. 평면도형과 도형의 기초 지도 시 유의점 및 평가

평면도형과 도형의 기초 지도 시 실생활에서 볼 수 있는 구체적인 사례나 사물, 활동을 통해 개념을 이해하게 하는 것이 중요하다.

평면도형과 그 구성 요소에서는 사각형, 삼각형, 원을 직관적으로 파악하고 이름을 짓게 한다. 학생들은 여러 가지 방법으로 사각형, 삼각형, 원을 탐색하고 그리거나 만들어보는 활동을 통해 각각의 공통점을 찾고 이를 일반화한다. 도형의 기초학습 시 각도의 개념 없이 직각과 비교하여 예각과 둔각을 이해하고, 실생활에서 수직인 곳과 평행인 곳을 찾아보는 활동을 통해 실생활에서의 쓰임새와 관련하여 수직, 평행의 관계를 이해하게 한다.

이 영역의 평가 역시 목표지향적인 개별 평가를 통해 개인별 성취 수준을 평가하여야 하며, 평가 시 즐거운 학습 분위기 속에서 활동을 독려하고, 칭찬하여 학생이 긍정적인 강화를 받을 수 있게 한다.

연구과제

1. 수학과 교육과정의 이해를 바탕으로 특수아동에게 적용할 수 있는 교수·학습방법을 알아봅시다.
2. 수와 연산의 기본 이해와 구체적인 지도방법을 알아봅시다.
3. 공간, 입체도형, 평면도형의 구체적인 지도방법을 알아봅시다.

참고문헌

국립특수교육원(2014). (교원직무연수) 특수교육대상학생의 수학과 교수 · 학습지도. 국립특수교육원 부설원격교육연수원.

국립특수교육원(2014). 2014 특수학교(초등) 정교사 자격연수 자료집. 국립특수교육원.

국립특수교육원(2015). 2015 특수학교(초등) 정교사 자격연수 자료집. 국립특수교육원.

교육부(2011). 2011 특수교육 교육과정. 교육부.

교육부(2013). 특수교육 교육과정 기본 교육과정 수학 교과서. 교육부.

교육부(2013). 특수교육 교육과정 기본 교육과정 수학 교사용지도서. 교육부.

김동일, 이태수(2006). 수학과 수업의 이론과 실제: 경도장애학생의 교수-학습을 중심으로. 교원교육, 22(2), 96-116.

김민경, 신현기 외 8명(2013). 장애학생 수학교육. 교우사.

남윤석, 노선옥 외 5명(2011). 특수교육 수학교육론. 교육과학사.

박정선, 김민경 외 2명(2012). 초등교사를 위한 수학과 교수법. 경문사.

신현기(2006). 특수아 수학과 교육의 이론과 실제. 교원교육, 22(2), 75-95.

허일, 원성옥(2011). 장애학생 수학교육 현황과 개선방안. 한국수학교육학회, 2011(1), 167-174.

9 특수아 스마트 교육

Ⅰ. 스마트러닝의 개념과 특수교육적 의의

Ⅱ. 스마트 기기의 사용과 유의점

학습목표

- 스마트러닝의 개념과 그 의의를 안다.
- 스마트 기기의 사용법을 알고 활용한다.
- 교육용 애플리케이션을 찾아 설치하는 방법을 안다.
- 교육용 애플리케이션을 활용한다.

Ⅰ. 스마트러닝의 개념과 특수교육적 의의

1. 스마트러닝의 개념

현재까지 진행되어 발표된 여러 선행연구를 살펴보면, 스마트러닝에 대한 개념은 미시적 측면과 거시적 측면이라는 두 가지 관점에서 접근할 수 있다. 첫째는 스마트폰이나 태블릿 PC 등과 같은 스마트 기기를 이용하는 학습을 스마트러닝이라고 정의하는 입장이고, 둘째는 교수학습활동에 콘텐츠와 정보통신기술 등을 활용하는 총체적인 수업 형태를 스마트러닝이라고 정의하는 입장이다. 이를 자세히 고찰해 보면 다음과 같다.

첫째, 스마트 기기를 활용하는 수업의 입장과 관련된 연구에서는 스마트러닝을 스마트 기기를 활용한 교육방식으로 정의하고 있다. 이는 스마트 기기를 활용한 교수학습활동이 학습자의 학습에 긍정적인 효과를 미친다는 관점에 기인한 것이라 할 수 있다. 예를 들어, 이수희(2010)는 스마트러닝을 스마트 기술을 학습에 이용하는 차별화된 학습서비스로 정의하고 있다. 즉, 도구적 관점에서의 스마트러닝을 개념화해 보면, 스마트러닝이란 스마트폰이나 태블릿 PC 등의 스마트 기기를 활용하여 교육을 시키는 학습 형태라 할 수 있다. 실제, Perkins(2010) 등은 아이폰을 활용한 수업이 교수학습활동에 역동성과 융통성을 불어넣어 주었으며, 교수자와 학습자 모두 수업에 대한 몰입도가 증진되었음을 밝히고 있다. 또한 증강현실 기반 학습프로그램은 초등학생들의 과학과 학습에 있어 학습동기를 높여줌으로써 학업 성취도를 높여주었으며 이지수(2010), 구민재(2009)는 초등학교 사회과의 체험학습 요소를 증강현실 기법을 통하여 구현한 결과, 학습자들의 학습 흥미도와 학습 효과성이 높아졌음을 확인하였다.

이러한 기기적 접근 방식을 명료하게 정의하고 있는 것은 전자신문(2010)의 정의이다. 이 신문에서는 스마트러닝을 스마트폰, 미디어 태블릿, e북 단말기 등의 모바일 기기를 이용한 학습 콘텐츠와 솔루션이라고 통칭하고 있다. 즉, 인터넷 접속은 물론 위치기반서비스/증강현실 등 다양한 기술 적용이 가능한 스마트 기기의 장점을 활용해 기존 이러닝과 차별화된 서비스를 제공하는 것을 의미한다.

그러나 이러한 도구적 접근은 스마트 기기와 다른 형태의 기기가 출현할 경우 곧바로 사장될 수 있는 문제를 가지고 있다. 그러므로 스마트러닝이 일회성적인 이벤트가 아니라는 전제가 선다면, 이러한 접근 방식은 다소 지양해야 할 개념 정의라 할 수 있다.

두 번째 입장은 첫 번째 입장에서 강조하는 기기적 입장을 벗어나 총체적인 관점에서 스마트러닝을 정의하는 입장이다. 예를 들어, 임희석(2011)은 학생, 교사, 콘텐츠 간의 소통, 협력, 참여, 개방, 공유 기능이 가능하도록 하는 정보통신기술을 통하여 수평적, 쌍방향적, 지능적, 참여적, 상호작용적인 방식으로 교육을 전환함으로써 학습의 효과를 높이는 총체적인 학습을 스마트러닝이라고 정의하고 있다. 또한 곽덕훈(2010)은 스마트러닝이란 학습자들의 다양한 학습 형태와 능력을 고려하고 학습자의 사고력과 의사소통능력, 문제해결능력 등의 개발을 높이며 협력학습과 개별학습을 위한 기회를 창출하여 학습을 보다 즐겁게 만드는 학습으로서, 장치보다 사람과 콘텐츠에 기반을 둔 발전된 ICT 기반의 효과적인 학습자 중심의 지능형 맞춤학습이라고 정의하고 있다. 즉, 이러한 입장은 노규성(2011)이 제안했던 것처럼 스마트러닝을 스마트 인프라와 스마트교육 방식이 접목된 형태라고 생각하는 것이다. 이 입장은 웹 2.0의 관점을 스마트러닝에 접목한 것으로서 스마트 기기가 가지고 있는 장점인 쌍방향성과 동시적 의사소통 및 다양한 접속을 통한 참여의 편리성이라는 특성을 반영한 것이다. 이러한 관점에서의 스마트러닝은 스마트 인프라를 기반으로 교사, 학생, 콘텐츠 간에 시간과 공간을 초월한 즉각적인 쌍방향 정보교환을 통해 이루어지는 교수-학습 방식을 의미한다.

첫 번째 입장과 두 번째 입장을 정리해 보면, 첫 번째 입장은 스마트러닝을 스마트 기기라는 것으로 한정하여 보는 미시적 접근 방식을 취하는 것이고, 두 번째 입장은 스마트러닝을 미시적 입장을 포함하는 총체적인 학습 방식이라는 거시적 입장을 취하는 것이라 할 수 있다. 교육과학기술부(2011)는 스마트러닝이란 '21세기 지식정보화 사회에서 요구되는 교육방법, 교육과정, 평가, 교사 등 교육체제 전반의 변화를 이끌기 위한 지능형 맞춤 교수-학습 지원체제로서, 최상의 통신환경을 기반으로 인간을 중심으로 한 소셜 러닝(social learning)과 맞춤형 학습(adaptive learning)을 접목한 학습 형태를 의미한다.'라고 정의하고 있다.

즉, 스마트 기기를 활용한 교육과 소셜 러닝과 맞춤형 학습이라는 학습 방식을 포괄하는 거시적 관점의 정의를 취하고 있다. 거시적 맥락을 따를 때, 스마트러닝이라는 것은 기기적 학습 체계의 구축이라기 보다는 전반적인 교육 패러다임의 변화를 이끌 수 있는 포괄적인 개념적 정의가 마련되어야 할 것이다. 예를 들어, KINSHU(이러닝국제콘퍼런스, 2010)는 스마트러닝을 단순히 모바일 기기 혹은 스마트 기기를 활용한 다른 형태의 이러닝으로 제한하지 않고, 이러닝의 나아가야 할 방향을 제시하는 패러다임적 의미로 정의하고 있다.

다시 말해, 스마트러닝이 기존의 교육 형태를 전면적으로 부인한다거나 완전히 변형시키는 형태의 교육을 의미하지는 않는다는 것이다. 스마트러닝은 e-러닝과 m-러닝 및 u-러닝이 발전하는 과정의 연속선상에 위치하는 교육 방식으로서, 정보통신기술의 발달에 따른 사회의 변화에 조화를 이루어나가는 교육이 나아가야 할 방향을 제시하는 패러다임적 변화라고 할 수 있을 것이다. 이러한 맥락에서 스마트러닝을 다음과 같이 정의할 수 있다.

스마트러닝이란 ICT를 기반으로 한 협력적 학습 환경이 제공되어 교육주체 사이에 능동적 상호작용과 의사소통이 가능하게 하고, 학습자가 자신의 특성에 맞게 자기주도적으로 학습할 수 있도록 교육과정, 교육방법, 교육평가 등의 변화를 이끄는 교육체제의 변화를 의미한다. 즉, 스마트러닝은 전통적인 교육체계에서 사회의 발전과 변화라는 학습생태학적 환경변화에 적응하려는 교육체계의 노력의 과정이라고 할 수 있다.

2. 스마트러닝의 특성

스마트러닝이 전통적인 교육과 차별화될 수 있는 것은 스마트러닝만이 가지고 있는 고유한 특성에 기인한다. 스마트러닝은 21세기 지식정보화 사회에서 요구되는 새로운 교육방법(Pedagogy), 교육과정(Curriculum), 평가(Assesment), 교사(Teachers) 등 교육체제 전반의 변화를 이끌기 위한 지능형 맞춤 교수-학습 지원체제로 최상의 통신 환경을 기반으로 인간을 중심으로 한 소셜 러닝(social learning)과 맞춤형 학습(adaptive learning)을 접목한 학습 형태를 추구하고 있다(교육과학기술부, 2011a). 이러한 스마트러닝을 특성화하면 다음과 같은 다섯 가지 요소를 고려할 수 있다(이성훈, 한동원, 2011).

첫째, 자기주도적(Self-directed) 속성을 가지고 있다. 즉, 학습자는 지식 수용자에서 지식의 주 생산자로 학생의 역할이 변화하고, 교사는 지식 전달자에서 학습자의 학습을 향상시키기 위한 멘토로서의 역할을 수행하게 된다.

둘째, 흥미(Motivated)적 속성을 가지고 있다. 스마트러닝에서는 교과지식 중심에서 체험을 기반으로 지식을 재구성할 수 있는 교수-학습 방법을 강조한다. 이를 통해 창의적 문제해결과 과정 중심의 개별화된 평가를 지향한다.

셋째, 수준과 적성(Adaptive)적 속성을 가지고 있다. 교육체제의 유연성이 강화되고 개인의 선호 및 미래의 직업과 연계된 맞춤형 학습을 구현한다. 이를 위해 학교는 대량의 지식을 제공하는 장소에서 수준과 적성에 맞는 개별화된 학습을 지원하는 장소로 변화한다.

넷째, 풍부한 자료(Resource Free)적 속성을 가지고 있다. 스마트러닝에서는 클라우드 교육 서비스를 기반으로 공공기관, 민간 및 개인이 개발한 풍부한 콘텐츠를 교육에 자유롭게 활용할 수 있다. 그리고 소셜 러닝 등을 활용한 국내외 학습자원의 공동 활용과 협동학습을 확대시킬 수 있다.

다섯째, 정보 기술 활용(Technology Embedded) 속성이다. 스마트 기기를 활용하여 정보기술을 활용하면 언제, 어디서나 원하는 학습을 할 수 있고, 수업방식이 다양해져 학습 선택권이 최대한 보장되는 교육환경을 제공할 수 있다.

이러한 다섯 가지 요소가 반영된 것이 스마트러닝이다. 스마트러닝의 속성에 근거하면, 전통적인 수업에서 겪고 있는 시공간적 제약을 없애주고, 교육방법의 확장을 통한 교육 역량을 향상시켜주며, 교육 내용의 확장을 통한 교육의 질을 제고할 수 있다. 이러한 장점들이 전통적인 수업과 차별화된 스마트러닝을 구현시키는 데 중요한 역할을 수행하게 된다.

3. 스마트러닝의 특수교육적 의의

스마트러닝을 통한 교육의 변화는 학습자 측면과 교수자의 측면으로 나누어 볼 수 있다. 먼저, 학습자 측면에서 스마트러닝은 학습 스타일과 정의적 요소에서 기존의 교육과 다른 점을 발견할 수 있다.

첫째, 스마트러닝 하에서 학습자의 학습 스타일은 단순히 교사에 의한 지도방식을 벗어나 스스로 자신에게 필요한 지식을 탐구하고 재구성하여 만들어낼 수 있는 지식의 생산자가 될 수 있다. 물론 이전의 교육방식에서 지식의 생산자로서의 학습양식이 불가능했던 것은 아니었으나, 스마트러닝에서 지식의 생산자가 될 가능성과 기회가 보다 많이 제공될 수 있다. 이때 교사는 지식의 전달자에서 학습자의 학습을 지원하기 위한 조력자로서의 역할을 수행하게 되는데, 이는 사회적 구성주의의 측면에서 교사가 담당하는 역할을 실천적으로 수행하는 것이라 할 수 있다.

둘째, 정의적 요소의 변화를 살펴보면, 스마트러닝은 기존의 학습방식보다 학습자의 동기와 흥미를 유발시킬 수 있다. 이는 스마트 기기라는 교재교구를 활용한다는 측면이 작용한다. 특히, 정신지체, 학습장애, 자폐성장애와 같은 유형의 장애가 있는 학생들의 경우 학습에 대한 동기가 낮고 흥미와 관심을 가지지 못하는 어려움이 있다는 점을 고려해 볼 때, 다양한 조작 활동과 사진, 영상, 게임과 같은 멀티미디어적인 기능을 활용할 수 있는 스마트러닝이 특수교육적 효과가 있을 것이라 생각된다.

다음으로 교수자 입장에서의 교육적 변화는 교육방법, 교육자료, 교수매체 등의 측면에서 확인할 수 있다.

첫째, 교육방법적 측면에서 살펴보면, 스마트러닝은 기존의 시·공간의 제약적인 교실수업에서 시·공간적인 제약이 없는 개방화된 교육 형태를 취할 수 있게 되었다. 이로 인해 교육방법이 유연해지고 학생의 관심과 흥미를 충족시킬 수 있는 다양한 교수방법을 활용할 수 있다. 이 과정에서 학습자 개개인의 수행능력과 요구를 고려하여 개별화된 교육을 실시할 수 있다.

둘째, 스마트러닝 하에서는 클라우드 시스템을 활용하여 풍부한 교육용 콘텐츠를 자유롭게 활용할 수 있고, 교수자와 학습자, 학습자와 학습자, 학습자와 지역사회 등의 다양한 교육 관계자들과의 네트워킹을 구축하여 협력적인 교수 활동을 할 수 있다. 예를 들어, 학습장애 학생이 읽기 훈련을 할 때 네트워크로 연결되어 있는 교사가 학생이 잘 발음하지 못하는 어휘에 대하여 발음 지도를 해줄 수 있다.

셋째, 스마트러닝에서의 정보통신기술은 교육환경을 확장시켜주기 때문에 학교에서만 교육이 이루어지는 것이 아니라 언제 어디서나 학습자가 자유롭게 교육에 참여할 수 있다는 장점이 있다. 예를 들어, 정신지체 학생이 지역사회에서 물건 사고 계산하기 과제를 수행할 때, 스마트 기기를 활용하여 물건을 살 때 해야만 하는 대화문을 학습할 수 있거나 물건을 고르고 계산하는 과정을 애플리케이션 등을 이용하여 학습할 수 있다.

이상의 내용을 통해 볼 때, 스마트러닝은 단순히 정보통신의 기술의 발달로 인한 획기적인 교육 변화가 아니라, 기존의 교육 방식을 한 단계 더 진일보시켜 줄 수 있는 변화의 매개체라 할 수 있을 것이다. 특히, 특수교육 분야에 있어 스마트러닝에 대한 개념은 장애학생을 대상으로 한다는 점과 이로 인해 적용방식에서 장애학생의 특성을 고려해야 한다는 점을 제외하면 일반 교육적 맥락에서의 스마트러닝과 차이점을 발견하기가 어렵다. 즉, 특수교육이라고 해서 스마트러닝에 대한 개념적 정의가 달라질 수는 없으며, 어떻게 스마트러닝을 특수아동들에게 적용할 수 있을지에 대한 방법론적 측면을 고려하여야 한다.

스마트러닝이 정보기술을 활용하여 보다 풍부한 자료를 활용하여 학습자의 흥미와 동기를 고취시키고 학습자의 수준과 적성을 고려하여 자기 주도적인 학습태도를 기를 수 있는 교육 방식이라고 했을 때, 특수아동이 가지고 있는 신체적, 인지적, 정의적 측면의 문제를 해결할 수 있는 하나의 방안으로 고려할 수 있는 계기를 마련해주는 교육방식이라 할 수 있다.

Ⅱ. 스마트 기기의 사용과 유의점

1. 스마트폰이란?

스마트 기기 하면 가장 많이 떠오르는 것이 바로 스마트폰이다. 스마트폰은 기존 휴대폰에 컴퓨터가 결합된 제품으로 '스마트(Smart)하다'라는 똑똑한 기능들이 부가되어 탄생한 차세대 휴대폰이다. 스마트폰 이전의 일반폰인 피처폰(Normal Phone; Feature Phone)보다 이동 중 무선으로 인터넷을 이용할 수 있고, 무선(Wireless)과 3G, 4G(LTE)를 활용하여 다양한 정보 검색 및 각종 애플리케이션(Application)을 다운로드하여 실생활에 사용할 수 있는 등 다양한 기능과 서비스를 이용할 수 있어 기존 휴대폰보다 진화된 개념의 똑똑한 휴대폰이다. 스마트폰은 기존 휴대폰에 비해 매우 다양한 특성을 가지고 있다. 컴퓨터를 통해서만 가능했던 웹사이트를 시간과 공간적인 제약을 받지 않고 사용할 수 있어 이메일을 보내거나 블로그로 상품을 소개하고, 트위터로 현재 일어나는 자신의 이야기나 주변 이야기를 전 세계 사람들에게 사진 등을 첨부하고 소식을 업로드하여 쉽게 전할 수 있다.

또한 애플리케이션 프로그램인 애플리케이션을 다운로드하여 자신의 일정이나 지인을 관리하거나 사진, 음악, 게임 등의 엔터테인먼트를 즐기거나 동영상 기능을 활용하여 영화를 제작할 수도 있다.

2. 스마트폰의 특징

첫째, Wi-Fi(와이파이Wireless Fidelity : 무선 데이터 전송 시스템)의 사용이다. Wi-Fi는 유선이 아닌 무선으로 데이터를 조회하여 정보를 얻을 수 있는 전송 시스템을 말한다. 사용자는 Wi-Fi를 통해 각종 정보를 실시간으로 이동 중에 검색할 수 있으며, 인터넷에 접속하여 홈페이지를 서핑(Web Surfing)할 수도 있고, 각종 금융거래도 할 수 있다. 자신의 스마트폰에서 Wi-Fi를 사용하려면 설정 메뉴에서 Wi-Fi를 활성화한 후 무선 AP(Access Point)를 검색하고 접속하려고 하는 AP를 선택하면 쉽게 이용할 수 있다.

둘째, 사용자가 원하는 애플리케이션을 마음대로 설치할 수 있다. 실생활에 유용하게 사용할 수 있는 애플리케이션으로는 여행, 금융, 게임, 교육, 쇼핑, 교통, 채팅, 메모, 시계, 스포츠 등 매우 다양하다. 이러한 애플리케이션은 유료와 무료로 구성이 되어 있으므로 설치에 유의하여야 한다. 애플리케이션들을 다운로드하는 방법은 먼저 스마트폰을 원하는 이동통신사에서 개통을 하여야 한다. 운영체제(OS)인 안드로이드(Android) 단말기는 구글 Play스토어에 접속하거나 각 이동 통신사의 서비스 사이트(T-Store, Show Store 등)에 접속하여 원하는 애플리케이션들을 다운 받아 설치한 후 사용한다. 반면 아이오에스(iOS) 단말기인 아이폰은 아이튠즈(i-Tunes)나 앱스토어(AppStore)에 접속하여 다운로드를 받을 수 있다.

셋째, 오픈마켓(Open Market)에서 원하는 애플리케이션을 구매할 수 있다. 폐쇄적인 이동통신사 서비스만을 이용했던 이전과는 달리 스마트폰을 가지고 있는 사람이라면 누구나 이동통신사를 거치지 않고 직접 개방된 애플리케이션 스토어(Application Store)에 접속하여 필요한 애플리케이션을 다운로드 받을 수 있다고 하여 오픈 마켓이라고 말한다.

넷째, 스마트폰은 각각의 운영체제(OS: Operating System)를 가지고 있다. 스마트폰에 사용되는 범용 OS는 크게 5가지로 안드로이드(Android), 아이오에스(IOS), 윈도우모바일(Window Mobile), 블랙베리(Blackberry), 심비안(Symbian)이 있으며 크게 안드로이드와 iOS, 윈도우 모바일(Window Mobile)로 나눌 수 있다.

3. 스마트 기기의 사용방법

가. 안드로이드 운영체제 스마트 기기의 사용법

1) Wi-Fi로 네트워크 연결하기

안드로이드 폰에서의 네트워크 설정은 환경 설정에서 지정할 수 있다. 네트워크는 무선 네트워크를 기본으로 근거리 네트워크인 Wi-Fi와 3G나 4G와 같은 데이터 네트워크로 나눌 수 있다. Wi-Fi나 데이터 네트워크는 위치에 따라 서비스가 지원되는 지역에서 자동으로 연결된다.

- 환경설정에서 [무선 및 네트워크]를 선택한 후 [Wi-Fi 설정]을 터치한다.
- [Wi-Fi]를 터치하면 사용자가 있는 위치에서 연결할 수 있는 Wi-Fi 네트워크의 종류가 나타난다.
- Wi-Fi 네트워크에서 자물쇠 모양이 있는 경우는 비밀번호를 알아야 사용가능한 비개방형이며, 자물쇠 모양이 없는 경우는 비밀번호 없이 사용할 수 있는 개방형이다.
- Wi-Fi 네트워크는 장소를 이동할 경우 자동으로 연결이 끊어지며, 데이터 네트워크로 연결된다.
- Wi-Fi 네트워크가 연결되면 알림줄에 방사능 모양의 Wi-Fi 네트워크 모양이 나타

난다.

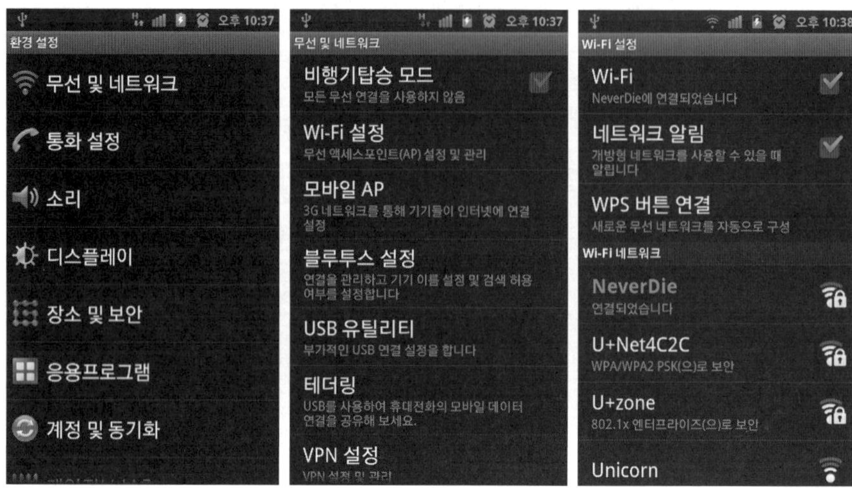

2) 데이터 통신 사용·차단하기

데이터 네트워크 사용은 사용자의 데이터 요금에 따라 사용할 수 있는 데이터 양이 다르며, 장소에 따라 데이터 네트워크 접속을 허용하지 않음으로 Wi-Fi로만 네트워크를 연결할 수 있다. 데이터 네트워크 접속 허용시 접속 상태를 알려주며, 데이터 네트워크 접속 허용을 하지 않으면 Wi-Fi 네트워크 사용을 해제하여도 데이터 네트워크에 접속되지 않는다.

- 환경설정에서 [무선 및 네트워크]를 선택한 후 [데이터 네트워크 설정]을 터치한다.
- 데이터 네트워크 설정에서는 기본적으로 '접속 허용'으로 설정되어 있으며, 접속 허용을 해제하려면 '허용하지 않음'을 터치한다.
- 해외에서 데이터 네트워크 접속을 허용하지 않은 경우에 사용할 수 있으며, 데이터 자동 접속 허용과 관련된 안내 메시지에서 '허용하지 않음'을 선택하면 자동으로 데이터 네트워크로 연결되어 발생할 수 있는 과중한 요금을 피할 수 있다.
- 데이터 요금이 무제한인 경우는 데이터 네트워크를 기본값인 '접속 허용'으로 사용한다.

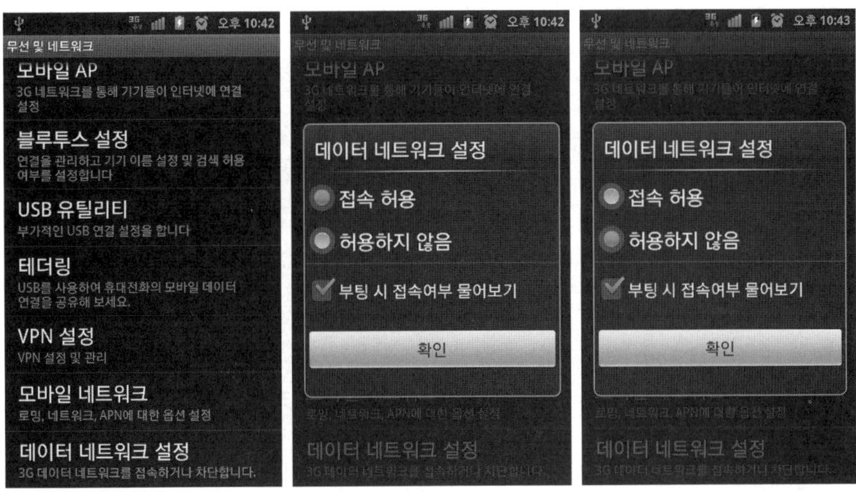

3) 알림줄에서 네트워크 변경하기

기기에 따라 알림줄을 사용하는 경우 알림줄을 아래로 끌기하여 환경설정을 터치하지 않고 네트워크를 쉽게 변경할 수 있다. 알림줄은 화면의 고정영역으로 한번 설정된 Wi-Fi 네트워크 경우 자동으로 연결이 가능하며, 다른 위치에서도 사용가능한 Wi-Fi 네트워크를 찾아 연결한다. 또한 현재 위치에서 사용할 수 있는 Wi-Fi 네트워크가 없는 경우는 데이터 네트워크로 연결한다. 이때 데이터 네트워크는 '접속 허용' 상태이다.

- 기기의 맨 위에 위치한 알림줄을 아래로 끌기하여 네트워크 연결 상태를 확인한다.
- 데이터 네트워크에 연결된 상태에서는 Wi-Fi 메뉴가 비활성화된 상태이며 알림줄에는 모양이 표시된다.
- Wi-Fi를 선택하여 활성화된 상태에서는 알림줄에 모양이 표시된다.

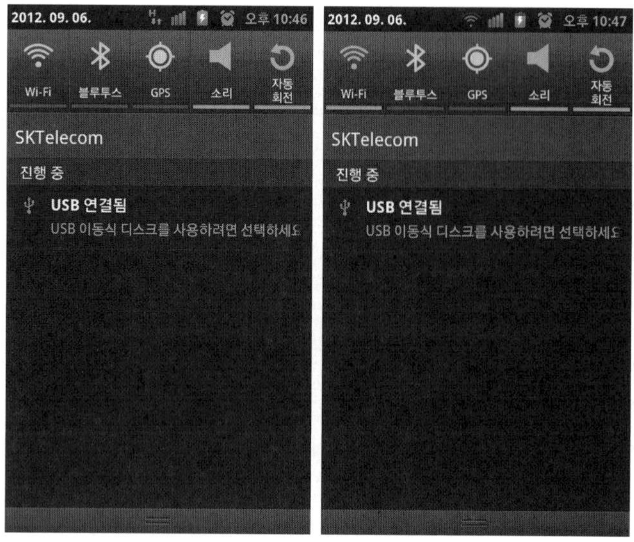

나. iOS 운영체제 스마트 기기의 사용 법

1) Wi-Fi로 네트워크 연결하기

아이폰에서 네트워크 설정은 환경 설정에서 지정할 수 있다. 네트워크는 무선 네트워크를 기본으로 근거리 네트워크인 Wi-Fi와 3G나 4G와 같은 데이터 네트워크로 나눌 수 있다. Wi-Fi나 데이터 네트워크는 위치에 따라 서비스가 지원되는 지역에서 자동으로 연결된다.

- 설정에서 [Wi-Fi]를 선택한 후 [Wi-Fi]를 활성화하면 사용자가 있는 위치에서 연결할 수 있는 Wi-Fi 네트워크의 종류가 네트워크 선택에서 나타난다.
- Wi-Fi 네트워크에서 자물쇠 모양이 있는 경우는 비밀번호를 알아야 사용가능한 비개방형이며, 자물쇠 모양이 없는 경우는 비밀번호 없이 사용할 수 있는 개방형이다.
- Wi-Fi 네트워크는 장소를 이동할 경우 자동으로 연결이 끊어지며, 데이터 네트워크로 연결된다.
- Wi-Fi 네트워크가 연결되면 알림줄에 방사능 모양의 Wi-Fi 네트워크 모양이 나타난다. 네트워크를 지우려면 네트워크를 선택한 후 [이 네트워크 지우기]를 터치한다.

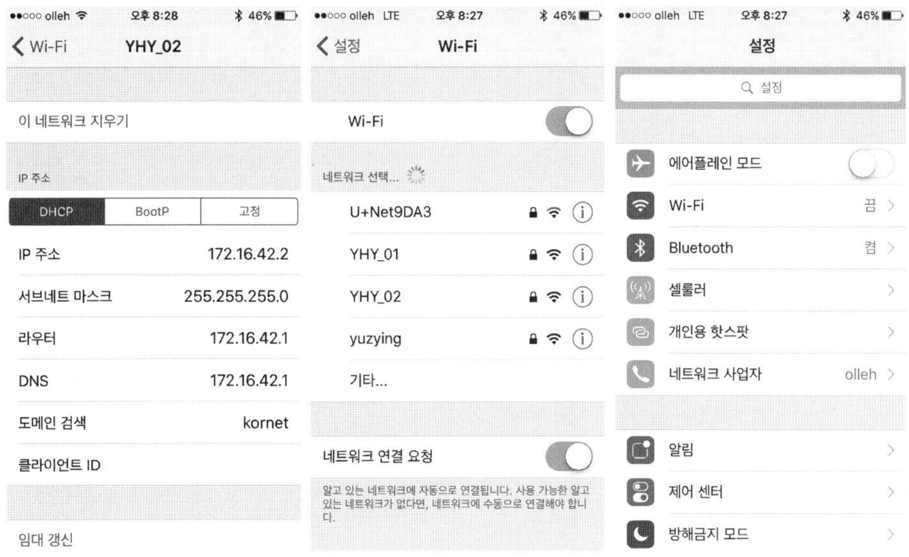

2)데이터 통신 사용·차단하기

데이터 네트워크 사용은 사용자의 데이터 요금에 따라 사용할 수 있는 데이터 양이 다르며, 장소에 따라 데이터 네트워크 접속을 허용하지 않아 Wi-Fi로만 네트워크를 연결할 수도 있다. 데이터 네트워크 접속을 허용한 상태에서 접속 상태를 알려주며, 만약 데이터 네트워크 접속 허용을 하지 않으면 Wi-Fi 네트워크 사용을 해제하여도 데이터 네트워크에 접속되지 않는다.

- 설정에서 [일반]을 선택한 후 [셀룰러]를 터치한다.
- 아이폰에서 Wi-Fi 네트워크만 사용하여 데이터를 이용할 수 있도록 제한하기 위해서는 셀룰러 데이터를 비활성화하여야 한다.
- 셀룰러 데이터가 비활성화되면 Wi-Fi 연결이 불가능한 지역에서도 3G/4G 네트워크로 자동 연결되지 않는다.
- 3G/4G를 활성화하면 데이터를 더 빨리 읽을 수 있지만 배터리 사용이 크다.

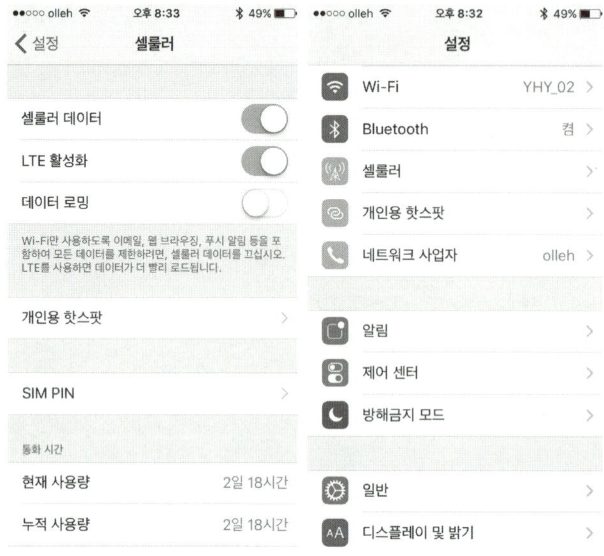

4. 교육용 애플리케이션

가. 대표적인 애플리케이션

교육용 애플리케이션에는 다양한 형태가 있으나 학생의 생활에 맞추어 생각해 보면 교과목으로 나누는 것이 가장 무난할 것이다. 아래의 애플리케이션은 그중에서도 국어, 수학과 관련된 애플리케이션이다.

교과	국어 (안드로이드)
활동내용	한글 자모음 따라 쓰기
장점	한글 학습 후 색칠놀이와 함께 사용
단점	핸드폰에서는 화면이 작아 어려움이 있음 무료 애플리케이션이어서 광고가 나옴

교과	수학 (안드로이드)
활동내용	수 읽기, 쓰기
장점	수 초창기에 익히기 수월함
단점	무료 애플리케이션이어서 광고가 나옴

교과	교과 외 (안드로이드)
활동내용	뽀로로 시즌3 시청
장점	캐릭터를 좋아하는 학생들에게 직접적 재미를 줄 수 있음 교훈적인 이야기로 생활지도에 활용가능
단점	동영상 관람만 가능 광고 시청시간(약5초)

교과	국어, 수학 (iOS)
활동내용	국어 쓰기, 읽기 수 읽기, 쓰기
장점	한글과 수 쓰기를 하나의 애플리케이션으로 가능함
단점	화면 하단 광고가 항상 보임 실행중 다른 애플리케이션 설치 종용

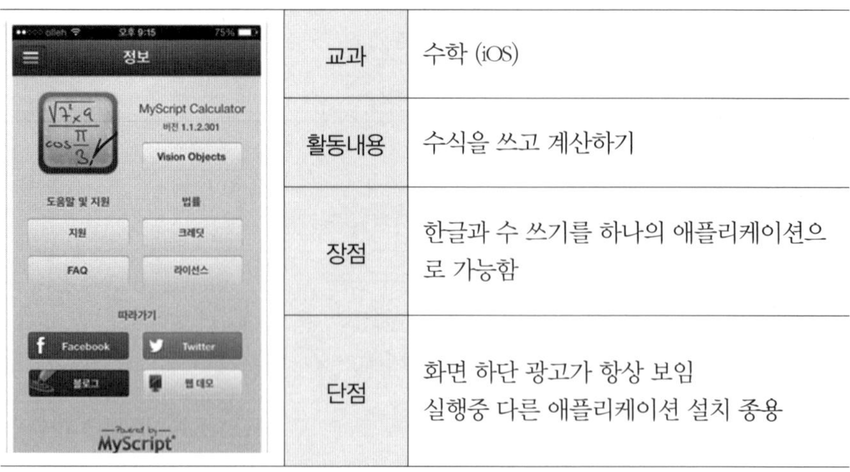

교과	수학 (iOS)
활동내용	수식을 쓰고 계산하기
장점	한글과 수 쓰기를 하나의 애플리케이션으로 가능함
단점	화면 하단 광고가 항상 보임 실행중 다른 애플리케이션 설치 종용

나. 그 밖의 애플리케이션

번호	애플리케이션	교과
1	가로 세로 낱말 맞추기 2	국어
2	한글 떼기	
3	딩동댕 한글 따라 쓰기	
4	한글 따라 쓰기 HD	
5	한글자	
6	창의력 스티커북	
7	그림 맞추기(동물, 탈것)	
8	경제박사 코잉의 화폐배우기	수학
9	구구단	
10	너도 나도 재미있는 시계놀이	
11	너도 나도 숫자놀이	
12	구름빵 시계공부	
13	시장에 갔어요	
14	숫자야	
15	기차수학	
16	셈셈 아이	
17	점 따라 그리기, 찍어 찍어	
18	타요 운행놀이	

19	Play 123	수학
20	도전 만국기	사회
21	곤충백과1: 숲	과학
22	Solar Walk	
23	땅에 사는 동물들 - 뽀조 탐험대	
24	삼익피아노	음악
25	질러 쏭 노래방	
26	통기타 레슨샵	
27	퐁! 색칠놀이	미술
28	점 따라 선 그리기	
29	Egg Zoo	영어

5. 어떻게 이용할 것인가?

가. 애플리케이션에 대한 숙지

애플리케이션에 대한 숙지라고 표현했지만 조금 더 정확히 이야기 한다면 먼저 배우고 익히는 활동이다. 학생들에게 어떠한 활동을 제공하기에 앞서 많은 고민이 필요하다.

- 애플리케이션은 과목이나 영역에 적절한 것인지?
- 학생들에게 어떤 좋은 점과 나쁜 점이 있을지?
- 사용시간은 얼마나 해야 할지?
- 어떤 과정에 넣어야 적절할지? 많은 조건들을 고민해야 한다.

항상 애플리케이션을 먼저 설치하고, 이후에 어떤 기능들이 있는지 분석해야 하며, 실제 사용하는데 걸리는 시간, 어떠한 단계들을 거치는지 다시 한 번 확인해야 한다. 즉 먼저 실행해 봐야 한다.

나. 부작용에 대한 고민

최근 애플리케이션이나 학생들의 스마트폰이나 모바일기기의 사용빈도와 시간에 대한 걱정 어린 이야기들이 많이 나오고 있다. 어떤 한 가지에 집중한다는 것은 충분한 동기로

열심히 습득한다고 볼 수도 있지만 반대로 중독의 위험성을 내포하기 마련이다. 애플리케이션을 이용해 학생들과 상호작용을 하다 보면 유난히 기기에 관심을 보이거나 혹은 독점적으로 사용하려 하거나 한 가지 또는 사진이 익숙하고 좋아하는 애플리케이션만을 고집하는 경우도 있다.

반드시 일정한 계획 하에 학생에게 스마트 기기를 활용할 수 있도록 해야 하며, 학생과 학부모와의 정확한 약속을 통해 기기에만 매몰되어서 오히려 학습에 방해가 되는 것을 막아야 한다.

다. 스마트 기기 혹은 스마트 학습이 만능은 아니다.

스마트 기기 혹은 스마트 학습은 만병통치약처럼 사용할 수 있는 것은 아니다. 이는 학습하는 환경과 주변 여건, 배워야 하는 도구들의 변화와 그 조건들의 변화 속에서 학생들의 자발성을 그 기저로 하고 있다. 스마트 교육의 정의를 살펴보면 자기주도적 학습, 체험기반 창의적 학습 지향, 유연하고 개별화된 학습 지향에서 풍부한 교육 콘텐츠 활용 학습 지향, 기술기반의 학습 지향까지 총 다섯 가지의 지향점이 있다. 이는 무조건 스마트 기기만을 이용해 하는 기계적인 학습이 아닌 자기주도적으로 발전된 기기와 소프트웨어를 통해 체험기반의 창의적 교육을 지향한다는 이야기다. 주된 학습은 아날로그적인 직접 체험과 사람과 의사소통함을 기반으로 하고 그것을 더욱 발전시킬 수 있는 수단으로 사용해야 할 것이다.

연구과제

1. 스마트 기기를 이용해 교육용 애플리케이션을 찾고, 설치해 봅시다.
2. 각종 애플리케이션을 살펴보고 장점과 단점을 찾아봅시다.
3. 가상의 학생을 선정하고, 알맞은 애플리케이션의 활용법을 찾아봅시다.

참고문헌

국립특수교육원(2013). 장애학생 스마트러닝 적용의 특수교육적 타당성 확보를 위한 이론적 개념화. 국립특수교육원.

국립특수교육원(2013). 시각장애학생 스마트러닝 수업 모형 개발. 국립특수교육원.

국립특수교육원(2013). 정신지체학생 스마트러닝 수업 모형 개발. 국립특수교육원.

김민정(2014). 스마트러닝을 활용한 자기주도 학습전략이 지적장애 학생의 독립적 과제 성취 및 과제수행행동에 미치는 영향. 석사학위 논문, 이화여자대학교 교육대학원.

이은진(2014). 교육용 애플리케이션의 활용이 지적장애 학생의 물건값 지불하기에 미치는 영향. 석사학위 논문, 서울교육대학교 교육대학원.

한국정보화진흥원(2013). 스마트폰활용하기. 한국정보화진흥원.

10 특수아 부모 상담

학습목표

- 상담의 개념과 의의를 알고, 상담기법에 맞게 부모 상담을 한다.
- 특수아동 가족을 이해하고 사회적 · 심리적 특징을 안다.
- 특수아동 부모를 위한 강점관점의 해결중심 상담기법을 안다.
- 특수아 부모 상담 진행 시 유의사항을 안다.

I. 상담의 이해

1. 상담의 정의

상담은 전문적 훈련을 받는 상담자와 조력을 필요로 하는 내담자가 상담활동의 공동주체로서 내담자의 자각확장을 통해 문제예방, 발달과 성장, 문제해결을 달성함으로써 그의 삶의 질을 향상하기 위해 함께 노력하는 조력과정이다(노안영, 2005). 여기에서 상담자는 상담을 하는 사람을 말하며, 내담자는 상담을 받는 사람을 말한다. 또한 상담이란 상담자가 내담자와의 관계에서 촉진적인 의사소통을 통하여 내담자가 개인적인 문제에 대한 자기 이해와 자기 지도력을 터득하도록 도와주는 과정이다. 그리하여 현재의 문제를 효과적으로 해결하고 장차에도 일어날 수 있는 삶의 문제에 대한 조망과 해결능력을 갖게 되어 자기효능감과 자존감을 느끼도록 인도하는 일련의 학습과정이다(홍경자, 2001).

내담자가 상담을 통해 무엇을 얻고자 하는지도 중요하지만 상담자가 상담자의 입장에서 상담을 이해하는 것이 우선시되어야 한다. 상담의 정의를 일곱 가지로 설명하면 다음과 같다(노안영, 2005).

첫째, 상담활동의 공동주체는 상담자와 내담자이다.
둘째, 상담자는 전문적 훈련을 받은 사람이다.
셋째, 내담자는 조력을 필요로 하는 사람이다.
넷째, 내담자의 자각확장을 이루도록 조력하는 활동이다.
다섯째, 상담은 내담자의 문제예방, 발달과 성장, 문제해결을 달성하기 위한 것이다.
여섯째, 상담은 내담자의 삶의 질을 향상하기 위해 노력하는 활동이다.
일곱째, 상담은 조력과정이다.

이렇듯 상담은 상담자가 내담자와 공동의 주체로서 상호 작용을 통해 내담자가 가지고 있는 다양한 어려움이 무엇인지 알아가고 공동으로 해결해 나가는 과정으로서 내담자를 조력하여 내담자의 자각확장이 이루어지도록 한다. 또한 문제를 예방하고, 발달과 성장을 촉진하며, 강점을 찾아 내담자의 삶의 질을 향상시키기 위해 노력하며 조력하는 과정이다.

2. 상담자

상담자는 전문성을 갖춘 사람으로서, 상담자의 전문성은 상담 관련 학위 과정, 자격증 과정, 전문가 과정 등의 훈련을 받고 상담가로서 자질과 전문성을 갖추고 신뢰감을 줄 수 있는 사람을 말한다. 상담자는 자신이 하는 상담이 내담자를 위한 활동임을 한시도 잊어서는 안 된다. 이러한 상담활동에서 상담자는 효과적인 상담을 하기 위해서 몇 가지 상담가로서의 역할을 알아야 한다.

첫째, 상담자는 내담자와 상담 시 상담할 수 있는 분위기를 형성하고 유지해야 한다.
둘째, 내담자가 상담 참여과정에서 자기 자신을 드러내고 표현할 수 있도록 촉진해야 한다.
셋째, 상담자는 내담자를 탐색할 수 있어야 한다.
넷째, 내담자가 무엇을 원하고 변화하고자 하는지에 대해 정확히 알아야 한다.
다섯째, 내담자가 원하는 변화를 성취하도록 도와주어야 한다.
여섯째, 상담자는 내담자에게 신뢰감을 주고 내담자와 건강한 관계를 유지해야 한다.

3. 내담자

내담자는 상담을 통해 마음의 위안을 받고 정서적 지지를 받는다. 여러 가지 상황의 갈등과 관계 속에서 결정하지 못한 것을 해결할 수 있게 해주거나 실마리를 찾게 된다. 또한 내담자는 상담을 통해 자신의 억압된 욕구나 감정을 알 수 있으며, 상담자가 자신의 이야기를 잘 들어주고 인정해 줄 때 좋은 요구나 감정을 가진다. 내담자는 상담에서 자신의 욕구와 감정이 수용되는 경험을 하게 됨으로써 죄책감이나 자신의 욕구가 나쁘지만은 않다는 것을 깨닫게 된다. 상담자는 내담자의 행동과 감정, 인지에 초점을 두고 상담을 진행해야 한다.

특수아 부모 상담과정에서 내담자인 부모들은 자신의 과오 때문에 자녀가 장애로 태어났다고 자책하고, 사소한 스트레스에도 다양한 심리적 고통을 갖고 있으며 자존감 또한 매우 낮은 경우가 많다. 특수아 부모 상담은 이러한 내담자가 상담을 통해 자신을 긍정적으로 바라볼 수 있고, 그 동안 쌓인 울분과 분노를 해소함으로써 긍정적인 자아형성에 도움을 줄 뿐만 아니라 건강한 가족의 삶으로 탈바꿈할 수 있는 기회도 제공한다. 특히 특수아 부모는 일반적인 내담자와 달리 가족생활주기와 관련된 가족의 문제로 그 어떤 집단보다 상담을 원하고 필요로 하고 있다. 또한 상담자와의 특별한 상담관계를 통해 자신의 의지를 향상시키고 삶의 질이 향상되기를 기대한다.

4. 상담의 기본원리

상담을 할 때 상담자는 상담의 기본 원리에 따라 상담을 진행해야 한다. 그렇지 않으면 내담자의 상담이 목표하는 바와 다르게 흐를 수 있고 내담자와의 관계가 불편하여 제대로 된 상담이 진행되기 어렵다. 상담의 기본 원리로는 개별화의 원리, 의도적인 감정 표현의 원리, 통제된 정서 관여의 원리, 수용의 원리, 비심판적 태도의 원리, 자기결정의 원리, 비밀보장의 원리 등 7가지를 들 수 있다(김충기, 강봉균, 2001).

가. 개별화의 원리

사람은 각기 다르고 다양하다는 것을 이해하고, 상담을 할 때 각자의 개인차를 고려하여 진행하여야 한다(강갑원, 2006).

첫째, 내담자에 대하여 편견이나 선입견을 갖지 말아야 한다.

둘째, 인간행동의 유형과 원리에 대하여 전문적으로 이해하고 있어야 한다.

셋째, 내담자의 말을 경청하고 세밀하게 관찰하여야 한다.

넷째, 내담자의 보조에 맞게 상담을 하여야 한다.

다섯째, 내담자의 감정 변화에 민감하여야 한다.

여섯째, 내담자와 견해가 다를 때에는 적절하게 선택하도록 하여야 한다.

나. 의도적인 감정 표현의 원리

상담자는 내담자가 자신의 감정을 솔직하게 표현하려는 욕구를 인지하고, 온화한 분위기를 조성한다. 내담자는 자신의 문제와 관련된 감정뿐만 아니라 상담과정에서 느끼는 감정을 솔직하고 자연스럽게 표현할 수 있어야 한다. 또한 내담자의 감정 표현을 비난하거나 낙심했다는 것을 겉으로 드러내지 않고 마지막까지 경청하고 격려해야 한다.

다. 통제된 정서 관여의 원리

상담자는 내담자의 정서에 민감하게 반응하고 적극적으로 관여하는 자세를 취한다. 또한 내담자의 감정에 호응하기 위해 통제된 정서를 유지하면서 적극적으로 관여해야 한다.

라. 수용의 원리

상담자는 내담자를 한 인격체로 존중하고 바라보아야 하며, 강점과 약점, 긍정적·부정적 감정, 건설적 태도, 파괴적 태도를 가지고 있더라도 그대로를 이해하는 가운데 내담자의 인격을 존중해야 한다. 상담자가 권위적이거나 강압적인 태도를 취하면 상담은 결코 성공할 수 없다(강갑원, 2006).

마. 비심판적 태도의 원리

내담자는 내담자의 행동, 태도, 가치관 등을 평가할 때 객관적이고 중립적인 자세를 유지해야 한다. 특히 내담자의 잘못이나 책임의 유무를 따지는 등 심판적인 태도를 가져서는 안 된다. 상담자는 내담자가 자신의 문제에 대해 새로운 통찰을 얻도록 해야지 심판자와 같은 행동을 하는 것은 아니다. 상담자가 비심판적 태도를 견지하기 위해서 다음과 같은 사항을 고려해야 한다(강갑원, 2006).

첫째, 내담자에 대한 편견이나 선입견을 갖지 않아야 한다.

둘째, 내담자와 보조를 맞추어 성급하게 결론을 내리지 않는다.

셋째, 어떤 행동을 미리 정해 놓고 내담자가 그러한 행동을 수용하도록 몰아가서는 안 된다.

넷째, 상담자에 대하여 내담자가 부정적 감정을 느낄 수 있다는 것도 받아들여야 한다.

바. 자기결정의 원리

상담자는 내담자의 자기결정권을 존중하여 내담자 스스로 해결책을 선택하고 의사를 결정할 수 있도록 한다.

사. 비밀보장의 원리

상담자는 내담자와 상담과정에서 있었던 모든 일뿐만 아니라 상담을 받았다는 것조차 그 누구에게도 알려서는 안 된다. 비밀보장의 원리는 상담자와 내담자 간의 신뢰형성의 주요 요인이 된다. 그러나 상담에는 비밀보장에 예외가 있다. 내담자의 안전에 위협이 있을 때, 타인이나 사회의 안전을 위협할 때, 내담자의 전염성 있는 치명적인 질병이 있을 때, 아동이나 노인이 학대를 받거나 방치될 때, 법원의 명령이 있을 때는 다른 가족이나 관련 기관, 가까운 지인 등에 적극적으로 알려야 한다.

II. 특수아 가족의 이해

학습지도사가 지도하게 될 학생들의 가족유형은 다양하다. 일반적인 가정의 형태인 부모와 자녀로 구성된 가족도 있지만 조부모와 특수아로 구성된 가족, 아버지 또는 어머니와 자녀로만 구성된 한부모 가족이 있을 수 있다. 그 외에도 위탁가족, 재혼가족 등이 있다. 학습지도사는 특수아 가족의 형태나 가족 구성원의 다양성을 존중하고 이해할 수 있어야 한다. 특수아 가족의 배경을 이해하면 특수아의 학습 관련 정보 및 학습 환경 등을 이해할 수 있어 특수아를 지도하는데 많은 도움이 된다.

한편 학습지도사는 특수아를 지도하기 위해 특수아 가족 또는 부모와의 만남을 통해 상호 의사소통을 해야 한다. 특수아 부모와 효율적으로 의사소통하기 위해서는 가족이 직면한 문제를 이해하고 존중한다. 특수아를 둔 가정은 일반 가정과는 다른 경험과 독특한 어려움을 가질 수 있다. 자녀의 장애를 발견하고 인정하는 과정을 겪게 되는 어려움을 비롯하여 자녀를 양육하면서 겪게 되는 경제적 부담 및 심리적 불안감을 지닐 수 있다. 이러한 특수아 가족의 어려움을 이해하고 협력적인 관계를 맺고 유지하는 것은 특수아 지도에 있어 매우 중요하다고 할 수 있다(고은 외, 2012).

특수아 가족을 이해하기 위해서는 특수아 부모들이 담당해야 하는 다양한 역할, 특수아 부모 및 가족의 경험, 특수아 부모 및 가족의 특성을 살펴보아야 한다.

1. 특수아 부모의 역할 이해

부모들은 자녀를 양육하는데 정신적, 육체적으로 많은 에너지를 필요로 한다. 특히 특수아 부모들은 자녀의 장애로 인해 정신적, 육체적, 사회적, 경제적으로 어려울 뿐만 아니라 감당하기 힘든 일상의 문제와 스트레스를 경험한다. 이러한 특수아 부모에게 주어진 역할은 다양하다. 양육 및 부양자로서의 역할, 교육자로서의 역할, 정보 제공자로서의 역할, 옹호 및 대변자로서의 역할 등을 해야 한다(고은 외, 2012).

먼저 양육 및 부양자로서의 역할을 담당해야 한다. 모든 부모들이 자녀를 양육하고 부양하고 있지만 특수아 부모들은 자녀의 장애로 인해 일반 부모들보다 자녀를 양육하고 부양하는데 더 많은 어려움을 겪게 된다. 장애자녀의 돌봄에서부터 교육과 재활 치료에 대한 부담, 과도한 양육비로 인한 경제적 부담, 자녀의 장래에 대한 불안, 부모의 심리적 불안정, 사회활동의 제약, 가족 간의 갈등 등이 발생한다(유영준 외, 2011). 특히 장애자녀를 돌보기 위해 직업 활동에 참여하지 못해 경제적으로 어려울 수 있으며, 다양한 사회 활동에 제약을 받기도 한다.

다음은 교육자로서의 역할을 담당해야 한다. 부모는 자녀가 가진 장애를 이해하고, 발달단계에 필요한 기술들을 지도하고 지원해야 한다. 특수아 부모는 자녀를 가르치기 위해 새로운 기술들을 알아야 하고 습득해야 한다. 자녀가 가진 문제행동이 무엇이며, 왜 일어나는지, 그 행동들이 무엇을 의미하는지 등 자녀의 특성을 알고 잠재력을 개발하고 키워야 한다.

다음은 정보제공자로서의 역할을 담당해야 한다. 부모는 자녀의 발달단계에 필요한 교육, 재활, 직업재활, 평생교육, 여가생활 등의 다양한 정보를 제공하여 자녀가 바람직한 행동을 습득하고 유지할 수 있도록 지원해야 한다.

마지막으로 옹호 및 대변자로서의 역할을 담당해야 한다. 부모는 자녀가 인간으로서 가지는 기본 권리를 보장받을 수 있도록 자녀를 옹호하고 대변해야 한다. 장애인을 지원하기 위한 각종 법률과 제도들이 무엇인지 파악하여, 자녀가 장애로 인해 차별받고 있지는 않는지 면밀히 관찰하고 부모의 장애운동에 적극적으로 관심을 기울여야 한다. 또한 자녀가 자신을 표현하고 스스로 결정할 수 있도록 지원해야 한다.

2. 특수아 부모 및 가족의 경험

모든 부모들은 태어날 자신의 아이에 대한 꿈과 희망으로 자녀를 출산하게 되고 그러한 축복 속에 태어난 자녀가 장애아라는 것을 알게 되면 충격을 받고 믿으려 하지 않고 절망과 상실감에 빠지게 된다. 특수아 부모는 자녀의 장애를 받아들이기까지 공통적인 심리적 과정을 경험한다. 이러한 심리적 과정은 암환자들이 겪는 심리적 과정인 충격, 불신, 타협, 우울, 수용의 단계와 유사하다(Kulber Ross, 1969). 특수아 부모들은 일련의 여러 단계의 심리변화를 겪게 되는데, 이때 상담자는 부모 상담에서 부모의 심리적 과정이 어느 단계인지를 파악하고 조심스럽게 접근해야 한다. 다음의 〈표 10-1〉은 특수아 부모들이 겪게 되는 심리적 과정의 단계별 특성과 각 단계별 전문가에 의한 가족 지원 방법을 제시하고 있다(박지연 외, 2006).

첫 번째는 충격, 불신, 부인의 단계이다. 이 단계에서 부모는 자신의 잘못으로 장애아가 태어났다는 죄책감과 수치감을 가지기도 하고, 의료진단이 잘못되었다고 부정하면서 여러 병원을 전전하기도 한다. 이러한 진단과정의 경험은 장애에 대해 이해하기도 하고, 필요한 지원을 거부하기도 한다. 이 시기에 적절한 지원을 받지 못하면 우울감을 경험하게 되고 가족들은 사회적 고립감을 경험할 수 있다. 이럴 때 가족이나 친척, 친구 등 가까운 주변인으로 하여금 최소한의 지지를 제공받을 수 있다.

두 번째는 분노와 분개의 단계이다. 이 시기의 부모들은 비난할 대상을 찾게 되는데, 자기 자신 또는 다른 가족을 비난하기도 하고, 도움을 주려는 전문가들에게 화를 내기도 한다. 부모들이 경제적 어려움, 사회적·문화적 어려움이 있을 때 그 분노감은 더 커질 수 있다.

세 번째는 타협의 단계이다. 이 시기의 부모들은 점차 현실과 타협하고 협상하려고 한다. 자녀의 장애를 없애보려는 노력을 하지만 어렵다는 것을 알고 장애를 받아들이기 시작한다.

네 번째는 낙담과 좌절의 단계이다. 이 시기에는 차츰 현실을 수용하기 시작하고 자녀의 잠재력은 보지 않고 아이의 결함만 본다.

마지막으로 수용의 단계이다. 자녀의 장애를 받아들이고 아이의 요구에 초점을 맞춰 강점을 보기 시작한다.

특수아 부모일지라도 이러한 슬픔의 단계를 겪지 않는 경우도 있고, 가장 많이 경험하는 정서적 반응 중의 하나가 죄책감이라 할 수 있다. 부모가 자녀의 장애를 수용하는 단계에 언제 도달하는지는 장애영역 및 정도, 가족의 독특한 특성(규모, 문화적 배경 등), 가족의 하위체계의 강도(부부, 형제자매 등) 등의 요소가 영향을 미칠 수 있다고 하였다(백은령 외, 2010). 장애자녀를 가진 부모는 일반 부모에 비해 특수아 출현과 양육과정에 있어 많은 스트레스를 경험한다는 사실이다.

〈표 10-1〉 슬픔 단계의 특성과 전문적 지원을 위한 제안

단계/특성	전문가 지원
충격, 불신, 부인 · 죄책감 혹은 수치심을 경험할 수 있다. · 장애가 있음을 부인하려고 할 수 있다. · 의료진단을 받으러 여러 병원을 전전할 수 있다. · 진단을 수용하거나 필요한 지원의 제공을 완전히 거부할 수 있다.	· 수용하는 태도로 경청하라. · 가족들이 감정을 표현하도록 격려하라. · 가족들에게 그 감정이 자연스러운 것임을 확신시켜라. · 아이와 관련하여 가족들이 공유할 수 있는 강점을 찾아라. · 가족들이 준비가 되어 있을 때 필요한 지원과 서비스를 제공하라.
분노와 분개 · 도움을 주려는 이들(배우자, 전문가, 가족)에게 화를 낼 수 있다. · 비장애아를 키우는 친구들에게 분개할 수 있다. · 진단의 정확성에 대해 전문가와 논쟁을 벌이려고 할 수 있다.	· 사려 깊은 경청의 태도를 취하라. · 가족들의 분노와 분개를 표현·표출할 수 있도록 격려하라. · 가족들의 '느낌'에 대해 논쟁하지 마라. · 공격적인 말에 방어하지 마라.
타협 · 장애가 없어질 수만 있다면 무엇이든 하려는 믿음을 갖는다. · 신과 협상하려고 한다. "장애를 사라지게 해 준다며 무엇이든 하겠다."	· 적극적인 경청을 하라. · 지지를 보여라. · 전문적인 견해를 부모들에게 강요하지 마라. · 비평을 삼가라.
낙담과 좌절 · 현실을 수용하기 시작하고 기대했던 아이를 잃어버렸음에 대해 슬퍼하게 된다. · 아이의 잠재력을 볼 수 없고 단지 아이의 결함을 보려할지 모른다.	· 적극적이고 반영적인 경청을 하라. · 부모지원그룹과 같은 자원을 제안하라. · 우울증이 만성적으로 나타난다면 상담을 받을 수 있도록 논의하라. · 아이의 강점에 대해 지속적으로 의논하라.
수용 · 아동의 요구에 초점을 맞추는 대신 아이의 강점을 보기 시작한다. · 아이의 삶을 향상시키기 위해 긍정적이고 주도적인 입장을 견지한다.	· 경청을 계속하라. · 진보에 대해 격려하라. · 아이의 강점에 대해 지속적으로 강조하라. · 가족에게 사례관리 역할을 양도하기 시작해라. · 가족들의 역량강화를 위해 지원하라.

출처: 박지연 외 역, 2006, p.163.

3. 특수아 부모 및 가족의 특성

특수아 부모는 자녀의 장애로 인해 양육과 교육에 있어 많은 어려움을 겪는다. 특히 주 양육자인 어머니는 특수아의 양육, 교육, 치료와 관련하여 일차적인 책임과 정신적인 부담

을 가지며, 자녀는 일상생활의 대부분을 부모에게 의존한다. 특수아 어머니들은 자녀가 보이는 장애로 인한 특성 때문에 스트레스를 받기도 하고 장애자녀와 관련된 고민을 함께 나눌 수 있는 사람들이 제한되어 있어서 타인과의 관계 형성에 어려움이 있으며, 이웃이나 친척, 기타 불특정 다수가 갖는 장애에 대한 부정적인 견해나 인식으로 인한 어려움을 가진다(박승희 외, 2011).

특수아 형제자매도 장애인 가족으로서 자존감이 낮고 장애 형제를 가졌다는 심리적 부담감, 부모로부터의 소외감 및 책임감 등이 일반 가족의 형제자매보다 훨씬 많은 부담감을 가지고 있다.

〈다양한 가족형태 존중〉

다른 학생들과 마찬가지로 장애학생 가족의 형태도 아주 다양해지고 있다. 양부모 가정뿐만 아니라 한부모 가정, 조부모 가정, 친척과 함께 가족을 이룬 경우, 수양부모 가정, 공동생활 가정(그룹홈), 혹은 생활시설 아동 등 그 형태가 아주 다양하다. 어머니와 아버지 그리고 자녀로 이루어지는 가정만이 전형적인 가정이라고 할 수 없다. 학습지도사는 개인 특수아 한 명 한 명의 다른 가족 형태에 대해 존중하는 마음과 자세를 가져야 하며, 이로 인해 특수아에게 상처가 되는 발언을 하지 않도록 조심하여야 한다.

출처: 박승희 외, 2011, p.350.

그렇다고 특수아 부모 및 가족에게 이러한 부정적인 측면만 있는 것은 아니다. 특수아 자녀로 인해 부부간의 결속력이 강화되고 가족구성원 간의 친밀감 및 유대감이 형성되기도 한다.

특수아 가족을 만나게 되는 학습지도사는 특수아를 둔 부모들이 전형적인 하나의 특성을 가지고 있다고 오인하거나 편견을 가지고 있어서는 안 된다. 특수아 가족이 가지고 있는 다양한 특성과 개별적인 요구를 이해하는 것이 중요하다.

특수아의 생애주기에서 부모와 형제자매들이 직면하는 어려움과 해결해야 할 과제를 유아기(0~5세), 아동기(6~12세), 청소년기(12~21세), 성인기(21세 이후)로 구분하여 제시하면 〈표 10-2〉와 같다.

〈표 10-2〉 특수아의 성장에 따른 가족 특성

	생애주기			
	유아기(0-5세)	아동기(6-12세)	청소년기(12-21세)	성인기(21세 이후)
부모의 어려움과 과제	· 정확한 진단받기 · 형제와 친척들에게 아동의 장애를 알리기 · 조기중재서비스 선정하기 · IFSP/IEP 회의에 참석하기, 장애의 의미알기 · 의사결정을 하기 위해 자신의 생각을 명료하게 표현하기/가족이 처한 어려움을 알리기 · 장애의 긍정적 측면 인식하기	· 가족기능을 수행하기 위한 일과 확립하기 · 교육적 개입을 위한 정서 조절 하기 · 통합 또는 특수학급 배치 문제 명백히 하기 · 완전통합기회 주장하기 · IEP 회의에 참석하기 · 지역사회의 지원 알아두기 · 과외활동 준비하기 · 아동의 장래 가능성 개발하기	· 장애의 만성적 영향에 대한 정서 조절하기 · 아동의 성 정체감 확립시키기 · 사춘기의 신체 및 정서적 변화에 대처하기 · 동료들로부터의 고립이나 거부에 대처하도록 돕기 · 아동의 경력·직업을 개발하는 계획하기 · 여가활동 준비시키기 · 아동의 자기결정 기술 확립시키기 · 중등 이후의 교육 계획하기	· 직업과 생활을 위해 필요한 것에 대해 설명해주기 · 의존 가능한 성인으로부터 정서적 지원 받기 · 가족 외의 사회생활을 할 기회를 가질 필요성 설명해주기 · 직업을 선택하고 직업교육 프로그램 참여하기 · 보호 가능성에 대해 계획하기
형제자매의 어려움과 과제	· 부모와의 시간부족 · 부모의 관심부족으로 인한 질투심 · 장애 관련된 오해로 인한 공포	· 신체적 보살핌에 대한 책임 분배 · 휴식과 여가를 위한 가족자원의 제한성 · 친구들과 교사에게 장애형제를 알리기 · 장애형제에게 관심 갖기 · 같은 학교 내 장애형제의 통합 문제 다루기 · 장애에 대한 기초 정보 얻기	· 장애형제와 과잉 동일시 · 사람들 간 차이점에 대해 이해하기 · 직업선택 시의 장애 영향을 받음 · 정신적 충격, 당황스러움에 대처하기 · 형제 훈련 프로그램에 참여하기 · 형제지원그룹에 소속할 기회 갖기	· 재정적 지원을 위한 책임 · 유전적 관계에 대한 관심 설명 · 장애에 대한 새 법률 소개 · 직업·생활에 대한 정보 요구 · 형제 변호 역할 · 보호문제

출처 : 고은 외, 2012, p. 329.

4. 특수아 부모와의 의사소통

특수아 부모와 의사소통을 잘하기 위해서는 우선 효율적인 의사소통 기술을 알아야 한다. 특수아 부모와 의사소통할 때 가장 필요한 기술은 '말하기'와 '듣기'다. 먼저 말하기는 다른 사람이 잘 알아들 수 있도록 쉽고 분명하게 설명하는 것이다. 부모에게 특수아에 대해 이야기 할 때 객관적으로 사실만을 이야기 해야 한다. 학습지도 시 나타나는 행동이나 태도에 대해 관찰한 내용을 그대로 이야기 한다. 듣기는 부모가 이야기 하는 내용에 잘 듣는 것으로, 이해하지 못했다면 다시 물어보고 정확히 이해해야 한다. 부모와 이야기 중에 끼어들거나 말이 끝나기 전에 말하지 않아야 한다. 잘 듣는 것이 말하는 것보다 더 효과적인 의사소통이 될 수도 있다.

학습지도사와 부모와의 의사소통은 효율적인 부모-학습지도사의 협력관계의 핵심적인 요소이다. 부모와 의사소통을 할 때 학습지도사는 언어적으로든 비언어적으로든 부모가 표현하는 것을 가치 있는 것으로 받아들여야 한다. 부모는 자신의 말이 존중된다고 믿을 때 자유롭고 솔직하게 말을 할 수 있게 된다. 그렇다고 학습지도사가 부모의 말을 다 동의해야 한다는 뜻은 아니다. 학습지도사는 부모와의 대화에서 성실하고 참된 태도로 소통하며 개방형 질문을 사용해야 한다(고은 외 2012).

부모와 학습지도사의 대화의 초점은 특수아동의 학습과 진전에 맞추어져야 한다. 사소한 대화도 필요하지만 무엇보다 특수아동의 학습에 집중할 수 있도록 한다. 가족과 의사소통할 때 고려해야 할 점은 다음과 같다(고은 외, 2012).

- 목소리 톤과 신체 언어에 대해 인식한다.
- 절대 진실이 아니라 하나의 정보로서 자신의 관점을 전달한다.
- 무엇을 기대하고 원하는지 직접적으로 표현한다.
- 말하는 양만큼은 최소한 경청한다.
- 자신의 메시지가 명료하다고 가정하지 않는다.
- 교육학이나 심리학의 전문용어를 사용하지 않는다.
- 사람이 아니라 문제를 공략한다.
- 문제의 정보 측면이나 긍정적 측면에 초점을 맞춘다.

· 부정적인 것 한 가지에 대해 긍정적인 것 다섯 가지를 말한다.
· 항상 정직하게 말한다.

부모와 학습지도사의 의상소통이 잘 되고 협력적일 때만 있는 것은 아니다. 가끔은 서로 억측으로 일관하고 역행하는 태도를 보이기도 한다. 부모와 의사소통을 저해하고 상호관계를 악화시킬 수 있는 전문가의 생각과 행동을 살펴보면 아래의 내용과 같다(고은 외, 2012).

· **부모를 동등한 협력자로 보기보다는 취약함 내담자로 다루기**: 부모를 도움이 되지 않는 존재로 보는 전문가는 큰 과오를 범하게 된다.

· **전문가적 거리감을 유지하기**: 인간을 다루는 대부분의 전문가들은 객관성과 신뢰성을 유지하기 위해 내담자에게 지나치게 말려들지 않도록 어느 정도의 거리를 유지하려고 한다. 그러나 이러한 전문성은 때로는 무관심하거나 냉담한 태도로 인식되어, 부모-전문가의 관계를 방해하거나 종결시키기도 한다.

· **부모를 상담이 필요한 사람으로 간주하기**: 일부 전문가들은 장애자녀를 둔 사실 자체가 치료나 부모교육을 필요로 하는 일이라는 그릇된 가정을 하고 있다.

· **자녀의 상태와 관련하여 부모를 나무라기**: 전문가로부터 격려를 받지 못한 일부 부모들은 자녀의 장애에 책임을 느끼고 전적으로 죄책감을 가질 수 있다.

· **부모의 지적인 면을 경시하기**: 전문가들은 부모의 정보와 제안을 인정하지 않는다. 부모들은 지나치게 편견적이며, 지나치게 간섭적이기도 하고, 혹은 유용한 정보를 얻기에는 기술이 부족하다고 생각한다.

· **부모를 적으로 다루기**: 일부 전문가들은 부모와 상호작용할 때마다 최악의 상황을 예견한다. 이러한 태도는 불쾌했던 이전의 경험 때문이라고 부분적으로 이해될 수 있지만, 자만에 찬 행동이고 새로운 관계에 부정적인 영향을 주는 첫 번째 요소라고 볼 수 있다.

· **부모에게 명칭붙이기**: 일부 전문가들은 부모에게 명칭을 붙이고 싶어 한다. 진단에 동의하지 않거나 다른 의견을 원하면 거부형으로, 제안한 치료를 거절하면 저항형으로, 명백한 검사 결과가 있음에도 불구하고 뭔가가 잘못되었다고 주장하면 염려형으로 분류한다.

Ⅲ. 특수아 부모 상담의 실제

특수아가 태어나면 부모, 가족, 특수아 자신에게 많은 어려움과 문제가 발생하게 된다. 부모는 자녀를 어떻게 키워야 하는지, 자녀에게 나타난 행동의 특징이 무엇이며, 어떻게 지원해야 하는지 늘 염려하고 걱정을 한다. 이러한 어려움과 힘든 부분들을 부모는 가까운 친지, 동료부모, 특수교사, 사회복지사, 재활전문가 등을 통해 필요한 정보를 얻기도 하고 도움을 받기도 한다. 학습지도사 또한 특수아의 학습을 지도하면서 발생할 수 있는 다양한 문제를 부모 및 가족들과 공유하여 특수아가 좀 더 발전적이고 행복해 질 수 있는 삶을 영위하고 개선할 수 있는 방법들을 함께 고민하고 찾아야 한다. 이러한 문제들의 해결하기 위하여 특수아 부모 상담을 통해 문제를 해결할 수 있는 능력을 키울 수 있도록 지원해야 한다.

1. 특수아 부모 상담의 이해

특수아 부모를 상담하는 데 있어 가장 고려해야 할 대상으로는 부모를 중심으로 비장애 형제, 조부모 등 가족이다. 부모 및 가족은 특수아의 자아개념 형성과 유지변화에 가장 많은 영향을 미치는 주요 대상이기도 하고, 부모 상담을 통해 이들이 특수아와 건강한 관계를 맺고 적절한 개입을 할 수 있도록 조력할 수 있기 때문이다. 학습지도사는 부모와의 상담을 통해 특수아의 가정생활, 학교생활, 또래관계, 건강상태, 성향 및 특성, 학습수준, 관심사 등을 파악하여 교과지도가 가정에서 병행될 수 있도록 부모의 교육활동 참여를 유도해야 한다.

부모는 장애자녀의 장애로 인해 경험하게 되는 교육 및 의료검사와 평가, 개별화 교육계획 및 가족 관련 문제, 그 밖의 다양한 사회적 문제에 압도당하게 된다(이효정 외, 2012). 부모의 스트레스 수준이 상승할수록 부모와 자녀 관계의 질은 떨어지며, 부모의 스트레스 수준과 자녀의 심리적 건강 사이에는 유의미한 관계가 있다(Mahoney, Boyce, Fewell, spiker, & wheeden, 1998; klbe & Hammer, 1994). 학습지도사가 상담을 통해 성공적으로 부모를 돕고 적절한 서비스를 제공한다면, 부모가 자녀의 성장에 기여할 수 있도록 돕는 과정에 결정적인 역할을 하게 되는 것이다(구신실, 2014). 특수아 부모가 장애자녀를 키우면서 걱정과 조절 그리고 스트레스 관련 경험을 하게 되는데, 이러한 특수아 부모의 심리적 어려움을 해소하고 긍정적인 부모의 역할 수행을 위해 무엇보다 부모 상담이 필요하다. 다음은 어느 특수아 부모가 이야기한 것으로, 이 경험을 통해 특수아 부모를 이해할 수 있을 것이다(이효정 외, 2012).

한 회의에서 정말 화가 불끈 솟아올랐던 것을 기억해요. 확신하건대, 그들은 단지 나를 좀 대하기 어려운 어머니 정도로 생각했던 것 같아요. 사실 내가 그런 면이 없지 않아 있기도 하지요. 그들이 보지 못한 것은 지난 4년간 쌓였던 나의 분노였어요. 글을 쓰지 못하는 우리 아이 때문에 지난 4년간 선생님들에게 알림장을 보내 달라고 부탁했는데 소용없었죠. 그들은 내가 이 일로 인해 매일같이 얼마나 스트레스를 받았는지 실감하지 못했고, 내가 얼마나 우리 아이를 사랑하며 그로 인해 얼마나 걱정을 하고 있는지 몰랐어요. 그래서 그 회의에서 내가 좀 과하게 반응하여 회의의 진행이 잘 안 됐죠. 그리고 사실 아이와 숙제를 하기 위해 지난밤 4시간 동안 고생한 것을 포함하여 모든 것을 털어놓았어요.

모든 부모가 위의 경험처럼 자녀의 장애에 대한 부정적인 감정에 힘들어하지는 않는다. 많은 특수아 부모들은 자녀와 그들이 가야할 길을 다음과 같이 받아들이기도 한다(이효정 외, 2012).

나는 내가 그 아이를 바꿀 수 있을 거라고 생각했다. 내가 원하는 그런 아이로 말이다. 하지만 그 아이가 나를 바꾸었다. 내가 어떤 사람이 되어야 하는지를 알게 해 주었고 그렇게 변하게 해 주었다. 그 아이는 내게 조건 없는 사랑의 의미를 알려주었다. 아이가 이루는 성취가 아니라, 아이가 어떠한 외모를 가졌는지가 아니라, 아이가 얼마나 돈을 버느냐가 아니라 바로 그 아이의 존재 자체가 사랑을 받을 신성한 권리가 있다는 것을 알게 해 주었다. 마치 부처처럼 말없이 침묵을 통해 정말로 값진 가르침을 주었다.

2. 특수아 부모 상담과정

특수아 부모 상담은 부모가 장애자녀와 그 주변 상황에 대한 이해능력을 향상하고 현명한 선택과 가치를 판단하여 자녀의 미래 준비와 자아실현을 원조하기 위한 일련의 지속적인 조력과정이라 할 수 있다. 특수아 부모와 상담을 하기 위해서는 부모와의 관계 형성, 탐색 및 문제의 파악, 구조화, 목표수립 등의 과정을 통해 당면한 문제들을 해결할 수 있다.

가. 관계(라포)의 형성

상담을 하는 주요 목적은 내담자가 가지고 있는 개인 또는 가족의 문제를 해결하는 과정에서 개인 또는 가족체계에 잠재되어 있는 문제해결능력을 배양하는 데 있다. 특수아 부모가 학습지도사와의 상담을 통해 문제를 해결하기 위해서는 자신의 문제를 드러내고 알아야 한다. 자녀의 문제, 가족의 문제, 심지어 부부의 문제까지도 말이다. 이러한 문제를 드러내기 위해서는 특수아 부모와 학습지도사 간의 서로 믿는 따뜻한 분위기를 형성해야 한다. 이런 분위기 형성은 관계 형성의 첫걸음이며, 상담 진행의 바탕이 된다. 따라서 학습지도사는 경직되고 딱딱한 분위기를 경계하고 부모와의 첫 대면에서 첫인상에 신경을 써야 하며, 부드럽고 따스한 태도를 보여 주어야 한다. 이런 학습지도사의 모습이 부모들에게 느껴지고 전달될 때 부모는 편안하게 자기를 탐색하고 효과적으로 학습지도사와 상호 교류할 수 있다.

특수아 부모는 무엇보다 상담사가 부모의 이야기를 경청하고 존중해 주고, 해박한 지식을 부모에게 제공해 주길 바라며, 부모와 협력관계를 유지하고 소통해 주기를 바라고 있다.

나. 탐색 및 문제의 파악

특수아 부모가 지금 현재 경험하고 있는 행동이나 정서가 무엇인지 우선 확인한다. 또한 자기 문제의 본질이 정확히 무엇인지 파악하게 한다. 특수아 부모는 장애자녀와의 관계, 가족관계, 성격, 문제대처 및 해결방식 등을 탐색함으로써 문제가 어디서 어떻게 비롯되었는지를 알게 된다. 즉 문제로 이끈 자신의 생각, 행동, 감정의 책임이 자신에게 있고 이것을 변화시킬 책임도 자신에게 있음을 이해한다. 학습지도사는 특수아 부모가 자기탐색을 확장할 수 있도록 촉진해야 한다. 즉 부모가 표현하는 내용, 감정, 의미에 공감하여 부모의 마음을 잘 읽어주고 특수아 부모가 자신의 관점에서 문제를 파악하고 해결해 갈 수 있도록 조력한다.

다. 구조화

특수아 부모는 상담을 통해 자신의 문제를 해결하는데 도움을 받을 수 있을 것이라는 막연한 기대를 하게 된다. 학습지도사와 상담에서 특수아 부모는 어떤 역할을 해야 하는지 잘 인식하지 못할 수 있다. 이럴 때 학습지도사는 상담 장면에 편안하게 적응하고, 부모의 역할(내담자)이나 학습지도사(상담자)의 역할을 알게 도와주는 것을 상담의 구조화라고 한다. 대부분의 구조화를 말로 설명하는 측면만을 강조하지만, 상담자의 행동으로 은연중에 알려줌으로써 자연스럽게 상담자의 역할과 내담자의 역할을 전달할 수 있을 것이다. 즉 상담자는 듣는 역할, 내담자는 말하는 역할이 된다.

라. 목표수립

상담은 목표가 있어야 한다. 단순히 이야기를 들어 주는 것도 상담에 있어 중요하지만 상담을 통해 해결하고자 하는 '목표'를 수립하는 것도 중요하다. 목표는 실현 가능하고 구체적이어야 한다. 목표는 학습지도사가 일방적으로 정하는 것이 아니라 부모와 합의하에 목표를 수립할 수 있도록 한다. 특수아 부모가 원하는 목표를 수립하여 상담을 진행하면 부모나 학습지도사는 세운 목표에 대한 구체적인 변화 가능성을 느낄 수 있고 상담에 대해서도 적극적으로 참여하게 된다.

3. 강점관점 해결중심 특수아 부모 상담의 실제

가. 강점관점 해결중심 상담의 특성

전통적인 상담은 내담자의 문제와 약점, 결핍에 적극적인 관심을 가졌다면 강점관점 해결중심 상담은 내담자가 성취할 수 있는 것과 이미 가지고 있는 자원, 그리고 내담자가 잘할 수 있는 것에 초점을 둔다. 내담자가 살아오는 동안 좌절하고 실패했던 것보다 조금이라도 자신의 강점과 능력을 사용하여 성공하였던 것에 초점을 두고 내담자가 가지고 있는 강점과 자원을 활용하여 당면하고 있는 문제를 건설적으로 해결하기 위한 해결책을 상담자와 내담자가 함께 구축해 나감으로써 내담자 스스로 자신의 삶에 대한 통제력을 가지고 건강하게 유지해 나가는 것을 돕는 실천과정이다. 이 접근에서 모든 사람은 자신이 처한 환경에서 자신의 삶의 질을 증진하기 위해 겪는 문제에 효과적으로 대처할 수 있는 능력과 내적 자원을 소유한다는 신념에 기초하고 있다(최인숙, 김윤주, 황혜숙, 2006). 특수아 가족을 교육의 대상이 아닌 가족이 지닌 고유한 강점에 집중하여 가족 스스로가 자신의 문제를 해결할 수 있는 능력을 지닌 단위로 보게 되었다(전혜인, 2010).

나. 강점관점 해결중심 상담에서의 목표

특수아 부모 상담은 특수아 지도와 함께 진행하는 상담으로 일반적인 특수아 부모 상담과는 약간의 차이가 있다. 학습지도사가 부모와 상담할 시간이 짧은 관계로 깊고 체계적인 상담을 하기에는 많은 제약이 따른다. 따라서 부모가 가지고 있는 강점을 중심으로 해결중심의 상담을 진행해야 한다. 학습지도사는 부모와의 상담 초기부터 해결 지향적 전문기술을 잘 사용하여 부모와 함께 변화를 위한 해결책을 모색하고 해결을 향한 좋은 목표를 형성하는 것을 도와야 한다. 상담이 성공적으로 종결하려면 종결을 결정할 수 있는 범주가 잘 설정되어 있어야 변화과정이 이루어졌거나 혹은 변화를 위한 목표가 성취되었는지를 평가할 수 있다. 즉 성공적인 종결을 결정할 수 있는 범주란 부모가 원하는 것을 이루기 위한 잘 형성된 목표를 의미한다. 변화를 위한 목표를 구체적으로 설명할 수 없다면 학습지도사와 부모는 목표가 성취되었는지도 잘 알 수 없다(최인숙, 김윤주, 황혜숙, 2006).

목표는 두 가지 요소를 갖는데 첫 번째 "당신은 무엇을 원하는가?"이고, 두 번째는 "그 원하는 것을 이루기 위해 당신은 무엇을 할 것인가"이다(최인숙, 김윤주, 황혜숙, 2006). 학습

지도사는 위 두 가지 요소를 염두에 두고 제시된 원칙들의 목표를 협의해 나아가는 과정에서 학습지도사와 부모는 성공적으로 원하는 상담목표를 해결할 수 있을 것이다.

첫째, 특수아 부모에게 중요한 것이어야 한다.

둘째, 목표는 원하는 행동의 종결이 아니며 새로운 행동의 시작으로 표현되어야 한다.

셋째, 특수아 부모가 생활에서 성취가 가능한 것이어야 한다.

넷째, 목표 내용이 구체적이고 명확하고 행동적이어야 한다.

다섯째, 목표의 내용은 문제를 없애려는 것 대신에 해야 하는 것에 관한 긍정적인 것이어야 한다.

다. 강점관점 해결중심 상담에 유용한 질문

가) 예외질문

예외란 클라이언트의 생활에서 일어난 과거의 경험으로 문제가 발생할 것이라고 기대했으나 문제가 발행하지 않은 상황을 뜻한다(노혜련, 허남순 역, 2005). 이러한 예외적인 상황이 특수아 부모에게 성공적인 경험과 자원이 되고 학습지도사는 부모의 예외를 발견하여 그것을 활용함으로써 부모의 자아존중감을 향상시킬 수 있다. 또한 예외가 일어난 상황과 문제가 일어난 상황이 어떻게 다른지 특별히 귀 기울여야 한다. 예외 질문은 개인적인 것은 물론이며, 가족관계, 지역사회 속에서도 이루어지는 일상생활에 관한 긍정적이고 성공적인 것을 이야기하도록 학습지도사는 특수아 부모를 격려하면서 강점과 자원이 되는 것을 함께 탐색하는데 도움이 된다. 특수아 부모는 상담에 적극적으로 참여하여 자신감을 회복하고, 곧 나아지고 해결될 것이라는 희망을 갖게 된다(최인숙, 김윤주, 황혜숙, 2006).

※ 예외질문의 예

ㅇ 문제가 일어나지 않거나 아니면 조금이라도 덜 심각한 때가 있습니까?
그러한 때는 언제입니까? 그런 일이 일어나게 하기 위해 당신은 무엇을 하셨습니까?
이것은 당신에게 처음 있는 일인가요?
당신이 __________ 을 하니까 __________ 와 사이에 달라진 점은 무엇입니까?
또는 가정에서 달라진 것은 무엇입니까?

○ 기적과 조금이라도 유사한 경우가 이미 일어나고 있으신가요? 아주 조금이라도?
혹시 남편 되시는 분이 와 계시다면 제게 똑 같이 질문을 한다면 당신 생각에 남편이 뭐라고 대답하실 것이라고 생각하나요?

출처: 노혜련, 허남순 역, 2005.

나) 척도질문

척도질문은 10점 척도상의 숫자를 이용하여 특수아 부모로 하여금 과거의 경험들에 관한 복잡하고 직관적인 관찰들을 의미 있게 표현하고 그의 미래에 대한 가능성을 평가할 수 있도록 도와준다(노혜련, 허남순 역, 2005). 자존심, 부모를 만나기 전의 변화, 동기, 자신감, 변화들의 우선순위, 희망에 대한 인식, 그리고 변화상황의 평가 등을 포함한 모든 것들을 알아낼 수 있다. 척도질문이 특수아 부모가 좀 더 희망적인 미래를 볼 수 있도록 도와주며 부모의 강점을 발견해 내는 유용한 도구로 활용될 수 있다(송성자, 최종진, 2003).

※ 척도질문의 예

○ 1에서 10점까지의 척도에서 1점은 우리가 처음 상담을 시작하였을 때 당신의 상태를 말하고, 10점은 문제가 해결된 상태를 말한다면 당신은 오늘 어디에 있습니까?

○ 5점이군요. 당신이 생활 속에서 어떤 일들이 일어나는 것을 보고 당신이 5점에 와 있다는 것을 알 수 있겠습니까?

○ 그러면 점수가 조금 더 올라간다면 그러니까 5점에서 6점으로 올라간다면 당신의 생활 속에 어떤 변화를 보면 당신이 6점에 있다는 것을 알 수 있겠습니까? 그 밖에 어떤 변화를 알 수 있을까요? 7점으로 올라간다면 무엇이 달라지겠습니까?

출처: 노혜련, 허남순 역, 2005.

다) 대처질문

대처질문이 환경과 상황에 압도되어 있는 특수아 부모에게 의미를 부여하기 위해 만들어진 변화의 한 형태라고 말한다(노혜련, 허남순 역, 2005). 학습지도사는 부모의 어려움과 위기를 어떻게 극복하고 생활해 왔는지 그리고 그런 상황에서 어떻게 희망을 버리지 않고 견뎌올 수 있었는지에 관하여 질문함으로써 부모의 능력을 인정하고 강화한다. 학습지도사는 특수아 부모와 함께 특수아 부모가 어려움을 극복하기 위해 노력해왔던 방법들을 찾아내면서 이 대처질문이 예외를 탐색하는 또 하나의 질문이라는 것을 발견하게 된다(노혜련,

허남순 역, 2005).

※ 대처질문의 예

○ 저는 놀랐습니다. 이런 상황에서 당신이 어떻게 견뎌왔는지 놀랄 뿐입니다. 어떻게 하고 계십니까? 매 순간순간을 어떻게 견디고 계십니까?

○ 당신이 우울하실 수밖에 없는 많은 이유들이 있는 것을 알겠습니다. 당신이 원하시는 대로 되지 않은 것들이 많이 있었군요. 그런데 저는 당신이 어떻게 그런 상황에서도 견디어 오셨는지 궁금합니다. 어떻게 매일 아침 일어나시고 또 하루를 시작하실 수 있으셨는지요?

출처: 노혜련, 허남순 역, 2005.

라) 관계성질문

대부분의 사람들은 가족이나 친구 등 그들의 삶에서 매우 중요한 사람들과 상호작용을 하면서 관계를 맺고 살아간다. 특수아 부모는 자신의 삶에서 달라지기를 원하는 것을 말할 때 반드시 그에게 중요한 사람들과의 관계에 대해 말하는 것을 들을 수 있다(노혜련, 허남순 역, 2005). 이것은 부모의 삶이 그들에게 중요한 사람들로부터 영향을 받을 뿐 아니라 자신의 삶도 그들에게 영향을 미치고 있음을 의미한다. 관계성질문은 부모로 하여금 자신에게 중요한 사람들을 생각하고, 자신에게 중요한 타인의 입장에서 자신을 보도록 하여 새로운 가능성을 탐색하는 것을 돕는 것이다.

※ 관계성질문의 예

○ 따님이 그것을 보게 된다면 어떻게 행동할까요?

○ 당신이 차분하고 조용한 목소리로 따님에게 말하게 되면 따님과의 사이가 어떻게 달라질까요? 당신이 이런 식으로 말하면 따님은 아버지와의 관계가 어떻게 달라졌다고 말할까요?

4. 특수아 부모 상담 시 유의사항

가. 상담관계에 대한 윤리적 책임

상담관계에 대한 상담자의 윤리적 책임은 내담자의 권리에 대한 문제와 이중관계와 성적 관계에 대한 문제가 있다. 특수아 부모는 상담에 대한 기대 때문에 상담자인 학습지도사에게 지나치게 의존할 수 있다. 그러나 상담결과가 원하는 만큼 충족되지 못할 경우 상처받고 좌절할 수 있다. 이러한 문제를 대처하기 위해 상담 전에 특수아 부모에게 충분히 설명해야 하며, 상담의 주요 절차와 주요 과정을 알려줘야 한다(김동일 외, 2002).

내담자인 특수아 부모가 가지는 권리에는 사생활과 비밀보장, 부모가 결정할 수 있는 여러 선택사항들에 대한 정보와 상담자인 학습지도사가 부모에게 가지는 책임에 관한 정보 등이 있다. 또한 특수아 부모는 동등한 관계에서 자신의 성장과 발전을 위해 도움을 받을 권리가 있으며 나이나 능력, 사회적 지위, 성별 등에 따라 차별 없이 자신의 존엄성을 존중받을 권리가 있다.

상담관계에 있어 상담자와 내담자 사이에 이중관계나 성적관계를 맺어서는 안 된다. 이중적인 관계는 상담관계에서 사회적인 관계나 재정적인 관계를 맺는 것을 의미하는 것으로, 상담관계 외에는 이러한 관계를 맺지 못하도록 하고 있다. 내담자와 상담자는 성적관계를 가져서는 안 된다. 특수아 부모 상담에서 고려해야 할 사항으로는 부모 중 성이 다른 상담자에게 호감이나 친밀감을 성적인 감정과 혼돈하거나 상담자에게 성적인 관심을 표현하는 경우이다. 내담자와 사랑에 빠질 경우 2년 이내 성관계를 하지 못하게 되어 있다.

나. 비밀보장에 대한 윤리적 책임

상담자는 내담자의 사생활을 보호하고 비밀을 보장해야 한다. 원칙적으로 상담자는 상담과정에서 알게 된 특수아 부모 및 가족들의 사생활과 비밀정보를 부당하게 공개하지 않아야 한다. 비밀보장은 의도적으로 공개한 정보와 실수로 내담자의 정보를 공개한 것 모두를 포함한다. 그러나 내담자의 생명을 위협할 가능성이 있을 경우, 내담자가 타인의 생명을 위협하거나 해를 끼칠 가능성이 있다고 판단되는 경우, 아동이나 노인이 학대를 받고 있는 경우는 비밀보장에서 예외적으로 적용된다.

다. 부모와 학생에 대한 정보 공유

학습지도사는 특수아와의 학습지원에서 발생하는 특수아의 행동이나 언어, 습관 및 학업 상황에 대해 직접 관찰한다. 학습지도사는 특수아의 행동이나 학습 진행 정도를 면밀하게 파악하여 부모에게 전달하는 것이 중요하다. 또한 특수아 부모 상담 시 부모에게 최선의 서비스를 제공하기 위하여 다른 전문가나 코디네이터와 긴밀한 협조체제를 유지하여야 한다. 부모나 특수아에게 최상의 유익과 복지를 위해 정보를 공유해야 한다. 또한 상담 시 전문적인 분야와 그 한계를 알고 자문을 의뢰한다.

연구과제

1. 특수아동 부모의 사회적·심리적 특징을 이해하고 상담자로서의 역할에 대하여 발표해 봅시다.
2. 특수아동 부모 상담가로서의 올바른 자세에 대해 토의해 봅시다.
3. 특수아동 부모 상담 시 유의할 사항을 제시해 봅시다.
4. 특수아동 부모 상담 사례를 발표해 봅시다.

참고문헌

강갑원(2006). 알기 쉬운 상담이론과 실제. 교육과학사.

고은, 권주석, 김경숙, 이태수, 조홍중, 최혜승(2012). 예비교사를 위한 특수아동의 이해. 전남대학교출판부.

구신실(2014). 장애학생 부모 상담에 대한 교사와 부모의 인식 및 요구. 지체 · 중복 · 건강장애연구, 57(4), 159-180.

김동일, 김계현, 김병석, 김종환, 김창대, 김혜숙, 신종호(2002). 특수아동상담. 학지사.

김영숙, 윤여홍(2012). 교사와 부모를 위한 특수아 상담의 이해. 교육과학사.

김충기, 강봉규(2001). 현대 상담이론과 실제. 교육과학사.

노안영(2005). 상담심리학의 이론과 실제. 학지사.

백은령, 김기룡, 유영준, 이명희, 최복천(2010). 장애인가족지원. 양서원.

박승희, 장혜성, 나수현, 신소니아(2011). 장애관련종사자의 특수교육 입문. 학지사.

박지연, 김은숙, 김정연, 김주혜, 나수현, 윤선아, 이금진, 이명희, 전혜인 공역(2006). 장애인

가족지원. 학지사.

송성자, 최중진(2003). "강점관점의 사회복지 실천을 위한 해결지향적 질문기법". 한국가족복지학, 12: 100-124.

유영준, 이명희, 백은령, 최복천(2011). 장애아동 · 청소년 가족의 양육부담 및 가족지원욕구에 관한 연구. 특수교육, 10(1), 209-234.

이효정, 오인수, 이영선, 최하영(2012). 특수아상담. 학지사.

전혜인(2010). 장애아동 가족지원의 실제. 한국학술정보(주).

최인숙, 김윤주, 황혜숙(2006). 강점관점 해결중심 사례관리 매뉴얼. 보건복지부.

허남순, 노혜련 역(2005). DeJong, P. & Berg, I. K. (저), 해결을 위한 면접. 시그마프레스.

홍경자(2001). 상담의 과정, 학지사.

Mahoney, Boyce, fewll, Spiker, & Wheeden(1998); Kobe & Hammer(1994).

Rubler-Ross. E(1969). Locus of control: Current trends I theory and research. Hillsdale, NJ: Earlbaum.

장애아동 가정방문 학습지도

기초과정

초판 발행 2016년 2월 25일

지은이 김두영 김은주 김정선 박미진 백정기 성명진
유형렬 윤지현 조창빈 주재승 주해영

펴낸이 김정일

펴낸곳 신구문화사

디자인 은디자인

출판등록 1968년 6월 10일

주 소 경기도 성남시 중원구 광명로 377 우촌학사 1층

전 화 031-741-3055

팩 스 031-741-3054

ISBN 978-89-7668-218-5 93370